なぜ映画の原風景なのか……。
マノエル・ド・オリヴェイラ監督は
映画『世界の始まりへの旅』で、
その題名に関して
「テーマは記憶と先祖帰り、
前に向かって進むのではなく、
後ろを向いて進む旅で、
進みながら過去に遡る旅になる。
それが始まりという言葉になった」
と言っている。
オールタイムベストテンもまさに、
過去から未来への発見の旅であると言える。
映画に向かいあってきた時間のなかで、
自己の人生と測りあるほどの
映画体験を探し求める。
大いなる遊び心を糧に、
映画への本質的な問いかけは、
新たなる映画の風景を
映し出すのではないだろうか。

JN136163

オールタイムベストテンから
何が見えるか？

座談会

映画の価値と、批評、情報のありようをめぐって

村山匡一郎＋坂本安美＋石飛徳樹

司会＝小笠原正勝　取材・文＝高関進　撮影＝鈴木大喜

「ベスト」とは優れたもの、最良のものという意味である。
優れた映画に価値が生じるとすれば、批評の創造性に依るところが大きいだろう。
映画評論家ドナルド・リチーさんは「映画のどこをどう読むか」という
映画理解学の優れた評論を示した。
批評は一つの情報として映画に導く最初の言葉といえるだろう。
映画の観方、映画を読む愉しさを切り口にしながら
「価値」「批評」「情報」の関係とそのあり方を、
現在の視点で考えていきたい。

フランス映画
FRI)

洋画と邦画のボーダレス化で変わっていくこれからのベストテンのありよう

——ベストテンというのはゲーム感覚として存在している反面、映画にとってある運命を決定されることにもなるわけです。さまざまな課題や気にかかる要素が多分に含まれていますし、時代や社会状況、個人の思想や媒体によって判断の基準はいろいろあるのではないでしょうか。

坂本　雑誌などのベストテンを見て思うことですが、邦画と洋画で分けて選ぶのはどうしてなんでしょう？　海外で、自国の映画と外国の映画を分けてベストテンのランクをつけるというのはあまり聞きません。あえて分けることで見えてくることもあるのかもしれませんが、邦画だけをカッコでくくってしまって、世界的に比較した場合どうなのかがわからないと、甘えさせているような感じがしてしまうんです。

村山　そう思いますね。

——フランスでは分けていないのですか？

坂本　セザール賞はフランス映画に限っていますが、雑誌や新聞などが年末にやるベストテン企画で、フランス映画だけでベストテンを組んでいるものは見たことがありません。

村山　ドキュメンタリー映画に関してですが、オランダや台湾には、自国の作品のみ対象の賞があるんです。自分の国の作品を評価して賞を贈る。でも山形国際ドキュメンタリー映画祭には、日本を限定しての賞はないんですよ。若手からは「なぜ日本賞がないんだ」と言われるんです。賞がほしいのか愛の鞭がほしいのかはわかりませんけど(笑)。山形でも国内作品は別にしようという意見がありましたが、最終的には作品本位にしました。全世界から応募された作品を十数名で何段階かに分けて選考していく。僕はそうやることが正当だと思う一方、日本の若手を育てないといけないなという気持ちもあるんです。

坂本　やはり、ドメスティックな市場に目を向けてつくられている映画が山ほどあるなという印象があります。それでバブル化しているというか、つくってはつくっては回して市場を活性化させている。映画の面白さでもありリスクにもなるのが、やはり産業であり、アートであるという側面でしょう。ゴダールもよく言っていましたが、産業ばかりを追ってしまうことでアートのほうがおろそかになってしまう。邦画に関してはそんな傾向が強い気がしています。

石飛　それから、今は合作映画がたくさん製作されていて、邦画か洋画かどちらかよくわからない映画がたくさんあります。洋画・邦画に分けること自体、かなり無意味になりつつあるんですよね。そろそろ考えないといけない時期にきているのかもしれません。

観た人たちの言葉を呼ぶ〝お祭り〟としてのベストテン

――選ぶ人の感性や評価が色濃く反映されるのが、ベストテンの特徴の一つでもあり、極めて個人的な作業のようにも思えます。

石飛　ベストテンというのは、僕は〝お遊び〟、言葉が悪いのなら〝お祭り〟だと思って選んでいます。それで作品の価値が決まるわけではないし、映画で遊ぶのがベストテンというとらえかたです。映画の1本1本は独立していて、どれが1番とか2番ということはいえませんし、星の数や何点といったように数値で評価することもできません。でも、ベストテンって、なんか楽しいじゃないですか(笑)。映画ファンは、本当にベストテンが好きですよね。小説などほかのジャンルでもランク付けがないわけではありませんが、プロや商業誌だけでなく、個人個人でも年末になると「今年の1位から10位は」なんてやっているでしょう(笑)。私も学生のときにやっていました。

坂本　映画って、言葉を呼ぶというか、ベストテンなどは特にみんなでワイワイ語りやすいと思うんです。映画は生まれたときから大衆のアートですから、いろんな人が感想や批評をワーワー言いながら成長してきたという面があります。自分の意見や感想をみんなで言い合うのに格好のテーマが映画ではないでしょうか。

村山　結局、ベストテンといっても、自分が見たものしか挙げられないですからね。僕も今年は公開された邦画を半分以上観なかったので、挙げられないんですよ。観てないなかに絶対いいものがあるはずなんです。でもベストテンを選ぶとしたら観たなかで選ぶしかないので、ほかの人から見たらどうでもいいものが入ったりするんでしょうね。

――今回、『キネマ旬報』のベストワンを1924年から全部拾い出してみたら、「え？　これがベストワンだったの？」って驚くものがけっこうあるんです(笑)。

村山　そうなんです。ベストテンは時代を表わしてもいますから、50年後の人が今年のベスト映画を見たとき、「この時代はたまたまこういうものが支持された時代だったんだな」と思うはずです。当時のベストテンが選ばれた時代背景を知ると、「この時代はそういう時代だったんだな」ということが見えてくる、1つの指標のようなものです。だから最近のベストワンを50年後、100年後の人はどう感じるんだろうということを考えると、やっぱりちょっと楽しいですね。

石飛　自分が選ばなかった作品が古典になったりすると、恥ずかしいですよね(笑)。

村山　坂本さんがおっしゃったように、映画は本当に言葉を呼びますし、何か意見を言いたくなるんです。昔、朝日新聞社から出ていた『20世紀の記録』という週刊誌で映画欄の担当をしていたんです。で、1冊だけ映画特集号にしたんですが、編集者のおじさんたちがみんなで「表紙はオードリー

けなすことほど
労力を
費やさないと。

坂本安美
さかもと・あび

アンスティチュ・フランセ日本 映画プログラム主任

東京出身。慶應義塾大学法学部卒業。『カイエ・エ・シネマ・ジャポン』誌元編集委員。1996年より東京日仏学院（現アンスティチュ・フランセ東京）にて映画プログラム主任を担当し、さまざまな映画上映の企画・運営を手がける。フランスから多くの監督、俳優、映画批評家らを招聘し、日本では上映の機会があまりない作品を中心に紹介しながら、上映と批評との関係、国境を越えたアーティスト、書き手の交流について模索している。2012年にロカルノ国際映画祭にてOpera Prime（新人部門）、14年のカンヌ国際映画祭で批評家週間短編作品部門の審査員をつとめた。著書に『エドワード・ヤン　再考／再見』（共著　フィルムアート社）などがある。

だろ」「いや、違うバーグマンだ」って、盛り上がりがすごいんですよ（笑）。それだけ、自分の青春時代の思いが強い。映画は時代を表わすものでもあるけれども、ほかのジャンルよりも、個人個人の思いを語りたくなるんだと思います。

作品を選ぶことも批評することも「映画を伝える」ことである

――映画を選ぶということは、作品を評価するということでもありますが、「評価」という言葉には「批評」と「価値」が含まれています。「言葉を呼ぶ」という発言がありましたが、そういう意味でも映画批評のあり方、また情報の伝え方などは非常に重要になってくると思います。

村山　最近、興味深い現象として、批評の書き方、やり方がクローズアップされています。フィルムアート社から批評の書き方が出版されたり（『映画批評のリテラシー』）、イメージフォーラムで映画について書くための映画の見方を学ばせる（クリティカル・ライティング講座）など、増えてきているんです。こうしたことは、僕らが小さいころから映画を観て育ってきて自然に身についてくることでした。それが今の若者にはないのかな？　という素朴な疑問があります。映画の見方や批評力などを自分で身につけるには、やはりある程度時間をかけてさまざまな映画を観ていかないとできないわけですが、結局、そういう授業が必要だということは、それができなくなっているからなんですね。

坂本　私は、もともとは映画批評に憧れて映画の仕事を選びました。ローリング・ストーンズに憧れてミュージシャンになりたい、と思う若者がいたように、フランスのほぼ同世代の批評家が、「自分はフランソワ・トリュフォーに憧れ、映画批評家になろうと思った」と以前語っていたのですが、私の大学生のころは、雑誌や本、トークショーで映画批評が活発に行われていました。それらを見て「こういうふうに映画について話したい、書きたい」と思ったんですね。映画を観るのは幼いころから好きだけど、映画批評を将来の仕事にしたいと思ったのは、どちらかというと映画批評からでした。でも、見せる立場になって、「見せるとはなんだろう」と考え、プログラミングをしている先達に学んでいくうちに、見せることも批評だと思うようになりました。映画を見せる＝批評活動を行っている、という思いで上映作品のプログラミングをしています。私の活動している場所は、いわゆる商業館ではありません。普通の映画館の方々は日々、数字とにらめっこし、商業ベースではなかなか成功しづらいと思われる作品はかけられない。それなら、こうしたちょっとマイナーな場所でも、なかなか皆さんがかけられなくなっている作品をなんとか救い、別のサイドから紹介し、こうした作品もある、こうした作品の見せ方もある、ということを少しでも提示できれば――そういう思いでやっています。

――坂本さんは上映作品を選ぶことが批評の一つになっているわけで

すね。石飛さんの場合は記事で伝えていくという立場ですが、単に紹介して情報を流すだけではなく、評価や批評をしようという見方だと思います。記事を書くにあたって、どういう思いがあるのでしょう。

石飛　基本的には映画館に人が来てほしい、映画館が満員になってくれるとうれしい、という気持ちで記事を書いています。それは批判するときも含めてですが、批判した記事を読んで、「こんなに批判された映画だけど、でも観てみようか」と思う読者がいてもいいわけです。批判するところを批判せずに「この映画は面白い」だけ書いて、それを信じて観に行った人が「だまされた。映画なんてつまらない」と思われるのが一番困る。結果的には批判している作品でも、やっぱり観てほしいという思いで書いています。

映画作家や批評家を含め、議論を戦わせる場の必要性

――批評ですから、当然肯定することも否定することも、疑問をはさむこともあるわけです。批判しないことを条件に映画の情報を流し、否定的な意見をしたメディアや人間には情報を流さない、資料を貸さない、という宣伝や配給会社があるそうですが、それでは映画界は活性化しないでしょう。

村山　昔聞いたことがあるんですが、アメリカの某大手配給会社は、批判を書いた雑誌や個人には以後、試写状を送らなかったそうです。でも僕は、否定的なことを書いたほうが、その人と映画との関係が浮き上がってくるような気がするんですね。

石飛　そう思います。

村山　ほめるのは簡単じゃないですか。「けなす」という言葉は適当ではないけれど、批評するにはちゃんとした理由をつけないといけません。だから、自分にとって、あるいは社会にとってこの映画がどういう意味があるのかとか、否定的な方向を含めて書いていくと、批評が面白くなると思いますね。

坂本　おっしゃるように、けなすことほど労力を費やさないと。いくら自分がダメだと思った作品でも、ものすごいお金と時間と人の労力が費やされて1つの作品として出来上がっているわけです。あたかも命を汚すかのような批判を書くときは、ものすごく気持ちを入れて書かなければなりません。たとえばツイッターのような短い文章で行うべきではないでしょう。それから、某映画雑誌のようにワーストテンを並べるというのはやはりひどいと思います。ワーストの理由がきちんと文章にして書かれてはいるものの、やはり「ワースト」と言われた側の身になってみたら……。書いた人は「それぐらい悪いんだ」って言いたいのかもしれませんが、やはり気になります。日本の場合、たとえば座談会のようにみんなで集まって、作品について時間をかけて話し合う場が少ないと思います。フランスではラジオ番組がすごく充

実していて、公開される作品について新聞記者や雑誌記者が毎週、座談会をやるんですね。もう何十年も続いていて、みんなが自分の意見を言いますが、それで作家と批評家が憎み合ったりしませんし、配給会社も批判した人には試写状を送らないなんていうことはありません。そこで取り上げられるだけで価値があると思われるくらいなんです。

村山　注目を浴びるわけですからね。昔有名だったのが、フランスでの黒澤明の評価が、『カイエ・デュ・シネマ』と『ポジティフ』とで真っ二つに割れて、それによって黒澤明がフランスの人々のあいだで注目されたわけです。僕はそういうことが重要だと思うので、プラスの評価でもマイナスの評価でも、対立するもの、あるいは多様な意見が一つの場に出てくると活気が出ると思います。

――フランスはそういうところが先駆的で、トリュフォーやゴダールに限らず、批評と映画作家の創造が表裏になっている。作家と拮抗する力量がないと、批評というのは意味をなさないでしょう。日本でも60~70年代は雑誌や新聞での映画批評がたくさんあり、『映画批評』『映画芸術』といった雑誌上で監督や評論家が言論バトルしていました。

村山　実は戦前からそうだったんですよ。そうした記事を読んでみると面白いんです。むしろ、バブルがはじけたくらいから、「プラスの評価なら書いてください」と。

石飛　映画が好調だったからなんじゃないでしょうか。映画会社に余裕があったというか。今は余裕がなくて、1本1本が勝負、批判されたせいでその映画が当たらなくなると会社が危ない、みたいなことになっている。映画界全体の活性化を見ていられないんだと思います。

坂本　邦画ものすごい本数がつくられていて、ある意味、今は映画がバブル化していますよね。

村山　デジタルの進化によって、映画は低予算でどんどんつくれるようになりました。また、劇場にかけなくてもDVDを発売したり、地上波、BSなどで回収率が高くなってきた。そういう意味では昔よりもリスクは少なくなりましたが、観客動員数は落ちていますから、結局「製作委員会」というかたちでリスクを分散するかたちの映画が多くなったんですね。

情報がないと不安な若者たちに対してどのように発信していくのか

――月に何十本もつくられていますから、新聞というジャーナリズムの形態からすると、作品を選んで紹介することが難しいでしょう。全部観る時間は当然ないわけですし、どういう基準で取り上げる映画を選ばれているんですか?

石飛　それは悩ましいですね。観てよかったものを紹介するというのが基本です。全部観るわけにはいきませんから、評判も聞きます。また、ひどいとかいいとかとは別に、話題作を記事にするのは新聞の役割だと思っています。坂本さんが先ほど触れられた某ワースト映画雑誌には僕も書いていますが（笑）、ワーストにとりあげた理由を書くのは、渾身の力とその作品に対するリスペクトをもって書いています。

坂本　ある意味応援というか「喝！」みたいな批評文であれば、作り手も「あ、これを書いた人は喝マークのつもりなんだな」と思いますけど、単に「存在するな」的な感想を書くだけの人もいて（笑）。

石飛　そういう記事はいやですね。作品や作り手を上から目線で小馬鹿にしたような文章はよくあるんですが、吐き気がします。僕もそういうことにならないように気をつけて書いてはいますが、やはり作り手の人からはよくお叱りを受けます。

――批判する記事は気をつける一方で、読者にある程度の情報は提供しなければなりません。読者がどこまで情報を必要としているのかも、書くときに判断が必要でしょう。

村山　タイトルとか長さ、どこの国の作品で誰が出ていてどんな話なのかというのは、お客さんにとっては情報なんですね。それを知って安心感を得てから観に行く。それが今の日本の映画文化の基礎にあるような気がするんです。安心しないと観られないので、そのために事前情報をどんどんほしがる。

坂本　観る前に安心していないとダメなんですね。知らないものに出会いたくないという。それって危険な気がするんです。たとえば若い方々の外国離れにもつながってしまいますし、究極的に言うと、まったくわからない他者との出会いも避けてしまう。最近よく、「恋愛離れ」などと言われていますが、恋愛は他者との出会いの最たるものです。でも今の若い人はわからないものは怖いし不安だから触れたくない。映画も同じで、「こういうジャンルで、誰々が出ていて、誰々の原作で、誰々の感想はこうでこんな評価らしい、だから観に行こう」となっているようです。

――僕らの映画体験からすると逆ですけどね。何かを見つけたり探したりしたいという好奇心、気持ちが動機となって映画を観に行くことが多かった。そこから映画に魅かれていくんですね。今はあらかじめ情報を集めてなんでも知って、評判がわかってからでないと観ない。情報・宣伝が多ければ多い映画ほど安心する。

石飛　今は情報が多すぎて、無駄なことをしている余裕がないんですよ。あらかじめ評価がわかっている映画を処理するだけで大変ですから。自分にとって面白いものを発見するには、ダメなものもたくさん観ないといけません。そんな余裕がないから、安心できるものだけがほしくなるんじゃないでしょうか。

坂本　情報に溺れてしまっている感じなんですね。

村山　情報だけで行動しますから、自分にとっていいもの・悪いものの判断基準がないんです。最初は自分の趣味判断でいいんですよ。そのあと価値判断が生まれてくればいいんですが、そこが育たないんですね。

坂本　言葉や時間を費やして語り合ったり、批評としてあ

批判している作品でも、やっぱり観てほしいという思いで書いています。

石飛徳樹

いしとび・のりき

朝日新聞編集委員

1960年大阪市生まれ。神戸大学法学部卒業。大学時代は、大阪・キタにかつてあった名画座の大毎地下劇場に通いつめ、『大阪映画サークル』紙などに映画評をせっせと投稿していた。84年、朝日新聞社に入社して上京。校閲部、前橋支局などを経て、95年から学芸部に所属し、テレビ、書評、映画などの分野を担当。『朝日新聞』紙面以外に、『キネマ旬報』誌に10年余り「テレビ時評」を連載した。そのほか、さまざまなメディアで映画やドラマにまつわるインタビュー、対談、批評、司会などを手がけている。著書に、名古屋本社版に毎週書いていた映画評を集めた『名古屋で書いた映画評150本』(徳間書店)、編著書に『もういちど　あなたへ』(朝日新聞出版)がある。

る程度長い文章を書くという作業のなかで、映画と再び出会うというのが映画批評のすばらしさだと思うんです。今は、自分が出会い直したり、あるいは映画をほかの人に出会わせるための批評ではないものが増えてきたと思います。「星1つ」でおしまいみたいな。先日、息子が「フィルマークス」というスマホのアプリケーションを教えてくれました。ある映画をクリックすると、それを観た人がバーッと出て、つけた星の数やコメントを読めるんです。誰かをフォローすると、そのフォローした人が何を観たかもわかります。悪いアプリではなく、使い方によっては、映画を観ること、語ることを多くの人と共有できる場になる。でも、「これくらいの人数が見ているから」「星が何個ついているから大丈夫」と安心したものを観に行く、というだけの使い方では、映画に対する表面的な評価にとどまり、言葉や時間を費やしたきちんとした映画批評的視座が欠けてしまうなと思いました。

――『カイエ・デュ・シネマ』の元編集長ジャン＝ミッシェル・フロドン氏が「映画評論は宣伝のためでもないし、星の数で単純に評価するものでもない。ジャーナリストのテーマを探し出すものでもないし、学者の研究発表でもない。要するに独自のものでなければならない」というようなことを、2017年のフィルメックスで開催された批評についてのシンポジウムでおっしゃっている。そこに映画批評の本質があると思うのですが、一方で映画評論家の斎藤敦子氏が「書いても発表する媒体がない」ということも言っていました。

村山　日本ではこんなに映画がつくられているのに、なんできちんと映画批評を行う映画雑誌が少ないんだろうというのが一番の疑問です。10冊くらいの映画雑誌があってもいいと思うんです。

――70年代には『映画批評』『キネマ旬報』など少なくとも数点はあって、雑誌同士でも映画論を戦わせて活気がありました。

村山　そうした映画雑誌がやめてしまうのは、売れないからでしょう。刷っても刷っても売れない。だから今はウェブを利用して批評ができないか、ということを考えます。

坂本　さっき村山さんもおっしゃっていたように、批評についてのイベントをやると、けっこう人が来るので、興味はあるんですよね。去年開催した「カイエ・デュ・シネマ週間」に『カイエ・デュ・シネマ』の副編集長が来て、映画美学校さんと一緒に「映画批評の現在」みたいな講演をやったんですが、若い人がけっこう参加してくれました。

村山　潜在的な書き手は多いでしょうね。多いといっても昔と同じくらいでしょうが、書いたものを発表する場がないわけです。だからワークショップをやるとすぐ満員です。ウェブを利用してネットワークをつくり、雑誌形態の場みたいな形で不定期でもいいから出していくといいですね。ドキュメンタリーマガジン『neoneo』という映画の雑誌で映画評論大賞の審査をやっているんですが、応募数はだんだん多くなってきているんです。当初20本くらいだったのが3年で3倍になりました。それだけ書きたいという人は多いはずなんです。

映画を言葉で伝えるために批評は存在している

——批評を書く媒体によって役割も違いますから、そのへんは書き手の表現も変える必要があるでしょうね。伝えたいシーンは同じでも表現の仕方を変えるとか。

村山　日経新聞で25年にわたって新作の映画評の連載をしているんですが、雑誌と新聞とでは書き方が違います。新聞は長くても800字で、どうしても短いなかに情報も入れないといけません。解説ではなくて自分なりの物語を入れないといけませんし、そのなかに情報を混ぜながらうまくまとめていくという苦労があります。雑誌では長めに書けますが新聞では1行くらい、十何文字でパッと理由を書いて次に移らないと。25年間の連載で、そのせめぎあいが勉強になりました。

石飛　解説、情報、評論と、全部入れこまないといけませんから。

坂本　それはそれで難しいですよね。解説といっても、独自の視点が紛れ込みますから。

村山　坂本さんもおっしゃっていましたが、上映のプログラミングも完全に批評なんですね。それから、ただストーリーを書くというのも批評なんです。

坂本　そうなんです。一つの作品の物語でも、ここにいる

村山匡一郎
むらやま・きょういちろう

映画評論家

1947年生まれ。80年代はじめから『イメージフォーラム』誌を中心に映画批評を書き始め、フリーランスの映画評論家として日本経済新聞をはじめとする新聞・雑誌などに寄稿する一方、イメージフォーラム映像研究所、武蔵野美術大学、多摩美術大学、日本大学芸術学部など専門学校や大学で映画学や映画史の教鞭を執る。その間、イメージフォーラムフェスティバル、山形国際ドキュメンタリー映画祭、東京国際映画祭などで審査員をつとめる。主な著訳書に『世界映画全史』(全12巻、国書刊行会)、『映画は世界を記録する』(森話社)、『映画史を学ぶクリティカル・ワーズ』(編著　フィルムアート社)などがある。

記憶が間違っているところが感動的なときもあって――

全員で書いたらたぶん全員違う物語を書くでしょう。若いころ、『ぴあ CINEMA CLUB』や『キネマ旬報』でバイトをしていましたが、短い字数で書かれているストーリー紹介や解説はすごく勉強になりました。今はアンスティチュ・フランセでも、中高校生たちに映画を観てもらって、ちょっとした文章を書いてもらう「シネ・リセ」という映画講座を行っていますが、やっぱり教育は必要だと思います。

村山　批評が存在するのは、映画を言葉にするためなんですね。基本的には言葉でしかなくて、映画そのものではないんです。たしか蓮實重彦さんだったと思いますが、30年くらい前に「映画批評を書くときは絶えず自転車操業で、映像を言葉で追いかけている」という意味のことを言っていて、まったくそのとおりで。

坂本　その、決して追いつけないいんだけどどうにかして追いつこうとするところが、映画批評を読んでグッとくるところというか。絵画みたいにずっと目の前にあるわけではなく、映像はどんどん消えていってしまいますから、追いかけて追いかけて近づきたい、みたいな。

村山　演劇批評と似ているんですね。どんどん次のシーンに行ってしまうのでどうにか記憶にとどめておこう、記憶に残そうとして観ている。でも記憶って間違うんですよね。

坂本　その間違っているところがけっこう感動的なときもあって（笑）。淀川長治さんの評論でも「あの映画にそんなシーンないよ、全然違うこと言ってる」とわかっているのに、それがすばらしかったり。

――記憶違いしているというのも、ある種の映画体験ですしね。

坂本　その人の映画体験ですから、「そういうものを見てしまったんだ、この人は」でいいという（笑）。でもその映画を観てそういう思いをした、ということも批評の一つなんですね。

――批評も創造であっていい。「評価することが創造することなのだ。評価によってはじめて価値が生じる」という言葉もあるように、そういう側面で映画作品の創造性と拮抗していく、お互いに切磋琢磨できる状況ですね。映画監督のトリュフォーにしても、もともと評論を書いていたわけだから。

坂本　ただ、いまだに、作り手の人は皆さん「評論や批評など、書いたものは読んでいない」と言いながら、映画監督の方って、けっこう読んでいたりするじゃないですか。それで鼓舞されたり喝を入れられたり、「書いてもらった」「けなされた」といった、批評家と作家の往来があるって信じたいですけどね。

村山　そう信じないと書けない（笑）。

――石飛さんは書いて紹介するのがお仕事ですが、それとは別に書かずに自ら選んで観る映画はあるんですか？

石飛　今は自分で選んで自分で書けるという、頼むほうと書くほうが同じです。自分の好きな映画について書きたい、書かねばならないというものについて書いています。観てもあまりピンとこなかったけど書かないといけないから書く、ということはあまりありません。

「いいね」だけで終わらせては映画文化全体が衰退していく

――批評に価値があるとすれば、どんな価値をもっていると思いますか?

村山　価値は非常に多様なわけです。社会的な価値、個人のパーソナルで感情的な価値、また時代によってもそれらは変わってきます。価値基準というと非常に抽象的で、それを1つの言葉に集約してもあまり意味がないような気がするんですね。僕は批評というのは、4つの視点からしかないんじゃないかと思っています。つまり、自分と映画という図式からいうと、①自分の見方や思いに引きつけて書くこと、②自分の思いを後景化して映画のあり方や構造などを重視して書くこと、③自分と映画の関係性に重きをおいて書くこと、④さらに理念や思想といった上からのいわば「神の視点」から書くことの4つです。それぞれそれなりの価値をもってますが、実際には割と混ざり合っているようです。僕自身は映画のあり方に引きつけられる傾向が強いように思っていますが……。もっとも最初は趣味判断だと思っているので、印象批評も割と面白く読みますよ。「こういう感覚で観ているんだ」って。

――坂本さんは上映が批評だとおっしゃられました。

坂本　トリュフォーの批評文章や映画について語っている言葉を読んで、「なんてかっこいいんだろう」と思って、批評家になった友人がいると先ほどお伝えしましたが、そのトリュフォーが崇拝していた、シネマテーク・フランセーズを創設したアンリ・ラングロワの仕事からも学ぶことが多いと思います。どういうふうに映画を組み合わせて上映するかで、その作品が違うふうに見えてくるなど、組み合わせの中に批評があるという部分はすごく面白いと思いました。私は、世界をどう見せてくれるかというところが映画の醍醐味だと思っています。映画があることで、ようやく自分が世界と出会える、世界を再構築させてくれるのが映画だと。「この映画が見せてくれている世界には住みたいな」「こういう世界には住みたくないな」というのは、私の映画の価値判断になりますね。

――そして、そういう判断は、態度や言葉ではっきりしたほうがいいですね。

村山　だから書くことは大切なんです。子どもたちの教育に、映画について書かせるってことがないんですよ。

坂本　「いいね!」って押しておしまいじゃダメですよね。

村山　最近よく言われるじゃないですか、「現代の若者は半径2、3メートル内が幸福なら外はどうでもいい」という。恋愛も面倒だし、知らない世界に飛び出さない。関心の範囲が非常に狭い。

坂本　さきほど石飛さんがおっしゃったように、情報の中でおぼれてしまっていて、SNSでつながっていればそれで満足という感じなんでしょうね。

――閉じた限られた世界というか、広がりのない狭い世界で安心感を得るというような傾向はこれからも続いていくでしょうか？　それとも抜け穴があるでしょうか？

石飛　抜け穴があってほしいですけどね。

坂本　本当に少ないんですが、20歳以下の若い人で、彼らが映画についてたどたどしいながらも言葉を紡ごう、何かを伝えようとしている姿を見ていると、まだ希望はあるなと思いますね。

村山　人間は生きていくうえで、母語、言葉とは絶対切れないんですよ。いやだとか好きだとか何かを判断するのは言葉しかないんです。「いいね」をポチッと押すだけではなく、言葉に発して行動に移したほうがいい。それはもう古代からやってきたことですが、そこにはちゃんと戻るような気はしますけどね。

増加する「個に向かう映画」と減少した「社会に向かう映画」

――自分の周辺にしか関心を向けない、というのではなく、もっと広く社会性を意識して行動することは人間の成長には必要だと思います。1本の映画を解説、批評するだけではなく、批評の中で時代性や作品の質とか突っ込んで書く。そういうことは映画作家にも影響してくるわけです。石飛さんは最近の記事で、「政治的・社会的要素をもった映画が最近少ないんじゃないか」と書かれていました。外国では『デトロイト』のような映画がコンスタントにつくられますが、日本は個人の小さな世界ばかりが多い気がする。社会性や、突き抜けていくようなものがもっとあってよいのではないか。

村山　いわゆる社会派作品は、日本にもたくさんあったんです。それはなぜかというと、東西冷戦を背景にして左右のイデオロギーの時代だったからです。ところがそれがなくなって以降、それこそ個人の半径3メートル以内になってしまいました。デジタル技術の進化で個人で映画が撮れるようになると、もうそこを撮るしかないんですよ。個人映画については原一男なんかが批判していましたが、逆にこういう時代の中でカメラをツールにして自分の殻を破っていくという意味では、いいことだと思うんです。ただ、作品として成立するかどうかは別問題で、個人の内面だけだと一作目はすごく面白くても、二作目、三作目となると同じことができないんですよね。社会的な部分が入ってくるときが勝負で、それで自滅する作家もいれば、うまくいく作家もいるということだと思うんです。だけど今の日本の時代を見ていると、個人の半径3メートルの幸せみたいなのを追求すること自体は悪くないという気はします。それが現代の時代性なわけですから、そういう映画は一定の価値はもっていると思います。

坂本　でも、怒りはどこに行くんだろうって思うときはありますね。怒りってすごく重要じゃないですか。ピカソの「ゲルニカ」ではありませんが、怒りからさまざまな芸術が生まれます。それが表われている映画が少なくなってきているように思えます。

石飛　さっきの村山さんのお話でいうと、怒りは身近なところ、親やすぐ近くの人に向けられて、社会にまで届かないというのが今の一番の問題点なんですよね。身近な人間の向こうにある社会が見えていない。

坂本　個人的なテーマを描いていても、迷ったり怒ったりすることで世界へと視線が開けてくる映画がいいなって思うんです。最近よかったのが、大九明子監督の『勝手にふるえてろ』です。

石飛　私も大好きです。

坂本　あの映画もまさに半径3メートル的で、すごく個人的なことじゃないですか。でも、主人公がいろんな人たちとつながろうとしているのが見えてきて。コンビニの店員だったり駅員だったり、ごみを集めているおばさんとか。フランス映画も「自分のへそのまわりを描いてる」ってよく言われますが、最近はそこから外に向かっていこうという映画があるので、そこから広がっていくのかなと思っています。

村山　80年代のフランス映画はわりと内向きの映画が多かったですよね。その時代のその国の状況もあるのでしょう。でも時代は動いていて、そこにとどまるっていうことは絶対にあり得ません。映画も動いていく。親父の背中を見て違う道に行きたいっていうのはヌーベルバーグが典型的だったわけで、そういう意味では安心しています。

石飛　希望はあるのではないでしょうか。

（2018年2月10日　アンスティチュ・フランセ東京にて）

映画に関わる人々

豊饒のオールタイムベストテン

ゲーム趣向やオフィシャルなものとは異なる個性あふれる愉しいベストテンが揃いました。ジャンル、年代、国籍を超えてさまざまな視点、さまざまなテーマで選んだ、作品、監督、俳優、映画の周辺に関する出来事など……。いわば〝映画何でもベストテン〟です。そこからどんなことが読みとれるでしょうか？

青木眞弥
安藤紘平
石子順
石飛徳樹
稲垣都々世
浦崎浩實
大高宏雄
大林宣彦
大森一樹
岡村尚人
叶精二
北川れい子
北原京子
工藤雅子
近衛はな
齋藤勇司
坂口英明
佐々木史朗
佐藤忠男
志尾睦子
篠崎誠
関根忠郎
添野知生
高崎俊夫
高澤瑛一
高田亮
田中千世子
谷川建司
西岡徳馬
根岸洋之
のむみち
二井康雄
北條誠人
村山匡一郎
森直人
山上徹二郎
山口剛
柳下美恵
李鳳宇
（五十音順）

写真協力＝公益財団法人川喜多記念文化財団
写真提供＝太秦株式会社／株式会社フロンティアワークス／ミラクルヴォイス／株式会社 PSC
大林宣彦事務所
安藤紘平／工藤雅子／叶精二／高関進／
山上徹二郎／小笠原正勝／のむみち

ベストテンは選ぶ日を変えればいくらでも他の候補が出てきそう

青木眞弥 『キネマ旬報』編集長

映画音楽が印象に残る映画ベストテン

教授と美女 1941―ハワード・ホークス監督
5つの銅貨 1959―メルヴィル・シェイヴルソン監督
突然炎のごとく 1962―フランソワ・トリュフォー監督
フォロー・ミー 1973―キャロル・リード監督
コングレス未来学会議 2013―アリ・フォルマン監督
鴛鴦歌合戦 1939―マキノ雅弘監督
酔いどれ天使 1948―黒澤明監督
からみあい 1962―小林正樹監督
宵待草 1974―神代辰巳監督
エルネスト 2017―阪本順治監督

音楽的センスの感じられる映画監督ベストテン

チャールズ・チャップリン

スタンリー・キューブリック
クリント・イーストウッド
クエンティン・タランティーノ
グザヴィエ・ドラン
小津安二郎
黒澤明
市川崑
北野武
大根仁

映画と音楽をめぐる事件ベストテン

ギーズ公の暗殺 1908―アンドレ・カルメット監督：サン＝サーンスによる、トーキー以前、世界初の映画音楽

死刑台のエレベーター 1958―ルイ・マル監督：マイルス・デイヴィスによる即興の映画音楽

サイコ 1960―アルフレッド・ヒッチコック監督：シャワーシーンで音楽を使わないというヒッチコック監督の指示を無視したバーナード・ハーマン

2001年宇宙の旅 1968―スタンリー・キューブリック監督：SF映画＝電子音楽のイメージが強かった時代に、ワーグナー、リムスキー＝コルサコフなどのクラシックや、リゲティの現代音楽などを使用したキューブリック

サスペリア 1977―ダリオ・アルジェント監督：ホラー映画史上最も有名なプログレッシブ・ロック・バンド「ゴブリン」が本作で

『バード』(88年)を演出中のクリント・イーストウッド。左はフォレスト・ウィテカー

日本初紹介される

乱　1985｜黒澤明監督…「マーラーのような音楽にしてほしい」と頼んだ黒澤明に対し、「それならマーラーを使えばいい」と激怒した武満徹

風の谷のナウシカ　1984｜宮崎駿監督…細野晴臣の主題歌が劇中では一切使われなかった件

シン・ゴジラ　2016｜庵野秀明、樋口真嗣監督…庵野秀明、鷺巣詩郎らによる伊福部昭へのリスペクト

すばらしき映画音楽たち　2016｜マット・シュレーダー監督…名曲誕生の瞬間やエピソードを綴った映画音楽ファン必見の映画

JASRACが日本の映画館に対し、外国映画音楽の使用料値上げの意向を発表

昨年末、『キネマ旬報』に連載していた細野晴臣のエッセイ「映画を聴きましょう」をまとめた単行本を刊行したこともあり、このところ「映画音楽」についてあれこれ考えている。というわけで〈映画〉ベストテンは映画音楽が印象に残る映画、〈人物〉は音楽のセンスがある（と思われる）監督を選ぶ。

ホークスの『教授と美女』はマッチをドラム代わりに叩く《ドラム・ブギ》が楽しい。ホークス自ら本作をリメイクしたのが『ヒットパレード』(47)で、こちらのほうにも主演しているダニー・ケイの『5つの銅貨』は、何といっても三つの曲を三人がうたってハモるシーンの楽しさ。

ヌーヴェルヴァーグから選んだ『突然炎のごとく』はジャンヌ・モローが歌う《つむじ風》の素晴らしさ、でもやはりジャック・ドゥミの『シェルブールの雨傘』(64)、『ロシュフォールの恋人たち』(67)のほうがいいだろうか。

『コングレス未来学会議』の音楽を担当したのは現代音楽の旗手と言われるマックス・リヒターで、彼の名前は某レコード店の試聴コーナーでヴィヴァルディの《四季》全曲を

『死刑台のエレベーター』

3

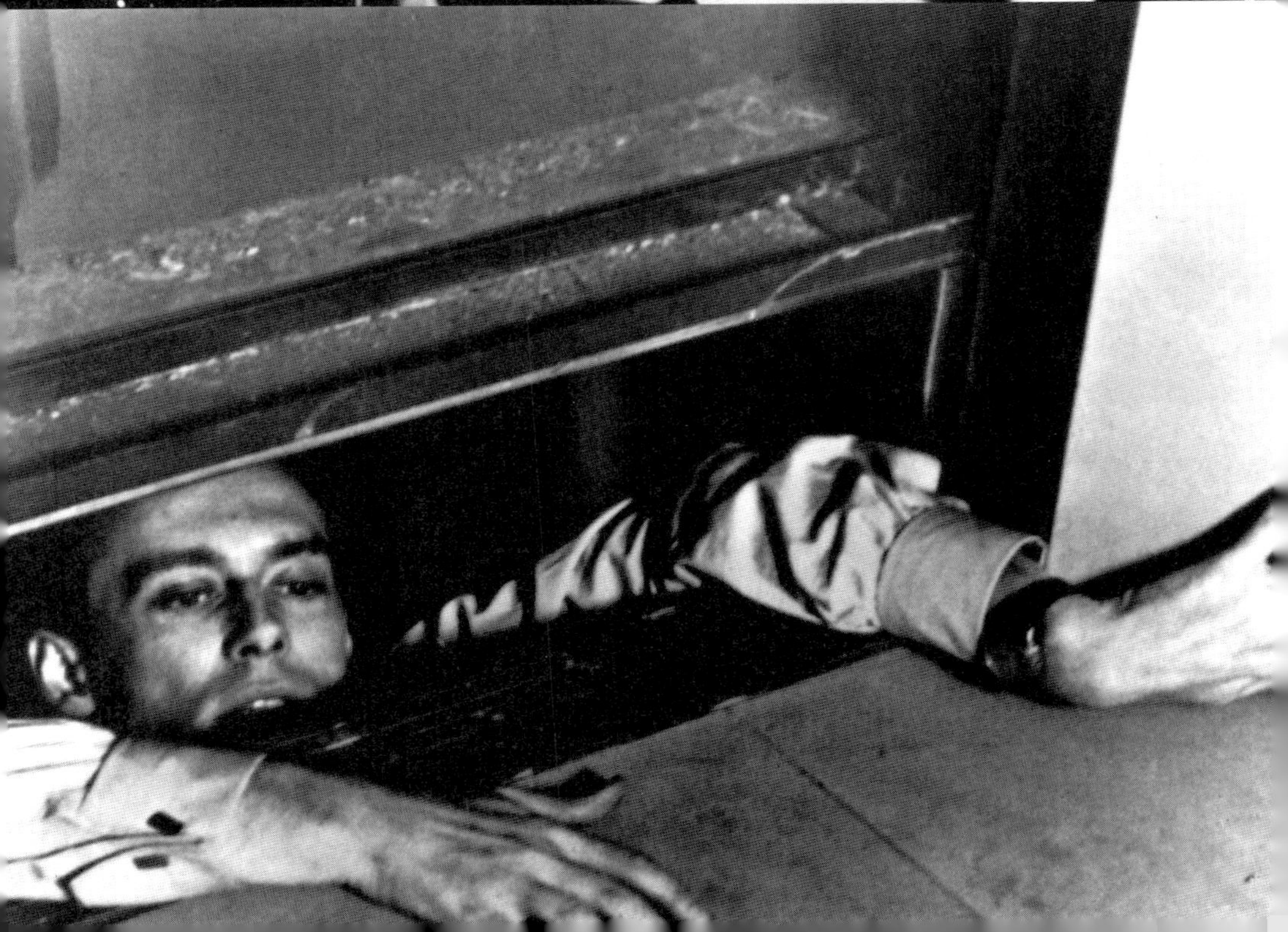

リコンポーズしたアルバムを聴いたときから気になっていた。『メッセージ』(2016)のオープニングとエンディングも彼の曲で、リヒターの名前がクレジットされていると、とにかく見るようにしている。今思い出せないが、そういう作曲家はもっといそうな気がする……。
といった具合に、これらのベストテンは選ぶ日を変えればいくらでも他の候補が出てきそうだが、〈事件〉のほうも映画音楽に無理矢理関連づけたところ、こちらはちょっと苦しくなった次第。

あおき・しんや 『キネマ旬報』編集長。1963年兵庫県生まれ。東北大学文学部卒。87年にキネマ旬報社入社。本誌編集部や事業部などいくつかの部署を経て、2016年の夏より『キネマ旬報』編集長。これが二度目の編集長就任。

映画に欠かせない王道を物語って、我々の感情を揺さぶった素晴らしい作品です

安藤紘平 映画監督

LGBT(レズビアン・ゲイ・バイセクシャル・トランスジェンダー)の映画10撰

1 **トーチソング・トリロジー** 1988―ポール・ボガート監督
2 **ベニスに死す** 1971―ルキノ・ヴィスコンティ監督
3 **プルートで朝食を** 2005―ニール・ジョーダン監督
4 **チョコレートドーナツ** 2012―トラヴィス・ファイン監督

5　フィラデルフィア　1993｜ジョナサン・デミ監督

6　キャロル　2015｜トッド・ヘインズ監督

7　ハッシュ！　2001｜橋口亮輔監督

8　オール・アバウト・マイ・マザー　1999｜ペドロ・アルモドバル監督

9　愛の唄　1950｜ジャン・ジュネ監督

10　プリシラ　1994｜ステファン・エリオット監督

次点　サテリコン　1969｜フェデリコ・フェリーニ監督

次次点　ムーンライト　2016｜バリー・ジェンキンス監督

今でこそ、人権の観点などから社会的に認められた存在となりつつあるが、同性愛者や、身体的特徴とか遺伝子上の性により〝割り当てられた性〟が間違っている或いは不完全であると感じる人々は、社会の中では性的少数者で、精神障害や病気であって正常な存在ではないといった偏見、反感、蔑視に晒され、時には処罰や暴力的迫害の対象になっていました。それは、身分制度や人種とりわけ白人と黒人との問題、宗教、などの差別よりももっと根深い、そして表に出にくいものであったりしました。だからこそ、その愛の物語は切なく、人権や正義の物語は尊く、それらの人々の細やかでウイットに富んだ感情が胸を打つのでしょう。

今ここに挙げた作品群は、どれもこの問題が特異であることで評価されているものではありません。どの作品も、生きるという事、悲しみや喜び、愛、正義、といった映画に欠かせない王道を物語って、我々の感情を揺さぶった素晴らしい作品たちです。どの作品も甲乙つけ難く、結局、12撰になってしまいました。最も古い作品1950年の『愛の唄』は、牢獄の中といういわば誰にも邪魔されない皮肉にも開放された場所での秘密の愛の交

『ハッシュ！』　©2001 SIGLO

歓の物語です。一番最近作のアカデミー賞に輝いた『ムーンライト』は、黒人貧困社会での性的マイノリティーの切なく詩的なラブストーリーです。その他何度見ても笑い、泣き、力づけられ、感動する作品たちです。是非、皆さんにも観て頂きたい珠玉の作品たちなのです。

マジカルリアリズムの映画10撰

1 **惑星ソラリス** 1972―ソヴィエト―アンドレイ・タルコフスキー監督

2 **リアリティのダンス** 2013―チリ・フランス―アレハンドロ・ホドロフスキー監督

3 **アンダーグラウンド** 1995―フランス・ドイツ・ハンガリーなど―エミール・クストリッツァ監督

4 **田園に死す** 1974―日本―寺山修司監督

5 **ミツバチのささやき** 1973―スペイン―ヴィクトル・エリセ監督

6 **野のなななのか** 2014―日本―大林宣彦監督

7 **ブンミおじさんの森** 2010―タイ・イギリス・フランス・ドイツ・スペイン―アピチャートポン・ウィーラセータクン監督

8 **さらば箱舟** 1982―日本―寺山修司監督

9 **バードマン（あるいは無知がもたらす予期せぬ奇跡）** 2014―アメリカ―アレハンドロ・ゴンサレス・イニャリトゥ監督

10 **手紙 Love Suicides** 2009―マレーシア―エドモンド・ヨウ監督

マジカルリアリズムとは、日常にあるものが日常にないものと融合した作品に対して使われる芸術表現技法で、例えば、死んだはずの人が幽霊ではなく現実として話したり一緒に食事をしたり、また、大人になった自分が少年時代の自分と出会ったり、時間も空間も

『さらば箱舟』 ©1982テラヤマワールド/ATG

『田園に死す』 ©1974テラヤマワールド/ATG

『野のなななのか』
© 株式会社 TM エンタテインメント

超越した魔術的リアリズムです。ラテンアメリカや日本、ロシア、東南アジアなどの地域の作家が好んで使う表現手段で、ガルシア＝マルケスや川端康成、大江健三郎、莫言、など多くのノーベル賞作家を産んでいます。

撰んだ10作品は、全て僕が好きな作品です。

『惑星ソラリス』は、ソラリスという星の知性を持つ海が人間とコミュニケーションをとりたいがために、人の記憶を実体化して送り込んでくるという物語です。死んだ愛犬が、自殺した妻が、実体化して現れます。そして、最後に海に現れる島には、自分の生まれ育った家に愛犬と父親、そして少年時代の自分がそこにいます。人は死の直前に、一瞬、自分が見たい映像を見ると言いますが、僕はきっと死ぬとき、ソラリスの海の島に少年時代の僕を見るのではないでしょうか。

『リアリティのダンス』も僕の座右の作品。どこまでが現実でどこまでが幻想か、むしろこんな風に自由に現実を捉えられたら世界はどんなに楽しいことでしょうか……。

僕は、若いころ寺山修司の天井桟敷に所属していました。寺山さんは言います。「人は、半分死体で生まれて、完全な死体になって終わるんだ」と。

だからでしょうか、生の世界と死の世界の境界は僕にとっても曖昧です。

寺山の映画では、大人になった主人公が少年時代の自分と出会い、死んだはずの人々が100年後に集まってきます。

大林宣彦監督は言います。「人の記憶に残っているうちは、人は死んでいないんです。おじいさんもおばあさんも、父も母も、記憶にある限り私たちの傍にいるんです」。だから、『野のななのか』では、生と死が曖昧な49日の間に、死者を仲介者として死者の歴史がまるで現実のように語られます。

エドモンド・ヨウの『手紙　Love Suicides』は、川端康成の「心中」から触発された作品ですが、死んだはずの夫から毎日手紙が来て生者と交流します。

どの作品も、非日常が当たり前のように日常に融合し、生と死、時間や空間を飛び越え

『手紙 Love Suicides』

て、観る者の想像世界を拡張してくれます。なんと素晴らしいマジカルリアリズムの映画たちでしょう。

あんどう・こうへい　映画監督。１９４４年東京都出身。早稲田大学理工学部卒業。代表作品に『オーマイマザー』（オーバーハウゼン国際映画祭入賞）、『息子達』（トノンレバン国際映画祭グランプリ）、『アインシュタインは黄昏の向こうからやってくる』（ハワイ国際映画祭銀賞）、『フェルメールの囁き』（モントルー国際映像祭グランプリ）など。早稲田大学名誉教授。

中国映画には、色彩が題名となった作品が目立つ

石子順　評論家

中国映画　色彩題名作品10

「白毛女」から「レッドクリフ」まで

中国映画ベスト10ではない。
中国映画には色彩が題名となった作品が目立つ。そこからの10選である。
それらをあげると、

白毛女　１９５１―王浜・水華監督

黄色い大地（黄土地）　１９８４―陳凱歌監督

紅いコーリャン（紅高粱）　１９８７―張芸謀監督

青い凧（藍風箏）　１９９３―田壮壮監督

黒砲事件　1985―黄建新監督

紅い服の少女（紅衣少女）　1984―陸小雅監督

べにおしろい（紅粉）　1994―李少紅監督

レッドチェリー（紅櫻桃）　1995―纓葉監督

黒い雪の年（本命年）　1989―謝飛監督

レッドクリフ（赤壁）　2008―ジョン・ウー監督

半分が紅、べに、レッドで占められている。緑色、紫色がないが五色ある。その色彩のそのものを題名にした作品と、作品内容からその色をイメージ化した作品、原題をそのまま訳した作品と、日本語タイトルとして色彩をつけた作品がある。

『白毛女』は、旧社会で、地主に暴行され山に逃げこみ何年も生きた少女の苦しみを白髪と化していく姿で描く。恋人に助けられて地主に仕返しをして美しい黒髪にもどった。王浜監督、田華主演で女性の人間解放をとらえて観客に支持され大ヒットした。戦後も中国にとどまった旧満映の技術者たちの貢献で撮られた。

『黄色い大地』は、中国映画に新しい波を起ち上がらせた衝撃作。黄河の水で黄色い土地を耕す貧農の生活が黄色となって画面をおおった。文化大革命で破壊された映画は、この映画で立ち直り世界に羽ばたく。陳凱歌監督と撮影の張芸謀は第五世代といわれて、その旗手となった。

『紅いコーリャン』は、緑色のコーリャン畑で咲き散った紅い恋。紅い酒。紅い命。張芸謀が監督デビューし、鞏俐が女優デビューして、激烈な「紅」（一番だ）と世界に見せた。圧倒的な中国色彩美学でベルリン国際映画祭グランプリ受賞。

『べにおしろい』ポスター

『青い凧』は、北京の青い空に舞った青い凧が木に引っかかり破れているラスト・カットが強烈。文化大革命までの少年時代をとらえつつ、すべてを破壊した暴力を見すえる。田壮壮監督はこの映画で10年新作を撮れなかったが北京にとどまった。

『黒砲事件』の黄建新監督は北京電影学院派ではない第五世代。失った将棋の駒の黒砲を探せと打った電報でスパイ容疑者となった技師。その事情と頑迷な党機関の官僚体質に批判をこめた風刺映画。

『紅い服の少女』。子役もした陸小雅監督の初作品。文化大革命後に元気に育った高校生は好きな紅い服をいつも着ている。自立心の強い子で画家の父（朱旭が映画デビュー）を尊敬し、編集者の姉と仲もいい。思春期の少女を描く秀作。

『べにおしろい』。第五世代の女性監督李少紅が撮った。人民政府の新時代になって売春制度が廃止され、娼家にいた二人の女性はどのように生きていったかを描いた。べにおしろいをとったあとの生きざま。

『レッドチェリー』。ソ連の学校に留学していた内戦の犠牲者の子女たちが独ソ戦争勃発でドイツ侵略軍の捕虜になる。少女の過酷な戦争体験を描いた反戦映画。纓葉監督はレスリー・チャン主演の『追憶の上海』の原題も『紅色恋人』と名づけた。

『黒い雪の年』。原作名は「黒的雪」だが映画は『本命年』となった。これは自分の干支の年のことで、中国では干支の年は厄年とされている。24歳で刑務所から出所した青年の何をしてもうまくいかない日々を姜文が演じた。降る雪が黒く見えてくるイメージ。ベルリン国際映画祭銀熊賞受賞。謝飛監督は陳凱歌たちより一世代上で北京電影学院副院長だった。

21世紀になって『レッドクリフ』になる。これはジョン・ウー監督の前・後篇の大作。地名の赤壁がそのものずばり出ている。『三国志』で曹操が負けるので一番有名で痛快な赤壁の戦いを真正面から描いた。

文革前の人民映画では、謝晋監督の『紅色娘子軍』があったが『女性第二中隊長』となり、戦争映画『紅日』が『真紅の太陽』という題名になって日本で公開された。砂漠緑化の『緑州凱歌』もあったが未公開。90年代にソ連軍の満州進攻後、日本の少女を助ける中国青年を描く『紫日』が作られたが日本未公開。また張芸謀監督の『紅夢』は、原題の『大紅燈籠高高掛』を真紅の大燈籠が高くかかげられているもとでの愛憎劇のイメージを「紅高粱」にかけて二文字に凝縮したのだろう。

いしこ・じゅん　映画・漫画評論家、日本漫画家協会理事。1935年京都市生まれ。1953年中国より帰国。東洋大学文学部卒。映画評論をはじめて中国映画字幕翻訳。手塚治虫と出会い漫画研究も。元・和光大学教授。著書に『戦後映画の主人公たち』『映画366日館』『中国映画の散歩』『中国映画の明星』『同・女優編』『漫画詩人・手塚治虫』『漫画は戦争を忘れない』など。ちばてつやたちとの共著『少年たちの記憶―中国からの引揚げ』で文化庁メディア芸術祭特別賞受賞。

私にとっては『旅芸人の記録』を超える映画はまだ現れていません

朝日新聞編集委員
石飛徳樹

わが青春のベストテン

旅芸人の記録
1976―テオ・アンゲロプロス監督

サウンド・オブ・ミュージック
1965―ロバート・ワイズ監督

タクシー・ドライバー
1976―マーティン・スコセッシ監督

スティング
1973―ジョージ・ロイ・ヒル監督

チャイナ・シンドローム　1979｜ジェームズ・ブリッジス監督
危険な年　1982｜ピーター・ウィアー監督
プリンス・オブ・シティ　1981｜シドニー・ルメット監督
緑色の部屋　1978｜フランソワ・トリュフォー監督
大陸横断超特急　1976｜アーサー・ヒラー監督
走れ走れ！救急車　1977｜ピーター・イエーツ監督

私が大学生の時に見て、その後の人生に大きな影響を与えた映画を10本挙げてみました。これらの映画に出会ったことで、私は映画と一生付き合っていきたいと考えるようになり、40年近く経った今、こんな仕事に就いております。

高校生までは、『犬神家の一族』(76)や『スター・ウォーズ』(77)といったヒット作を友人や彼女と見に行くという、ごく真っ当な映画人生を送っておりましたが、大学1年の時に、映画好きだった父親が亡くなり、映画と向き合ってみようかなと思いました。

当時は大阪に住んでいたので、堂島にあった大毎地下劇場名画鑑賞会に出かけました。そこで見たのが『大陸横断超特急』と『走れ走れ！救急車』の2本立てでした。この2本があまりにも面白くて（特に『大陸横断超特急』は大傑作です！）、週替わりの番組をすべて見に行くようになり、大学に行くよりも映画館に通う毎日が始まりました。

『サウンド・オブ・ミュージック』で映画の大きさや普遍性を知り、『緑色の部屋』でナタリー・バイの可憐さと、ネストール・アルメンドロスの映像美の虜になり、『タクシー・ドライバー』を見て、自らの内にある負のエネルギーを自覚しました。

『プリンス・オブ・シティ』で世の中の不条理と哀しみを学び、『チャイナ・シンドローム』『危険な年』のジャーナリストを見てマスコミを目指すことになりました。『スティン

『旅芸人の記録』ポスター

グ』のレッドフォードとニューマンは、男の格好良さの師匠となりました。何度も見て、彼らの所作を真似ようとしました。
　そして。北浜にあった三越劇場で『旅芸人の記録』を見た時の衝撃はいまだに忘れられません。映画は政治や歴史を丸ごと表現することができるのだ、という衝撃。映画について書く、ということを仕事にしたいと思った瞬間でした。私にとっては『旅芸人の記録』を超える映画はまだ現れていません。

いしとび・のりき　朝日新聞編集委員。1960年大阪市生まれ。神戸大学法学部卒業。大学時代は、大阪・キタにかつてあった名画座の大毎地下劇場に通いつめ、『大阪映画サークル』紙などに映画評をせっせと投稿していた。84年、朝日新聞社に入社して上京。校閲部、前橋支局などを経て、95年から学芸部に所属し、テレビ、書評、映画などの分野を担当。『朝日新聞』紙面以外に、『キネマ旬報』誌に10年余り「テレビ時評」を連載した。そのほか、さまざまなメディアで映画やドラマにまつわるインタビュー、対談、批評、司会などを手がけている。著書に、名古屋本社版に毎週書いていた映画評を集めた『名古屋で書いた映画評150本』(徳間書店)、編著書に『もういちど　あなたへ』(朝日新聞出版)がある。

気がつけば、評論家というより映画好きとして好きな映画に浸っているだけなのだ

映画評論家
稲垣都々世

〈映画〉映画を仕事にしてくれた作品ベストテン

1　明日に向って撃て！　1969─ジョージ・ロイ・ヒル監督

2　映画に愛をこめて　アメリカの夜　1973─フランソワ・トリュフォー監督

3 **気狂いピエロ** 1965─ジャン=リュック・ゴダール監督

4 **2001年宇宙の旅** 1968─スタンリー・キューブリック監督

5 **風の谷のナウシカ** 1984─宮崎駿監督

6 **あの夏、いちばん静かな海。** 1991─北野武監督

7 **神曲** 1991─マノエル・ド・オリヴェイラ監督

8 **マッチ工場の少女** 1990─アキ・カウリスマキ監督

9 **そして光ありき** 1989─オタール・イオセリアーニ監督

10 **許されざる者** 1992─クリント・イーストウッド監督

映画を見る習慣のない家庭に育ち、遅まきながら**1**で映画ファン・デビュー。山田宏一氏の著作を読んでトリュフォーのファンになった。特にリアルタイムで見た**2**ではナタリー・バイが演じた有能なスクリプターに感激。当時所属していた大学の映画研究会で、独立プロで働いているOBに「記録」の書き方を教わって自主製作映画の現場体験をした。トリュフォーを知れば、ゴダールも知らずにはいられない。**3**を筆頭に色んな手立てで見まくった。見ることで、自分の感性が磨かれる気がした。

大学を卒業し、入社した『ぴあ』で映画担当になった。そのころ『ぴあ』では年間のベストテン「ぴあテン」のほかに、もう一度見たい映画のベストテン「もあテン」の読者投票があり、入社した年に1位になったのが**4**。配給会社の厚意で受賞記念上映会が行われた。後で知ったのは、実は1位ではなかったということ。話題を盛り上げてリバイバル上映させようとの思惑で、翌年これが実現した。嘘も方便、だ。

5はアニメーションが苦手だった筆者の「目からウロコ」の感動。**6**もお笑い芸人の手慰みとバカにしていた自分のバカさ加減を知らされた衝撃の出会いだった。**7**はヴェネチ

ア映画祭で見たオリヴェイラの作品。ダンテの原作なのか否か、全く言葉が理解できない台詞劇を字幕なしのポルトガル語で見て、圧倒的な映像に酔いしれた。

8はカンヌの帰途、パリの映画館で見た。バスター・キートンともジャック・タチとも違う愁いを帯びた寡黙さに、映画に台詞はいらない、と思った。フィンランド語はわからなくとも、登場人物の心が完璧にわかった。カウリスマキは、あれ以来ずっと大好きだ。イオセリアーニも、よくわからなくとも圧倒的に素敵だ。**9**のほか、アテネフランセの上映会に通って見た未公開作品は、どれも好きにならずにいられない魅力を湛えていた。**10**はもともと好きだったイーストウッドが特別な存在になった一作。以降、彼の作品はいつも私の心を感動でふるわせる。映画を見ることの至福を味わわせてくれる。

結局、気がつけば、評論家というより映画好きとして好きな映画に浸っているだけなのだ。

〈人物〉監督との出会いのベストテン

1 **フランソワ・トリュフォー**
2 **ケン・ローチ**
3 **アッバス・キアロスタミ**
4 **ホウ・シャオシェン**
5 **黒澤明**
6 **ジム・ジャームッシュ**
7 **北野武**
8 **サミュエル・フラー**

フラソワ・トリュフォー

[redacted]

『明日に向って撃て!』

[redacted]

9 クシシュトフ・キエシロフスキ
10 テオ・アンゲロプロス

10代のころ、山田宏一氏の本を読んでトリュフォーを知った。『ぴあ』で回顧展が開催されたときに来日したが、編集部の社員は会わせてもらえなかったのが残念でならない。亡くなったとき、『ぴあ』で追悼の特集を組んだ。その後、カンヌに行く度に、パリに立ち寄ってモンマルトルの墓に花を供えた。

ローチはカンヌで『リフ・ラフ』や『レイニング・ストーンズ』を見て、作品だけでなく〝人〟の虜になった。後に高松宮殿下記念世界文化賞の授賞式で来日した折に、英国大使館で会った。数分の会話だったが、優しい人柄が伝わってきて胸がつまった。

キアロスタミもカンヌの『そして人生はつづく』で初めて知った。『友だちのうちはどこ?』の日本公開時にインタビューし、演出の方法を詳しく聞いた。優しいのに、残酷。素人から真実の感情を引き出す方法に舌をまいた。

ホウさんには来日の度にインタビューした。スタッフも交えて銀座や大久保近辺の居酒屋などで同席すること度々。「好男好女」の撮影現場にも招待してもらった。幸せな体験だった。

黒澤監督と会ったのは「夢」を上映した時のカンヌ。外国人記者の前では満面の笑みなのに、日本人記者の前では機嫌が悪い。あのムッとした表情を見ると、撮影現場での数々の逸話がよく理解できる。

反対に、北野監督はいつも温かかった。相手を思いやる繊細な優しさに感動した。

ジャームッシュとは『デッドマン』の時。ジョニー・デップと一緒にホテルの部屋の床に座り込み、映画のことからアメリカの愚かさまで、話が弾んだ。

『ストリート・オブ・ノー・リターン』公開時に会ったフラーは、想像と違ってとてもチャーミングなおじいちゃんだった。若いころは新聞記者の経験もあり、テープを回しているのを知らずに「こんな長い言葉をメモできるとは、なんて賢い子だ」とほめられた(!)。ついでに、当時描いていた漫画の自画像も描いてくれた。フラーが亡くなった97年10月30日、私は東京国際映画祭の日報の編集長を務めていて、編集後記に追悼の言葉とともにこの時の漫画を掲載した。

キェシロフスキはインタビュー嫌いで知られていたが、本当に何を聞いてもまともに答えてはもらえなかった。しかし、監督は良い映画を作ればいい。

一方、アンゲロプロスは細かい質問に詳細に答えてくれ、その徹底した「作り」に驚かされた。すべてが貴重な体験だ。

事件 映画人生のトピック・ベストテン

1 **映画初体験**
2 **名画座**
3 **大学映画研究会**
4 **スクリプター**
5 **『ぴあ』**
6 **フィルム・センター**
7 **カンヌ映画祭**
8 **19年半**
9 **映画評論家**

10 DVD

事件など何もない。ただ、映画の仕事をするようになるには、いくつかの節目があった。

1 田舎の高校時代、初めて自分の意思で、１時間以上かかる名古屋まで出かけて『明日に向って撃て！』を見た。

2 大学に入学して上京。〈名画座〉なるものを知り、過去の映画を見まくった。

3 大学の映画研究会に所属し、先輩たちから色んな映画のことを教わった。

4 映研で自主製作映画のスクリプターをやった。

5 大学を卒業し、『ぴあ』に入社。〈自主製作映画展〉を開催しているから現場の仕事ができるかもしれない、などと思ったが、そんなことがあるわけもなく、〈映画班〉に配属され、情報整理や作品紹介文執筆を含む編集作業に携わった。

6 仕事があまりにも暇だったので、フィルムセンターに映画を見に行った。仕事中に映画を見に行くとは何事ぞ、と上司に怒られた。仕事と趣味の違いは何ぞや。世間知らずだった。

7 １９８７年、10年も映画班の仕事を続けたのだから、カンヌ映画祭くらい行かせろ、と同期の上司に噛みつき、初めてカンヌへ。帰ってきたら机はないと思え、とみんなが言っていたが、ちゃんと机はあって、同じ仕事を続けた。毎年「机」の危機に直面しつつ、ほぼ毎年カンヌに行った。

8 〈映画班〉の仕事は、多少の変化はあったものの、19年半続いた。

9 ようやく退社し、映画評論家を名乗るようになった。

10 ２００９年に、両親の世話をするために愛知県の実家に転居。名古屋では試写が回らない作品がたくさんあるため、しかたなくＤＶＤを借りることに。初めてプレーヤーを購入した。しかし、よく考えれば、今や撮影も上映もデジタルが主流。試写室で見るのと、自宅で見るのと、どこが違うのかよくわからなくなった。

いながき・つづせ　映画評論家。愛知県出身。大学卒業後、『ぴあ』に入社。19年半、映画担当として取材にあたり、編集委員として映画評を執筆。1997年に退社して映画評論家に。主な媒体は『朝日新聞』の映画評、『キネマ旬報』など。報知映画賞の審査員、毎日映画コンクールの俳優部門選考委員を担当。東京国際映画祭ではコンペ部門の予備審査、「ある視点」部門の審査員のほか、公式パンフレットの編集長も務めた。2009年からは愛知に転居し、評論活動を続けている。

新宿よ、番外地として永遠なれ！

激評家　浦崎浩實

〈作品〉東京番外地篇

自由学校　1951―渋谷実監督

青カ島の子供たち　女教師の記録　1955―中川信夫監督

東京暗黒街・竹の家　1955―サミュエル・フラー監督

赤線地帯　1956―溝口健二監督

下町〈ダウンタウン〉　1957―千葉泰樹監督

蟻の街のマリア　1958―五所平之助監督

東京湾　1962―野村芳太郎監督

狼と豚と人間　1964―深作欣二監督

愛について、東京　1993―柳町光男監督

不夜城　1998―リー・チーガイ監督

コロムビア・ローズ（初代）の歌う「東京のバスガール」（1957、丘灯至夫・詞、上原げんと・曲）に〝ビルの街から山の手へ〜〟という一節がある。今はいずこもビルだらけだが、つい（？）60年前は、ビル街は限定的で、日本の首都の〝中心〟の象徴だったわけです。高倉健の『東京丸の内』（62、源氏鶏太・原作）は新文芸坐で近年観たのだが、丸の内あたりが（知名度においても！）特権的だったのは今はムカシであります。

で、地名は東京だけれど、「中心＝繁栄から取り残されている」か治外法権的な東京を扱っている映画を挙げてみた。

10作のうち、同時代で観た記憶は『蟻の街のマリア』から。バタヤ部落（跡地が隅田公園）という、自分たちイナカ在住者より貧しい〝東京人〟がいる驚き！　実話に基づくのだそうで、ヒロインを演じる千之赫子さんはのちに、東千代之介に連れそう人。

『自由学校』（大映版未見で、渋谷実監督版）では、お茶の水駅近くの神田川土手で暮らすルンペンに混じって、家をおん出た主人公が〝自由〟を味わう趣向だが、この時代、土手で暮らしてもよかったんですね（今は公園のホームレスも追い払われる時代です）。

『女教師の記録』は日本の教育機会均等に感涙する。『二十四の瞳』に遅れること1年。絶海の孤島の岸壁に打ち寄せる波しぶきよ！

『竹の家』は邦題に釣られると落胆するが、日本が占領から解放されたのは52年だが、なお米国の有象無象が日本を享楽・犯罪の治外法権地にしていただろうと想像に難くない。

赤線ものは『洲崎パラダイス・赤信号』（56）、山本富士子版『濹東綺譚』（60）、ロマン・ポ

ルノと多々あれど、ここもまた、超法規的場所と言え、三益愛子の異様な娼婦の記憶が本作をここに挙げさせていただきます。

『下町』は、ダウンタウン、とルビ付きだったと思うが（林芙美子原作）、カタカナのモダンさ（?）と内容のアンバランスは狙いかも。山田五十鈴はシベリア抑留の夫の帰りを幼い息子と待ちわび、お茶の行商で食いつないで、女友達の家の一間で暮らしているが、この女友達（村田知栄子）、売春斡旋をしていて、五十鈴にもしきりと勧める。三船敏郎は外地引揚者、鉄材倉庫の川っぷちの番小屋に住んでいる。葛飾区役所はどこ？　とかいうセリフがありましたかね。とすれば、川っぷちは荒川上流だったのだろう。二人は出会い、一夜限りの愛を……。底辺からどうしても這い上がれない人たち。外地引揚者の話には私の母方のこともあって、身につまされるものが多い。母の従弟もついにシベリアから帰還しなかったです（東京番外地は引揚者の吹き溜まりでもあったろう）。

『東京湾』。水上は一応、地上権が存在しないから、舟があれば生活できるのだが、「蟻の街」も「下町」も、本作も水辺で、それは水利だけでなく、景観を含め、水そのものが人間の身体と無言のうちに呼応するもの、最後の拠り所とするものがあるかと！

『狼と豚と人間』の舞台の埋め立て地は江東区と記憶するが、あの荒涼とした光景はそのまま登場人物のものである。ここここそ、まさに東京番外地。

『愛について、東京』で若い中国人たちの生活圏は荒川区だったか。（底辺の）流入者としてひっそり生活する彼らのそれは、外国人であれ、自分（たち）の青春と重なるものがあって心打たれた（今でこそ、在京55年、私は態度デカく暮らしておりますが）。

　で、新宿に暮らして43年、我がホームタウンですが、新田裏（しんでんうら、都電が通っていた）のストリップ周旋業〝新宿芸能社〟

『愛について、東京』ポスター

（確かに芸能！）を舞台にした『喜劇・女は男のふるさとヨ』（71）に始まるシリーズ4作をここに挙げたい誘惑にかられるが、新宿は威勢のいい外国人のものを挙げましょう。

新宿は番外地じゃない、中心？　バカも休み休み言って！　〝新〟宿という命名からして初めから番外地で、私たちの同時代で言えば、新宿騒乱があり、アートシアター新宿文化劇場、その地下の蠍座、新劇系演劇の貸し小屋として紀井國屋ホールのオープン、唐十郎ほかアンダーグラウンド演劇の発祥地（の一つ）等々、新宿はどこまでも番外地です。

控えめに言っても、警察にたやすく誘導されてしまう渋谷の若い群衆とはレベルを異にしております。新宿よ、番外地として永遠なれ！

〈人物〉華燭篇

岸惠子＋イヴ・シャンピ　1957年結婚
石原裕次郎＋北原三枝　1960
中村錦之助（萬屋錦之介）**＋有馬稲子**　1961
市川雷蔵＋太田雅子　恭子を改名　1962
美空ひばり＋小林旭　1962／小林は67年に青山京子と再婚
山本富士子＋古屋（のち山本）**丈晴**　1962
東千代之介＋千之赫子　1965
芦川いづみ＋藤竜也　1968
山口百恵＋三浦友和　1980
オリヴィア・ハッセー＋布施明　1980

このセクションは特に説明を要しないと思うが、カップルにしたので人選、倍に。今並べると、岸惠子の国際結婚が（意外にも）早い時期だったのに驚く。世間はまだ、敗戦ショック（欧米コンプレックス）から抜けていなかったはず。

60〜62年、我らがアイドルは婚期を迎えていたんですね。10組の内、6組は添い遂げた（添い遂げる）はずで、意外や（？）律儀。世間は芸能人の別れ話が好きだけど。

雷蔵、千代之介の二組はお見合い結婚。ジミ婚に心打たれる。錦之介、ひばりの二組はいつまでもつか婚、でした。

『ロミオとジュリエット』のあのジュリエットが、わが日本男性と！　大事件で、日本中の男性を感動させたと思う。でも、結局、捨てられたのね？

〈事件〉発言・アフォリズムからたどる

「**松竹に小津は二人要らない**」城戸四郎

「**撮影現場で迷っているそぶりを一瞬たりとも見せるんじゃない、と**」石原慎太郎

「**女優を二号にしたのではない、二号を女優にしたんだ**」大蔵貢《みつぎ》

「**西にコクトーおれば、東に三島あり**」永田雅一

「**私の映画の観客は100人おればいい**」大島渚

「**素人のポルノ映画と同列にされたんじゃたまらない**」木下惠介

「**映画会社が社長のためにあってはならない**」三國連太郎

「**監督は二人要らない**」黒澤明

「**これからはパンツをはかないようにすればいいんだな**」勝新太郎

「自分から、あれ演りたいの、これ演りたいのと会社に言ったことないわ、それで役が成功した俳優っているの？」高峰秀子

発言引用は正確ではなく、もっぱら記憶頼り。誤りあらば、ご容赦を！

城戸四郎発言は、成瀬巳喜男がＰＣＬに引き抜かれる頃（１９３５頃）の発言と思うが、城戸松竹撮影所所長の強がりかどうかはともかく、双方に正解だったですね。

石原慎太郎発言は、東宝助監督部の猛反発の中、『若い獣』(58)で監督デビューした際、東宝監督（だったと思う）にそう教えられたとか。ベテラン監督なら、現場の〝迷い〟はよりよいものを生むための思考、と理解されても、素人の場合は足元を見られるわけですね。当時の東宝としては日活のイシハラ（裕次郎・慎太郎）人気にあやかりたい一心の監督起用だったのだろう。

新東宝の大蔵貢社長が同社の看板女優、高倉みゆきとの関係がすっぱ抜かれた時の発言で(60)、当時の私は意味が飲み込めなかった。どっちでも違わないじゃないか、と。でも、手を付けたのが、商品（女優のこと、失礼！）以前か、商品以後か、そこらのモラル（！）は守っていたよ、という大蔵貢なりの表明と気づくまでに、私はオトナになるのを待たねばならなかったです。

暴君・永田雅一は、山本富士子に踏み絵を踏ませて映画界追放の挙に出たり(63)、田宮二郎が『不信のとき』(68)のポスター俳優序列で、女優陣の後塵を拝していることに不平を鳴らすや即解雇、また俳優の代わりはいくらでもいるとうそぶいたり、と映画界の前近代性を世間にさらしていたのだが、掲出の発言は、三島主演『からっ風野郎』(60)の時のもので、三島を大いに喜ばせたようだ。永田の無邪気さを伝える（愉快な）発言は他にもありますが！

大島渚発言は、東映の橋蔵主演『炎の城』(60)が興行的に惨敗した時と記憶するが、あ

るいはその前の松竹時代のものだったか？　映画会社の資本が作らせるものであっても、作品は監督に帰属する、と作家宣言になっている、『炎の城』の首尾はともあれ！

木下惠介発言は、松竹配給による武智鉄二の低予算もの『白日夢』『紅閨夢』(64)が大ヒットし、木下『香華』(64)との対製作費効果を松竹の誰かが口にしたのを憤ったもの。松竹の大功労者も何もあったものではない！

三國発言は、大映再建第1作『きみが輝くとき』(85)のクランクイン前の記者会見でのもので、映画会社ではワンマン社長がまかり通っていたことへの皮肉。この記者会見には大映新社長・徳間康快（やすよし）も同席しており、クギを刺しているようにも聞こえたものだ。

黒澤発言はご存じ、『影武者』(80)の勝新降板劇のもの。監督の頭越しにふるまう勝新に業を煮やしたわけだが、勝新を使いこなせなかったのか、とも思うのですが。

勝新のパンツ事件(90)。ハワイにコカインを持ち込もうとしてバレ、「知らないうちにパンツの中に入っていた」とする弁明（！）に続く発言（ケッ作！）。

高峰秀子のは〝事件〟と係わりないが、俳優は自分で評価してはならない、他者がするものという金言だろう。久我・有馬・岸らの〝にんじんくらぶ〟や、他社に出たがる山本富士子への当てつけともとれる。

西河克己監督も「監督として自分がどういう作品に向いているか、それは人さまが見立てること」と。表現者として主体性がないじゃないか、と言われそうだが、表現者であろうがなかろうがそもそも〝主体〟を疑ってみる必要がありそう。自己とは、他者と自分の間にある、といった日本の哲学者がいましたね（お名前失念！）。

堅苦しい締めくくりになり、すみません！

うらさき・ひろみ　激評家。1944年台北市生まれ。石垣市（沖縄県八重山郡）出身。ゴースト・ライター（〝代作〟の方ではなく、〝死魂〟ライター、Obituarist）。

デビュー作には不思議な魅力がある

映画ジャーナリスト
大高宏雄

劇場用作品の監督デビュー作ベストテン（邦画）

1 非行少年 陽の出の叫び 1967―藤田繁矢（敏八）監督
2 ろくでなし 1960―吉田喜重監督
3 甘い罠 1963―若松孝二監督
4 とべない沈黙 1966―黒木和雄監督
5 くちづけ 1957―増村保造監督
6 姿三四郎 1943―黒澤明監督
7 斬り込み 1970―澤田幸弘監督
8 競輪上人行状記 1963―西村昭五郎監督
9 青春の殺人者 1976―長谷川和彦監督
10 Helpless 1996―青山真治監督

あの女優は今ベストテン（日本）

1 桑野みゆき

『とべない沈黙』プレスシート

2 路加奈子

3 炎加世子

4 田島和子

5 泉京子

6 渥美マリ

7 三条泰子

8 島崎雪子

9 春川ますみ

10 森和代

映画界における会社倒産・裁判に関する出来事・事件ベストテン

1 日活ロマンポルノ裁判

2 大映倒産

3 新東宝解散

4 日活倒産

5 ディレクターズ・カンパニー倒産

6 『愛のコリーダ』裁判

7 『黒い雪』裁判

8 岩波映画製作所倒産

9 ダイニチ映配消滅

10 シネカノン倒産

「劇場用作品の監督デビュー作」には、その監督の個性があふれんばかりにつまっているものがある代わりに、好きなこと、やりたいことがまるでできず、当人が地団駄を踏んだものも当然あるはずだ。評価が、まちまちな作品も多い。もちろん、監督の勝負はデビュー作で決まりはしない。とはいえ、デビュー作には不思議な魅力がある。ここでは、当の監督の諸作との比較というより、作品そのものとして、抜きん出た中身をもつものを挙げてみた。監督たちは、その出発点からどのように変わっていったのか。あるいは、変わっていかなかったのか。その監督の資質、才能のすべてが、デビュー作に詰め込まれているということはないにしても、出来不出来に関係なく、その原石は確かにあるのだ。もっとも、デビュー作で映画生活が終わったら、どうであろうか。その監督は、不幸なのか、幸福なのか。柳町光男監督の『ゴッド・スピード・ユー！ BLACK EMPEROR』(76)や、相米慎二監督の『翔んだカップル』(80)を入れ忘れたことを、今気がついた。たぶんまだ、入れ忘れが何本もあると思う。

「あの女優は今」は、今の彼女たちのことを知りたいというより、私が彼女たちの映画によって存分に楽しませてもらったことを、改めてこの場で確認する意味が大きい。名前をここに挙げることで、改めて多くの映画と再会することができるのだ。彼女たちの名前を書くだけで、胸が締め付けられ、曰く言い難い心持ちになる。ありがとうと、書いているつもりである。

「映画界における会社倒産・裁判に関する出来事・事件」は、これらがその後の映画界(及び映画)に多大な影響を与えただろうことを考慮した。こちらも、当然もっとあるだろうが、資料などを何もあたらず、思いつくままに挙げてみた。胸にギュッと迫ってくるものがあるのは、女優たちとはまた違った意味からで、ここでも数多くの映画の顔が浮かんでくるのである。

おおたか・ひろお　映画ジャーナリスト。１９５４年静岡県浜松市生まれ。明治大学文学部フランス文学科卒業後、（株）文化通信社に入社。同社特別編集委員、映画ジャーナリストとして現在に至る。『キネマ旬報』に「大高宏雄のファイト・シネクラブ」、『毎日新聞』に「チャートの裏側」、『日刊ゲンダイ』に「大高宏雄の『日本映画界』」などを連載。独立系の邦画を賞揚する映画賞、日本映画プロフェッショナル大賞（日プロ大賞）を主宰。今年で、27回目を迎える。

この美食に目が眩み、「平和孤児」たる粗食に馴染んだ「敗戦少年」、大いに狼狽するの記

映画作家
大林宣彦

〈編集部より〉映画作家大林宣彦さんからはこのようなお手紙をいただきました。拝読しますと、その文章はオールタイムベストテンの根っことというべき血と骨が確《しか》と存在するものでした。ベストテンのかたちを成していないだけのことで、大林監督の映画への姿勢と味わいそのものであり、また、この企画の本意に通底するものなので、ご本人の承諾のもと、このお手紙のままオールタイムベストテンに参加していただくことになりました。

「ジャックと豆の木」さんからまことにユニークなベストテン選みに参加のお誘い、このところずうっと頭の隅っこであーだこーだと転がして楽しみ、映画史の豊かにして深い森にさまよい込んで、充実した日日を愉しみ、過ごしておりました。

しかし現実的には連日旅から旅への取材が重なり、その原稿チェックは喋り言葉を読み言葉に変換するなどややこしく、おまけに新刊書が三冊に映画脚本の仕上げと、肺癌末期の80歳にはちと厳しい騒ぎの火中にあり、そこはもう病人らしく筆のスピードが思考のス

ピードから脆くもくずれちまった理不尽なもどかしさにも苛立ち、うろうろしているうちに2月もはやきょうで終り。原稿用紙を取り出したものの資料確認などの手筈が整わず、これは無念ながらナポレオンの雪中撤退敗走の図なるや!? と珍しく春めいた窓外の愛しい映画のハッピーエンドを思いつつ、無条件降伏の書面にサインするを決意する時来《きた》るかなと断念と覚悟を定めただいま、ミズーリ号甲板に悄然と立ち竦んでおります。締め切りを延ばして戴いたりいろいろご迷惑をお掛けした挙げ句にこの不始末、面目次第もありませぬ（肺癌第四ステージ、余命三ケ月の身で、只今一年と八ケ月目を生きております）。

ジガ・ベルトフのアニメーションのような映画「カメラを持つ男」即ち、同じ映画の「これがロシアだ」なる正調ドキュメンタリー映画の如き原題との誤差から、映画とは主観的に世界を創造し、その極めて個人的にして独創的な想像力こそがつまりは劇やドキュメンタリーなどジャンルを超えた映画自身の自由であり、その最も弱者たる少数者の願いが普遍となるとき、決して実現しそうもない「平和」なる現世の大嘘がこころのマコトとして人類の未来に役立つ。アンハッピーな現実の「エンドマーク」の向うに心の夢の平和を願う、かかる「ハッピーエンド」のフィロソフィを発明した映画。戦争まみれの人類と歴史の中で、常に戦争と平和と対峙して来た我が敬愛する映画談議から筆を起こし、——

例えば失恋映画ベストテンではシェイクスピアの悲しきヒーローに憧れて育ったマリオン・マイケル・モリソンなる少年が巨大な肉体を有していたためにジョン・ウエインと勇者の芸名をつけられ、映画なる虚構の世界で、晩年には「ザ・アメリカン」と世界中で囃されて行く中——最初の癌（原爆実験の影響）を治療し終えた時に「ビッグC（C＝キャンサー＝コミュニズム）をやっつけた」と発したコメントは、彼を戦うアメリカのシムボルと化した——マイケルは、実際にはミシェルと聞こえる女名だった——の虚ならぬ実の部分が過剰に焙り出されてきたのが、ウエイン映画が彼の生涯を通じての悲恋の映画であったことを示し、ウエイン自身が墓碑に刻んだ言葉「彼は醜く、強く、威厳が在《あ》った」なる人生を自ら選んで生きた、これぞ「アメリカ」の正体。若年の頃たまたま共演したゲイル・ラッセ

ジョン・ウエイン

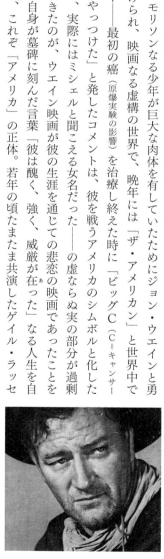

ルに一生惚れ込んで強引にふたりで撮った「怒濤の果て」なるへんてこな映画は、そのプライベートな恋こそが我が命なりたる告白の個人映画。その恋に殉死した劇中のウェイン船長の船会社名「バトジャック」の名のプロダクションと共に生涯を生き、晩年肺癌で死ぬ間際までベッドの上でこの映画を見つめていたミシェル・モリソン。

また虚実の狭間にこそマコトが見えるなる映画のリアリティを醸造する失恋映画と言えば、愛する恋人のブロンドのアップをプロデューサーにカットされぬためスリラーなるキャメラワーク主体の映画を作り続け、ハリウッドのプロデューサーのための恒例の編集用のマスターショット撮影を拒否して、当時の映画界ではただひとり絵コンテを描いていたヒッチコックの、彼の生涯の夢だった大恋愛映画、「メアリー・ローズ」。若いころふたりで旅した孤島で少女は消え去る。晩年に到るまで男は大陸で独身で過ごし、死を真近に老人となった彼が再び孤島を訪れるとそこに昔の少女のままの彼女がいて、「たとえあなたがはげてでぶになっても私は永遠にあなたを恋します」と語ってエンドマークがでる！

流石に実現にいたらなかったこの映画が幻のヒッチコック失恋映画の極み。

あるいはハリウッドのルーツたる「ハッピーエンド」のフィロソフィを生んだ世界の孤児、ユダヤ系の血筋の問題などもう取り留めが無くなってついに時間切れギブアップとあいなりやした。美味しすぎる料理の誘惑に負け、とうとう食べきれなかったという無念の実感です。2月も終わりつつあるいま慌てて詫び状一筆、認めさせて戴きました。

かかる無駄なる長広舌は未練の証であると承知しております。映画は歴史を変える事は出来ないが、歴史の未来を変える事は出来る、なる作り手の責務を心に戒めながら、陳謝。

おおばやし・のぶひこ　映画作家。1938年広島県尾道市生まれ。少年時代より自主映画を制作。64年よりCM界に進出し〝マンダム〟など3000本を演出。77年『HOUSE／ハウス』で商業映画に進出。自身の古里を舞台にした『転校生』(82)、『時をかける少女』(83)、『さびしんぼう』(85)は〝尾道三部作〟と称され熱狂的な支持を集める。『この空の花 - 長岡花火物語』(12)、『野のなななのか』(14)、『花筐／HANAGATAMI』(17)は大林宣彦戦争三部作となる。2004年春の紫綬褒章、2009年秋の旭日小綬章受賞。

花

センスあふれる邦題あればこそ

映画監督 大森一樹

邦題が今でも心に残る洋画10本

1 **博士の異常な愛情　または私は如何にして心配するのを止めて、水爆を愛するようになったか**
1964―スタンリー・キューブリック監督

以下は、特に順位はありません。

史上最大の作戦
1962―ケン・アナキン、ベルンハルト・ヴィッキ、アンドリュー・マートン監督

俺たちに明日はない
1967―アーサー・ペン監督

勝手にしやがれ
1960―ジャン＝リュック・ゴダール監督

大人は判ってくれない
1959―フランソワ・トリュフォー監督

突然炎のごとく
1962―フランソワ・トリュフォー監督

殺しが静かにやって来る
1968―セルジオ・コルブッチ監督
米題は「The Great Silence」、偉大なる沈黙が、なんと！

愛と青春の旅だち
1982―テイラー・ハックフォード監督
原題は「An Officer and a Gentleman」、どこに愛と青春が？

007 危機一発
1963―テレンス・ヤング監督
「ロシアより愛をこめて」よりやっぱりこっちがいいなあ。

世界残酷物語
1962―グァルティエロ・ヤコペッティ監督
今なら何でもないけど、半世紀以上前によくまあこんなタイトルを。

我々の親世代なら『慕情』『旅情』『終着駅』『望郷』など、簡潔明瞭で味わい深い名邦

題が出てくるだろうが、ここではあくまで我々世代のベストタイトル。

私が初めて観た洋画は（それまでディズニー映画などはあったが、現在に繋がるという意味では）、父親に連れられて観た『史上最大の作戦』だ。小学校5年だった。その原題が『ザ・ロンゲストデイ』と認識したのは興奮さめやらぬ映画を観た後、10歳の少年には、そもそもアメリカと日本でタイトルが異なることが不思議だったし、なんで「一番長い」が「史上最大」なのかとも。思えば、それが邦題の初洗礼だった。命名者が故水野晴郎氏だったと後に知ったのだが……、だからというわけではないが、邦題史上最高の一作にちがいない。その後、映画青年を気どり始めた高校時代、『日本のいちばん長い日』を観た時は、この「ロンゲストデイ」はいいタイトルだと正直思ったし、自作のテレビ映画、菅原文太さん主演の『法医学教室の午後』の続編は、私の一存で『法医学教室の長い一日』（実際一日の話だった）にした。今では『ザ・ロンゲストデイ』というタイトルは、とても映画的な、映画心を震わせるタイトルではないかと思っている。

『ジョンとメリー』『テルマ&ルイーズ』が名タイトルかどうかは別にして、主人公二人の名前を並べただけの直訳ではある。それに比べれば、『ボニーとクライド』（原題）を『俺たちに明日はない』と付けたのは画期的というほかない。今となってはこの邦題がアメリカン・ニューシネマを決定づけたとさえ思う。同じように『ジュールとジム』（原題）が『突然炎のごとく』となったのも、フランス、ヌーヴェル・ヴァーグのメルクマールではなかっただろうか。それだけではない、『勝手にしやがれ』（原題『息もたえだえ』）、『大人は判ってくれない』（原題『400回の殴打』）も、ヌーヴェル・ヴァーグはこれらセンスあふれる邦題がなければ日本で映画史に名を残さなかったのではとさえ思う。

アメリカ映画はメジャーの映画会社の意向が強く、あまり勝手な邦題を付けられないとも聞く。そういえば、気の利いた邦題はヨーロッパ映画に多いようだ。そんな中で、アメリカ映画メジャーと大巨匠という制約があったのか、原題『ドクター・ストレンジラブ』をやけくそで（？）直訳した、『博士の異常な愛情』は最も機知に富んだ邦題のベストワン

『突然炎のごとく』

『博士の異常な愛情』

だろう。
ちなみに、ワーストワンは『続 荒野の用心棒』。営業だけを考えて、あの後世に残る名作になんと安易なタイトルをつけたことか！　とはいえ、原題の『ジャンゴ』では如何なものかとも思うが。『殺しが静かにやって来る』レベルのものを考えられなかったか？

おおもり・かずき　映画監督。大阪芸術大学映像学科教授。１９５２年大阪市生まれ。高校時代から８ミリ映画を撮り始め、１９７７年、シナリオ「オレンジロード急行」で城戸賞受賞、翌年同映画化で劇場映画監督デビュー。以後、『ヒポクラテスたち』（１９８０）、『風の歌を聴け』（１９８１）、『すかんぴんウォーク』（１９８４）、『恋する女たち』（１９８６）、『ゴジラＶＳビオランテ』（１９８９）、『シュート！』（１９９４）、『緊急呼出し エマージェンシー・コール』（１９９５）、『わが心の銀河鉄道 宮沢賢治物語』（１９９６）、『悲しき天使』（２００６）など。最新作は日本・ベトナム合作映画『ベトナムの風に吹かれて』（２０１５）。

好きな映画のことを考えていると、あっという間に時間が過ぎて遅刻しそうになる

「午前十時の映画祭」事務局員
岡村尚人

偏愛している映画、十選　年代順

1　見事な娘　１９５６｜瑞穂春海監督
2　ロリータ　１９６２｜スタンリー・キューブリック監督
3　アルファヴィル　１９６５｜ジャン＝リュック・ゴダール監督

『アルファヴィル』

『炎』

4 **007 カジノロワイヤル** 1967｜ヴァル・ゲスト、ケン・ヒューズ、ジョン・ヒューストン、ロバート・パリッシュ、ジョセフ・マクグラス監督

5 **炎** 1969｜ラドリー・メッガー監督

6 **眠れぬ夜のために** 1985｜ジョン・ランディス監督

7 **刑事グラハム／凍りついた欲望** 1986｜マイケル・マン監督

8 **クライング・フリーマン** 1996｜クリストフ・ガンズ監督

9 **バーダー・マインホフ　理想の果てに** 2008｜ウーリ・エーデル監督

10 **さんかく** 2010｜吉田恵輔監督

1 司葉子さんが丸の内OLを爽やかに演じてまったく素敵。あまり語られない作品だが、個人的には『その場所に女ありて』『乱れ雲』と並ぶ司さんの最高作。

2 観客のゲスな興味をはぐらかし、マジな顔してロリコン親父を嘲笑う底意地の悪いコメディ、と思いきや、最後に痛切な悲恋のドラマに反転。奥行きも味わいも格別。

3 「天才バカボン」meets近未来SFみたいな面白さ。夜の高架を走る列車のカットが、大岡川沿いの歩道から見上げた京急線そっくり。アルファヴィルは黄金町だった。

4 エキゾチックな衣装でセクシーなインド舞踊を繰り広げるボンドの娘、マタ・ボンド(ジョアンナ・ペティット)が超可愛い。バート・バカラックの音楽がまた最高。

5 エロティックな『椿姫』×カラー版『甘い生活』。退廃美溢れるムード、未来派といいたくなる斬新な美術と衣装など、作り手の美意識が際立っている。

6 チョイ役出演した有名無名の映画監督や関係者を見つけるのがお楽しみ。ランディスの映画はどれもギャグと音楽のセンスが良くてうれしくなる。

7 水色や黄緑、オレンジといった光の表現が美しく、何度観てもいい気分に。初期マイ

『バーダー・マインホフ　理想の果てに』チラシ

ケル・マン作品は、フレーミングと色彩設計に作者の志向がくっきりと見て取れた。

8 香港ノワールの影響下で作られた最良のB級アクション。オープニングの銃撃戦では舞い散る枯葉が印象的だが、『暗殺の森』がヒントになったのでは？

9 今はなき配給会社で最後に宣プロを担当した作品。ドイツ赤軍の武力闘争から分裂・崩壊までを描いた西独版『県警対組織暴力』。美人テロリストの顔面に銃弾が炸裂するショックと興奮。

10 軽いエロ・コメ風に始まるが、次第にシャレにならない状況に陥っていく恐ろしさ。前記『ロリータ』と2本立てで観たい。

おかむら・なおと 「午前十時の映画祭」事務局員。1963年生まれ。1980年代はじめ、神奈川大生だった私は、伊勢佐木町でのバイトの行き帰り、よく若葉町映画街に寄るようになった。CINEMASCOPEのネオンがカッコよかった横浜日劇では『ブレードランナー』を観たが、劇場を出ると夜の若葉町はどぎつい光に照らされた未来のLAのようだった。今でもたまに若葉町に出かけるが、昨年ジャック&ベティで観た中では『ワイルド わたしの中の獣』が自分の偏愛系だった。

映画以前より歴史を有するアニメーション、選考は至難の技

叶精二
映像研究家

「アニメーションに関するベストテン」というお題を頂いたが、どんなジャンル区分に設定しようとも10作品・10人・10件に絞るのは至難の技で、何度もやり直した。順位は付けられず、網羅も納得も出来ておらず、偏りも否めないが、個性という括りで無理やり選別した。

［作品］

世界の長編人形アニメーションベストテン（順位なし、年代順）

バヤヤ 1950｜チェコスロバキア｜イジー・トルンカ監督

真夏の夜の夢 1959｜チェコスロバキア｜イジー・トルンカ監督

ルドルフ 赤鼻のトナカイ 1964｜アメリカ｜長島喜三、ラリー・レーマ監督

マーク・トゥエインの大冒険 トム・ソーヤとハックルベリーの不思議な旅 1985｜アメリカ｜ウィル・ビントン監督

ナイトメアー・ビフォア・クリスマス 1993｜アメリカ｜ヘンリー・セリック監督

ウォレスとグルミット 野菜畑で大ピンチ！ 2005｜イギリス｜ニック・パーク、スティーヴ・ボックス監督

コララインとボタンの魔女 2009｜アメリカ｜ヘンリー・セリック監督

ファンタスティック Mr. FOX 2009｜イギリス・アメリカ｜ウェス・アンダーソン監督

ちえりとチェリー 2016｜日本｜中村誠監督

ぼくの名前はズッキーニ 2016｜スイス・フランス｜クロード・バラス監督

世界の短編人形アニメーションベストテン（順位なし、年代順）

おもちゃの反乱 1946｜チェコスロバキア｜ヘルミーナ・ティルロヴァー監督

『ちえりとチェリー』
©「ちえりとチェリー」製作委員会
現在全国公開中！

飲みすぎた一杯 1953｜チェコスロバキア｜ブジェチスラフ・ポヤル監督

手 1965｜チェコスロバキア｜イジー・トルンカ監督

ミトン 1967｜ソ連｜ロマン・カチャーノフ監督

道成寺 1976｜日本｜川本喜八郎監督

砂の城 1977｜カナダ｜コ・ホードマン監督

おこんじょうるり 1982｜日本｜岡本忠成監督

対話の可能性 1982｜チェコ｜ヤン・シュヴァンクマイエル監督

ウォレスとグルミット ペンギンに気をつけろ！ 1992｜イギリス｜ニック・パーク監督

ピーターと狼 2006｜イギリス｜スージー・テンプルトン監督

技法・歴史・国別を構想したが絞りきれず、やむなく人形（パペット、クレイモデル含む）アニメーションのみとした。トルンカやライカなど複数の傑作を有するスタジオは作品数を制限した。ヴワディスワフ・スタレーヴィチ、ジョージ・パル、カレル・ゼマン、クエイ兄弟、イジー・バルタアダム、エリオット、ポーランドのセマフォル、現代日本を代表する伊藤有壱、合田経郎・峰岸裕和らのドワーフ、村田朋泰の作品も入れたかった。

［人物］

海外アニメーション史上の偉人（順位なし、生年順）

『ぼくの名前はズッキーニ』
©RITA PRODUCTIONS / BLUE SPIRIT PRODUCTIONS / GEBEKA FILMS / KNM / RTS SSR / FRANCE 3 CINEMA / RHONES-ALPES CINEMA / HELIUM FILMS / 2016
現在全国公開中！

ウィンザー・マッケイ（1871〜1934／アメリカ）
マックス（1883〜1972／アメリカ）**＆デイヴ・フライシャー**（1894〜1979／アメリカ）
ウォルト・ディズニー（1901〜1966／アメリカ）
ポール・グリモー（1905〜1994／フランス）
イジー・トルンカ（1912〜1969／チェコ）
チャック・ジョーンズ（1912〜2002／アメリカ）
ノーマン・マクラレン（1914〜1987／カナダ）
レイ・ハリーハウゼン（1920〜2013／アメリカ）
フレデリック・バック（1924〜2013／カナダ）
ユーリー・ノルシュテイン（1941〜／ロシア）

日本のアニメーションを築いた人々（順位なし、生年順）

政岡憲三（1898〜1988）
持永只仁（1919〜1999）
森康二（1925〜1992）
川本喜八郎（1925〜2010）
大塚康生（1931〜）
岡本忠成（1932〜1990）
高畑勲（1935〜2018）

小田部羊一（１９３６〜）
宮﨑駿（１９４１〜）
出﨑統（１９４３〜２０１１）

時代を追って挙げていった結果、創生期に活躍した故人に集中してしまい、３ＤＣＧ時代到来以降の現役スタッフまでは入れられなかった。フライシャーは兄弟を分離出来ないので、２人で１人分とカウントさせて欲しい。ディズニーはナイン・オールドメンを含む優秀なスタッフが在籍しているが、ウォルト１人で包括させてもらった。同様に、マクラレン率いるＮＦＢとグリモースタジオは、幾多の人材を排出しているので、その代表的人格としての評価も加えて。その意味ではアードマンのピーター・ロードやピクサーのジョン・ラセターも加えたかった。

日本は東映動画〜スタジオジブリへと連なる人脈が多いのは、自分の生涯的研究テーマに則した結果。

［事件］

海外の技術開発・表彰史（年代順）

1892年、エミール・レイノーがテアトル・オプティークを発明
1914年、ジョン・ランドルフ・ブレイとアール・ハードがセル画を開発
1919年、フライシャー兄弟がロト・スコープを開発
1928年、世界初のトーキー短編アニメーション『蒸気船ウィリー』（ディズニー）**公開**

１９３３年、アブ・アイワークスがマルチプレーン・カメラを開発
１９３７年、世界初のカラー長編アニメーション『白雪姫』（ディズニー）公開
１９３１年、米アカデミー賞短編アニメ賞創設
１９６０年、アヌシー国際アニメーション映画祭創設
１９９５年、世界初の３Ｄ-ＣＧアニメーション『トイ・ストーリー』（ピクサー）公開
２００１年、米アカデミー賞長編アニメ部門創設

日本のエポック・表彰史（年代順）

１９１７年、日本最古の短編アニメーション『塙凹内名刀之巻（なまくら刀）』公開
１９４３年、本格的セルアニメーション『くもとちゅうりっぷ』（政岡憲三監督）公開
１９５３年、カンヌ国際映画祭短編部門に『くじら』（大藤信郎演出）が出品される
１９５８年、日本初のカラー長編アニメーション『白蛇伝』（藪下泰司演出）公開
１９６２年、毎日映画コンクール大藤信郎賞創設
１９６３年、日本初のテレビアニメシリーズ『鉄腕アトム』（山本暎一他演出）放送開始
２００２年、『千と千尋の神隠し』（宮﨑駿監督）がベルリン国際映画祭で金熊賞受賞
２００３年、『頭山』（山村浩二監督）がアヌシー国際アニメーション映画祭クリスタル賞受賞
２００７年、日本アカデミー賞長編アニメーション部門創設
２００９年、『つみきのいえ』（加藤久仁生監督）が米アカデミー賞短編アニメーション賞受賞

技術・トピック・表彰など歴史を俯瞰することを目的に選んだ。エミール・レイノーは「映画」発明以前の人物だが、アニメーションは映画以前より歴史を有するため、あえて挿入した。レイノーのテアトル・オプティークの発明がなければ、アニメーションも映画も現在とは違ったものになっていたのではないかと思う。

かのう・せいじ　映像研究家・フリーライター。亜細亜大学、大正大学、東京工学院アニメーション科講師。国内外の短編・長編アニメーションの研究を中心に活動し、朝日新聞社『WEBRONZA』連載など取材記事・批評の寄稿多数。著書に『日本のアニメーションを築いた人々』『宮崎駿全書』『「アナと雪の女王」の光と影』、共著に『王と鳥 スタジオジブリの原点』、編著に『マンガで探険！アニメーションのひみつ』全3巻など。

無数にあるタバコが登場する映画に愛を込めて

北川れい子　映画評論家

「煙と共に去りぬ」喫煙映画〝十喫〟

スモーク
1995―日本・アメリカ・ドイツ―ウェイ・ワン監督

コーヒー&シガレッツ
2003―アメリカ―ジム・ジャームッシュ監督

哀愁
1940―アメリカ―マーヴィン・ルロイ監督

ウィンストン・チャーチル　ヒトラーから世界を救った男
2017―イギリス―ジョー・ライト監督

市民ケーン
1941―アメリカ―オーソン・ウェルズ監督

ローマの休日 1953／アメリカ／ウィリアム・ワイラー監督
カサブランカ 1942／アメリカ／マイケル・カーティス監督
真夜中のカーボーイ 1969／アメリカ／ジョン・シュレシンジャー監督
ブエノスアイレス 1997／香港・日本／ウォン・カーウァイ監督
女は二度決断する 2017／ドイツ／ファティ・アキン監督

〝そのうちタバコ屋は営業停止になるよ〟
〝喫煙者は並べられて銃殺されてさ〟

ニューヨーク、ブルックリンの角っこにあるタバコ屋。『スモーク』での店長オーギー（ハーヴェイ・カイテル）と葉巻を買いに来た常連客との、床屋談義ならぬタバコ屋談義である。むろんオーギーもひっきりなしに紙巻きタバコを口にしていて、同じく常連の作家（ウィリアム・ハート）とのタバコ談義や、この店に出入りする人々のエピソードも、みなタバコと人情絡み、ラストに流れる名曲「煙が目にしみる」がまた心にしみる。

コーヒーとタバコを前にした人々のとりとめのない会話を、11話のオムニバスに仕立てたモノクロ映像『コーヒー&シガレット』も、煙に巻かれたような作品で、コーヒーは体にいいがタバコは害になるなんて言いながら、タバコを吹かすご仁の話も。有名スターの従姉妹（ケイト・ブランシェット）に呼ばれて会いに来たヒッピーふうの女（メグ・ホワイト）が、従姉妹にもタバコを渡し、二人でプカプカ。が時間切れでスターの従姉妹が去り、ヒッピーが改めてタバコに火をつけようとすると、ここは禁煙です、の声。

まあね、相手によって〝禁煙〟ルールがゆるくなることは聞かないでもないが、現在では〝禁煙〟は世界のジョーシキで、喫煙者は鬼っ子、嫌われ者、『スモーク』の中の台詞じゃないけれど〝並べて銃殺〟もジョーダンではないような。聞けばあのスターリンは、タバコも喫煙者も大嫌いだったそうだし。

それにしてもかつて日本のタバコのコマーシャルに、〝タバコは動くアクセサリー〞と、喫煙をオシャレにススメる時代があったのに、それから数十年、いまや喫煙者は銃殺の危機に!!

当然、嫌煙権なることばが流布される以前は映画にも愛煙家、喫煙シーンは無数に登場、タバコがその人物のアクセントになったり、ドラマの節目になることも。しかも当時の人々はTPOなどおかまいなし、どこでも吸って……。

例えば『哀愁』のロバート・テイラーは第一次大戦下、空襲警報が鳴り響くロンドン、ウォータールー橋でヒロインのヴィヴィアン・リーと出会うのだが、爆撃を避けて二人が逃げ込んだ避難場所は超満員。が何とか壁際に身を寄せたテイラーは、なんと、タバコを吸い出して。

当時、吸いたいときはどこでも喫煙所。

そういえば第90回アカデミー賞で作品賞など6部門ノミネートされている『ウィンストン・チャーチル／ヒトラーから世界を救った男』のチャーチル（ゲイリー・オールドマン）も、どこでも葉巻の人。その彼が歴史的決断をする直前、何を思ってか乗っていた車を降りて一人でロンドンの地下鉄に乗るシーンがある。乗客たちは見て見ぬフリ。と座席に座った彼はおもむろに葉巻を取り出し、誰か火を……。ここでの乗客たちとのやりとりがチャーチルの迷いを吹き飛ばして世界を救うことになり、偉大なり、葉巻と火――。

手にするタバコの種類で人物の背景が想像できるといえば『市民ケーン』。

〝ローズバット（薔薇のつぼみ）〞ということばを残して死んだ新聞王ケーン（オーソン・ウェルズ）はパイプタバコで、彼の親友（ジョゼフ・コットン）は葉巻、ケーンのマネージャーは紙巻きタバコ。老いて施設に入っているコットンがケーンのことを聞きに来た記者に、何度も葉巻をねだるくだりは、生まれがいいだけにもの悲しい。

『ローマの休日』ではライター型のカメラが大活躍。自分の部屋に泊めたオードリー・へ

『オーソン・ウェルズ』パンフレット

プバーンが、某国の王女と気づいた新聞記者のグレゴリー・ペックは、カフェに友人のカメラマン、エディ・アルバートを呼び出す。そしてカメラマンがくだんのライターを持っているのを確認、王女にタバコをススめ、ライター型のカメラで火を付けながら写真をパチッと撮らせるのだ。タバコを吸うのは生まれて初めてという王女が、タバコを唇の真ん中に挟むのが初々しい。このライター型カメラはラストにも登場する。

あらゆる国籍の人々がさまざまな目的でやってくる『カサブランカ』の〝リックの店〟は、常にタバコの煙がモウモウ。リック役のハンフリー・ボガートが最初に映るシーンも、灰皿にタバコを押し付ける指先のカットからで、机に向かっての事務仕事。ほとんどの場面でタバコを咥えていて、咥えタバコでの台詞もボガートらしい。彼は『アフリカの女王』(52)では確か葉巻をふかしていたが、紙巻きの方が小回りが利く。空港のラスト・シーンも煙草を咥えたまま。

そういえば『真夜中のカーボーイ』では、安酒場で田舎者のジョン・ヴォイトが手にした1本のタバコを、横にいたダスティン・ホフマンがさっと横取りしたのが二人の出会いで、以降、チビたタバコやシケモクが二人の友情を深めていき……。

異国の街で、求め合いながらつい心と体がすれ違う男同士の愛を、流麗な映像で描いた『ブエノスアイレス』も、主役のトニー・レオンとレスリー・チャンは、しょっ中、タバコを吸っていた。タバコを大量に買ってきて狭いアパートの棚にズラッと並べたりも。

新作『女は二度決断する』で、二人組のテロ犯に夫と幼い息子を殺されるダイアン・クルーガーも、無念の怒りを鎮めるかのようにずっとタバコを吸っていた。

裁判所の前で犯人の一人の父親からタバコの火を借りたりも。父親は息子がテロ犯だと証言するのだが、証拠はなし。タバコの火の貸し借りがやるせない。彼女が最後の決断を下すときも、タバコを一服した後……。

映画の人物がタバコを吸うというのは現在でも少なくないが、喫煙者への風当たりは厳しく、未来は暗い。

無数にあるタバコが登場する映画に愛を込めて、そして、煙に巻かれて、煙と共に去りぬ……。

きたがわ・れいこ　映画評論家。1970年代はじめ、『映画芸術』の小川徹編集長に知遇を得たのをきっかけに映画批評を書き始め、各誌紙に精力的に執筆。国家公務員を85年に退職し文筆業専業に。『週刊漫画ゴラク』の日本映画評が連載1100回を超えるほか、ミステリー評なども手がける。

DBステージでの音を探す旅が大好きなのは、こういう響きを求め続けているのかな

音楽プロデューサー

北原京子

モノローグのような音や音楽が心に響く私のベストテン

トラスト・ミー　1990―ハル・ハートリー監督

テイク・ディス・ワルツ　2011―サラ・ポーリー監督

春にして君を想う　1991―フリドリック・トール・フリドリクソン監督

どこまでもいこう　1999―塩田明彦監督

ミラーズ・クロッシング　1990―ジョエル・コーエン監督

デッドゾーン　1983―デヴィッド・クローネンバーグ監督

天空の草原のナンサ　2005―ビャンバスレン・ダヴァー監督

エドワード・ヤンの恋愛時代 1994／エドワード・ヤン監督

初恋のきた道 1999／チャン・イーモウ監督

運動靴と赤い金魚 1997／マジッド・マジディ監督

本来、根暗な私が共感したり心が震える多くは、物語の主人公たちが発する〝独り言〟やその様に響いて聞こえる〝音〟の事が多い。一人遊びが好きな自分らしいな、と思いつつ、選んだ作品を眺めるとやはりそうだと自身で再認識しています。ハル・ハートリーの独特の空気感に満ちた中で発せられる主人公の台詞。〝do you trust me?〟は今も大好きな言葉。ヒロインの心の音楽のような劇伴はマイ・プレイリスト上位組の『テイク・ディス・ワルツ』。アイスランドを舞台にした老人二人の逃走劇。主人公の孤独とヒルマン・オルン・ヒルマルソンやシュガーキューブスの音楽の使いも効果的で静かな映像なのに記憶に強く残る『春にして君を想う』。ラストシーンに響く遠くで聞こえる爆竹の音の素晴らしさ（『どこまでもいこう』）。おばあさんが少女ナンサに答える〝黄色い犬の伝説〟の話。モノローグの様に語られる輪廻転生を語るおばあさんの声で頭が支配された瞬間（『天空の草原のナンサ』）。……etc.

映画音楽の仕事をする最終工程、DBステージでの音を探す旅（Final mixを自分ではこう呼んでいる）が大好きなのは、こういう響きを求め続けているのかな、と思うのです。

『トラスト・ミー』ポスター

きたはら・きょうこ　東宝ミュージック所属、音楽プロデューサー。主な作品に『害虫』（2002）、『世界の中心で、愛をさけぶ』（2004）、『オペレッタ狸御殿』（2005）、『リンダ リンダ リンダ』（2005）、『ぐるりのこと。』（2008）、『デトロイト・メタル・シティ』（2008）、『監督失格』（2011）、『モテキ』（2011）、『おおかみこどもの雨と雪』（2012）、『DENKI GROOVE THE MOVIE?』（2015）、『シン・ゴジラ』（2016）、『scoop!』（2016）、『君の膵臓をたべたい』（2017）、『リバーズ・エッジ』(2017)、『羊と鋼の森』(2018)など。

私の人生にとって特別な意味を持つ超個人的な10本です

チャイルド・フィルム代表
工藤雅子

超個人的な“never forget”な10本

私の人生にとって特別な意味を持つ超個人的な10本ですが、すべて自信をもっておすすめできる名作ぞろいです。

1 小さな恋のメロディ 1971―ワリス・フセイン監督

初めて自分から見たいと言って、映画館に連れて行ってもらった映画。先日見返して、その反骨精神に満ちた内容に、今の子どもたちにも見てほしい1本。

2 旅情 1955―デヴィッド・リーン監督

3 カイロの紫のバラ 1985―ウディ・アレン監督

東京テアトルの採用面接で、挙げた2本。『旅情』は大好きな映画で、後にヴェネチアで「リアル旅情」体験するはめに。電車のチケットを買いに行った友達が、発車に間に合わず、生き別れに。日本に帰って再会しましたが。「あなたにとって映画ってどんなものですか」と面接官に聞かれ答えたのが『カイロ〜』。日常の憂さから逃れて、現実に向き合う勇気を与えてくれるもの。映画業界への門戸を開いてくれました。

4

おばあちゃんの家

2002―イ・ジョンヒャン監督

初めて岩波ホールさんで上映していただいた作品。今は亡き高野悦子さんが初日に「テアトルさんは立派な映画館をお持ちなのに、岩波に出していただいて感謝します」とおっしゃったのが忘れられません。

5

エレファント

2003―ガス・ヴァン・サント監督

カンヌで契約して日本に帰って、出社前にＨＰで結果を見たら、パルムと監督賞のダブル受賞でびっくり仰天。

6

輝ける青春

2003―マルコ・トゥリオ・ジョルダーナ監督

６時間と長いので席予約を電話受け付け。満席続出で岩波ホールのみなさんが、断るのにほとほとくたびれたという思い出の作品。今ならネット予約で簡単だったのに……。

7

モンスーン・ウェディング

2001―ミーラー・ナーイル監督

９・11発生の時、何も知らずにトロント映画祭で見ていた作品。一生忘れない。

8

パリ20区、僕たちのクラス

2008―ローラン・カンテ監督

プリントを取り寄せて見ていただいた時、岩波ホールさんから「この映画が公開されなかったら日本の恥。岩波が上映すべき映画」とのお言葉。その心意気に震えた。

9

緑はよみがえる

2016―エルマンノ・オルミ監督

『木靴の樹』以来、心から敬愛するエルマンノ・オルミ監督作を配給するという、この上ない光栄。晩年の大傑作。

10

ソング・オブ・ザ・シー　海のうた

２０１４／トム・ムーア監督

当社にとってエポック・メーキングとなった作品。子供から大人までこんなに人に愛される映画配給したことない！

くどう・まさこ　株式会社チャイルド・フィルム代表取締役。１９８９年より２０１１年まで東京テアトル株式会社で映画買付、宣伝等にかかわる。同社退職後、フランス、イギリスの映画教育機関をリサーチ。「こども映画プラス」を開設後、様々な映画の鑑賞とワークショップを組み合わせたイベントを開催。共著に『「こどもと映画」を考える』（キネマ旬報社刊）、『こども映画教室のすすめ』（春秋社）がある。

『ソング・オブ・ザ・シー　海のうた』

© Cartoon Saloon, Melusine Produuction,The Big Farm, Superprod, Norlum

『木靴の樹』

タルコフスキー、アンゲロプロス、ヘルツォークを偏愛しています

近衛はな　脚本家・女優

いろんな意味で驚かされる映画ベスト10

火の馬　1964｜セルゲイ・パラジャーノフ監督

驟雨　1956｜成瀬巳喜男監督

秘密の子供　1979｜フィリップ・ガレル監督

幕末太陽傳　1957｜川島雄三監督

デビルスタワーへのバラード　1992｜ピエール＝アントワーヌ・イロズ監督

話の話　1979｜ユーリー・ノルシュテイン監督

恋するシャンソン　1997｜アラン・レネ監督

フルュスタリョフ、車を！　1998｜アレクセイ・ゲルマン監督

裁かるるジャンヌ　1928｜カール・テオドア・ドライヤー監督

博士の異常な愛情 または私は如何にして心配するのを止めて水爆を愛するようになったか　1964｜スタンリー・キューブリック監督

『幕末太陽傳』のフランキー堺さんの言動には目から鱗。南田洋子さんと左幸子さん、ふたりの美人の殴り合いは見ものです。

成瀬巳喜男監督の『驟雨』は、原節子さんが「お嬢さん」の役よりも「むくれた主婦」

の役の方がよほど似合っているという大発見にのけぞりました。この映画の原さんは、小津作品の原さんよりもずっと魅力的だと思います。

『火の馬』は、セルゲイ・パラジャーノフの初期作。隠しきれない才能が溢れまくっています。これが『ザクロの色』や『アシクケリブ』につながっていくのですが、あらけずりな映像の躍動感に目を見張りました。

『デビルスタワーへのバラード』は、女性が崖をするする登っていくドキュメンタリー映画です。世界最高のクライマーと称されたカトリーヌ・デスティベルの美しさに陶然となりました。あんなふうに崖をのぼることができたら、世界は違って見えるんだろうなぁ。

『秘密の子供』は、なにか異常な映画体験を与えてくれる作品。ぼうっと観ていたら、脳内麻薬がどばっと出て、驚きました。

偏愛する登場人物のいる映画ベスト10

椿三十郎 1962―黒澤明監督

細雪 1983―市川崑監督

天井桟敷の人々 1945―マルセル・カルネ監督

映画に愛をこめて　アメリカの夜 1973―フランソワ・トリュフォー監督

スモーク 1995―ウェイン・ワン監督

道 1954―フェデリコ・フェリーニ監督

緑のアリが夢見るところ 1985―ヴェルナー・ヘルツォーク監督

旅芸人の記録 1975―テオ・アンゲロプロス監督

希望の樹 1977―テンギス・アブラーゼ監督

ストーカー

1979｜アンドレイ・タルコフスキー監督

ご無沙汰していると会いたくなる、映画のなかの人物たち。三船敏郎さんの「椿三十郎」、『細雪』の四姉妹、『天井桟敷の人々』のガランスとバチスト。現実にはいないあの人たちが映画のなかにいつもいてくれることが、どれほど嬉しいかしれません。『ストーカー』の男、旅芸人、いつも人生の傍にいてほしい人たちです。ちなみに監督では、タルコフスキー、アンゲロプロス、ヘルツォークを偏愛しています。あの神話世界に浸りこむ幸福感……ただいつまでも観ていたいと思うのです。

子供が眩しい映画ベスト10

白い風船 1995｜ジャファル・パナヒ監督

牯嶺街〈クーリンチェ〉少年殺人事件 1991｜エドワード・ヤン監督

霧の中の風景 1988｜テオ・アンゲロプロス監督

ミツバチのささやき 1973｜ヴィクトル・エリセ監督

風の中の子供 1937｜清水宏監督

クジラの島の少女 2002｜ニキ・カーロ監督

地下鉄のザジ 1960｜ルイ・マル監督

大河のうた 1970｜サタジット・レイ監督

WALKABOUT 美しき冒険旅行 1971｜ニコラス・ローグ監督

『地下鉄のザジ』

『ストーカー』

GRANDES LIGNES ARRIVÉE

萌の朱雀 1997―河瀬直美監督

子供が重要な映画はたくさんあるので、ここでは眩しさをものさしに選んでみました。透明な眩しさ、靄を含んだ眩しさ、カラフルな眩しさ、フラッシュの眩しさ、暗い眩しさ……。眩しさの質は映画によってだいぶ違います。『白い風船』は、キアロスタミが脚本を書いています。フランスの『赤い風船』も素敵だけれど、私はどっちかというと白い風船派。

エドワード・ヤンの『牯嶺街少年殺人事件』は偉大な映画です。あの世界にはフィクションができることの全てがあるようにすら思います。

でも考えてみたら、眩しさって相対的なものなのかも。こちらが大人の事情にまみれてどろどろになっていると、子供が余計に眩しく見えるのかもしれません。子供時代には戻れないけれど、子供の心はずっと持っていたいです。たまには、ザジみたいにげらげら笑ったりして。

このえ・はな 脚本家・女優。1980年東京都生まれ。NHKスペシャルドラマ『白洲次郎』『続遠野物語』など執筆。映画『獄に咲く花』で主演。2012年より、映画好きによる、映画好きのための集い「セブンシネマ倶楽部」パーソナリティ。目黒裕佳子の名前で詩人としても活動している。

映画界で働き始めた80年代の映画を想起して、〈今〉必要と感じたベストテン

企画者&プロデューサー
齋藤勇司

映画監督の〈顔（プロフィール）〉が生まれた80年代の邦画・洋画ベストテン

［邦画］

翔んだカップル 1980｜相米慎二監督

野菊の墓 1981｜澤井信一郎監督

転校生 1982｜大林宣彦監督

誘拐報道 1982｜伊藤俊也監督

うる星やつら2　ビューティフル・ドリーマー 1984｜押井守監督

遠雷 1981｜根岸吉太郎監督

ファンシィダンス 1989｜周防正行監督

天城越え 1983｜三村晴彦監督

天空の城ラピュタ 1986｜宮﨑駿監督

快盗ルビイ 1988｜和田誠監督

［洋画］

ミツバチのささやき 1973｜ヴィクトル・エリセ監督

『遠雷』ポスター

ハンナとその姉妹 1986｜ウディ・アレン監督

ダイ・ハード 1988｜ジョン・マクティアナン監督

誰かに見られてる 1987｜リドリー・スコット監督

バロン 1989｜テリー・ギリアム監督

セックスと嘘とビデオテープ 1989｜スティーヴン・ソダーバーグ監督

ブルーベルベット 1986｜デヴィッド・リンチ監督

ボーイ・ミーツ・ガール 1984｜レオス・カラックス監督

ストリート・オブ・ファイヤー 1984｜ウォルター・ヒル監督

サン・ロレンツォの夜 1983｜パオロ&ヴィットリオ・タヴィアーニ監督

「娯楽映画」に徹した映画ベストテン

バーフバリ　王の凱旋 2017｜S・S・ラージャマウリ監督

ジョーズ 1975｜スティーヴン・スピルバーグ監督

ロシュフォールの恋人たち 1967｜ジャック・ドゥミ監督

ポセイドン・アドベンチャー 1972｜ロナルド・ニーム監督

ダウンタウン物語 1976｜アラン・パーカー監督

ダイ・ハード 1988｜ジョン・マクティアナン監督

バック・トゥ・ザ・フューチャー 1985｜ロバート・ゼメキス監督

羊たちの沈黙　1991―ジョナサン・デミ監督
ナイスガイズ！　2017―シェーン・ブラック監督
アントマン　2015―ペイトン・リード監督

❖残念ながら、邦画は選べませんでした（笑）。

映画監督の〈本性〉が現れた映画ベストテン

ガープの世界　1982―ジョージ・ロイ・ヒル監督
ざ・鬼太鼓座　1994―加藤泰監督
少年　1969―大島渚監督
青春の殺人者　1976―長谷川和彦監督
近松物語　1954―溝口健二監督
エクス・マキナ　2015―アレックス・ガーランド監督
マイ・マザー　2009―グザヴィエ・ドラン監督
聖の青春　2016―森義隆監督
EDEN　2012―武正晴監督
フルメタル・ジャケット　1987―スタンリー・キューブリック監督

2017年でも〈プロデューサー〉が存在した邦画ベストテン（題名につづく名前はプロデューサー）

追憶　市川南

『ざ・鬼太鼓座』

八重子のハミング　佐々部清、野村展代、西村祐一

バンコクナイツ　富田克也&空族、大野敦子、小山内照太郎、筒井龍平

武曲 MUKOKU　星野秀樹

チア☆ダン　女子高生がチアダンスで全米制覇しちゃったホントの話　平野隆

夜明け告げるルーのうた　山本幸治、岡安由夏、伊藤隼之介、チェウニョン

ひるなかの流星　小原一隆、上原寿一、八尾香澄

愚行録　森昌行、加倉井誠人

美しい星　小竹里美、朴木浩美、鈴木ゆたか

帝一の國　若松央樹、村瀬健、唯野友歩

毎年個人的には年間ベストテンを出すのですが、映画業界の先輩たちからは映画に順位を付けるのは愚かな行為とよく笑われました。しかし映画は1本1本それだけで存在するものではないと、私は信じます。

制度的に映画会社（毎週のように映画を量産していた）が始めた商業映画のDNAを引き継いで〈集合体としての映画〉という概念が未だ存在するでしょう。

齢を取ると日々実感するのですが、記憶というものは曖昧に過ぎます。悲しいですが、私はもはや『タクシードライバー』（1976年、ジョディ・フォスターに心奪われました）ですら1本の映画として心に愛蔵出来ていません。ですから仕方なしにDVDを買い求めました。

映画を1本でも観始めると、もう1本を観たくなるものです。そう感じさせるのが良い映画体験と云えるでしょう。ですからかつての2本立て公開は理にも生理にも適っているのです。

映画を今も好んで観るような人なら最初に観た映画の記憶はお持ちでしょう。その記憶が起点となり、次々に様々な映画の断片の想い出が複雑に積み重なって、映画好きの志向や思想は生まれると云っていいでしょう。

多くの映画的記憶を蓄えられた幸せを噛みしめながら今回の「テーマ」を考えてみました。

00年代という映画の「失われた10年（個人的に09年に一度日本映画界は亡くなったとすら感じています（笑））」を鑑みて、自分が未だ世界を同列にライバル視していた80年代に出逢った監督たちの映画たちを思い返しながら17年現在の映画を俯瞰するようなベストテンを作るのは映画の〈今〉につながるかなと考えました。

さいとう・たけし　企画者&プロデューサー。1960年生まれ。84年にキティ・フィルムに入社、映画製作の仕事を始める。『69 sixty nine』（李相日監督）、『ボーイ・ミーツ・プサン』（武正晴監督）、『悪女〜わる〜』（1992／連続ドラマNTV）、『薔薇の殺意〜虚無への供物〜』（1997／連続ドラマNHK）などでプロデューサーを務める。

中国、香港、台湾という区分けは、いまや微妙になってきています

坂口英明　編集者

21世紀の中国映画・香港映画・台湾映画ベストテン

［中国］

HERO　2002／チャン・イーモウ監督

ココシリ ２００６─ルー・チュアン監督
狙った恋の落とし方。 ２００８─フォン・シャオガン監督
レッドクリフ Part I、II ２００８、２００９─ジョン・ウー監督
南京！南京！ ２００９─ルー・チュアン監督
さらば復讐の狼たちよ ２０１０─チアン・ウェン監督
帰省男、辛いよ（人在囧途） ２０１０─イップ・ワイマン監督
失恋の33日 ２０１１─テン・ホァタオ監督
罪の手ざわり ２０１３─ジャ・ジャンクー監督
モンスター・ハント ２０１５─ラマン・ホイ監督

［香港］

インファナル・アフェアー、II、III ２００２、２００３─アンドリュー・ラウ／アラン・マック監督
少林サッカー ２００１─チャウ・シンチー監督
エグザイル 絆 ２００６─ジョニー・トー監督
イップマン序章 ２００８─ウィルソン・イップ監督
孫文の義士団 ２００９─テディ・チャン監督
恋の紫煙 ２０１０─パン・ホーチョン監督
桃さんのしあわせ ２０１１─アン・ホイ監督
激戦 ハート・オブ・ファイト ２０１３─ダンテ・ラム監督

グランド・マスター 2013―ウォン・カーウァイ監督
十年 2015―クォック・ジョン他監督

［台湾］
練習曲 2007―チェン・ホァイエン監督
ラスト、コーション 2007―アン・リー監督
海角七号 2008―ウェイ・ダーション監督
モンガに散る 2010―ニウ・チェンザー監督
父の初七日 2010―ワン・ユーリン、エッセイ・リウ監督
セデック・バレ 2011―ウェイ・ダーション監督
あの頃、君を追いかけた 2011―ギデンズ・コー監督
KANO 2014―マー・ジーシアン監督
黒衣の刺客 2015―ホウ・シャオシェン監督
湾生回家 2015―ホアン・ミンチェン監督

中国語映画をていねいに観始めたのが2005年以降なので、こういうセレクションになりました。中国映画に興味を持ち始めたきっかけは、『ぴあ』の中国版創刊で北京に暮らしたこと。中国はちょうど映画界が、製作から興行まで大革命の最中で、その動きが、香港、台湾にも以後波

『湾生回家』

及していきます。元気のいい時代でした。新作はできたばかりのシネコンで追いかけました。北京の街には、いわゆるパチもんのDVDを売る店が多く、旧作はそこで入手しました。時間があったので、手当たり次第観ました。結構なコレクションになりました。結局、雑誌は1年で終わりましたが。

中国、香港、台湾に分けて選んでみました。この区分け、いまや微妙になってきています。2004年の中国・香港の自由貿易協定後、香港の監督が大陸で映画を撮ることが当たり前になり、中国・香港合作のケースが増えました。2010年には中国・台湾間も新たな貿易協定ができ、大陸の映画会社が台湾に進出しています。中台だけでなく、中台港の海峡両岸の合作と、映画人の交流が盛んです。どこの映画にするかは、どちらかといえばくらいの基準です。異論はあるかと思います。

もうひとつ。21世紀、2001年以降に製作されたものにしぼりました。日本では製作年に公開されるのはまれです。00年以降の日本公開作品ということで選ぶと、『初恋のきた道』(1999年製作―2000年日本公開)、『グリーン・ディスティニー』(2000年製作・日本公開)、『山の郵便配達』(99年―2001年)、『こころの湯』(99年―2001年)、『花様年華』(2000年―2001年)あたりまで対象になります。公開がかなりあとになった『北京の自転車』(2000年―2010年)も10本に入れたいところです。

中国の10本。時代を変えた映画ということでいえば、ベストワンはチャン・イーモウの『HERO』でしょう。国営撮影所から民営へ、配給と興行が劇的に変化したちょうどそのタイミング。続く『LOVERS』もあわせ、この2本の登場はまさに革命でした。90―00年代を代表するもうひとりがフォン・シャオガン。『狙った恋の落とし方。』を入れました。出す映画はすべて大ヒット、クオリティも申し分ありません。『帰省男、辛いよ』『失恋の33日』は、日本では映画祭上映でした。現代の中国人を主人公にした中国産コメディの傑作です。チェン・カイコーを入れるなら『北京ヴァイオリン』(02年)ですが、雰囲気的には前世紀の作品のような感じがします。

香港。ジョン・ウーは国際監督、チャウ・シンチーは大陸中心で動いています。アンドリュー・ラウとアラン・マックが日本ロケで撮った『頭文字D』（05年）もわたしは好きです。彼らの新作が待たれます。ジョニー・トー、ダンテ・ラムはどの作品を選ぶか悩みました。パン・ホーチョンの『恋の紫煙』は映画祭上映と特集上映での日本公開でした。時代の雰囲気を見事に表現したコメディでした。ピーター・チャンは製作した『孫文の義士団』を入れましたが、監督作品はもれました。ツイ・ハークの『ドラゴンゲート空飛ぶ剣と幻の秘宝』（11年）の３Ｄ映像も傑作でしたがはみだしました。

アン・リーの『ラスト、コーション』を台湾に入れるのは少し苦しいかもしれません。台湾は『海角七号』以降の新しい世代の作品が並びます。ホウ・シャオシェンの『黒衣の刺客』、作品的にはそれほど好きではありませんが、巨匠に敬意を表して入れました。『練習曲』は映画祭上映です。聴覚障害を持つ青年が台湾を自転車で一周するという青春映画。選にはもれましたが、台湾を空からとらえたドキュメンタリー『天空からの招待状』（13年）も台湾を風土としてとらえた、とても新鮮で、印象的な作品でした。

さかぐち・ひであき　フリー編集者。１９５０年愛知県岡崎市生まれ。早稲田大学卒業後、報知新聞社入社。記者として映画を担当。ぴあ株式会社に移り、『ぴあ』編集長など歴任。現在はフリー編集者。著書に『宅人的東京』（中文＝中国出版集団・現代出版社）、『証言 日中映画興亡史』（共著＝蒼蒼社）

すべての映画は誤憶されるのだろう

映画プロデューサー
佐々木史朗

私の映画ベストテン

1 **2001年宇宙の旅** 1968―スタンリー・キューブリック監督
2 **ペティコート作戦** 1959―ブレイク・エドワーズ監督
3 **ゴッドファーザー** 1972―フランシス・フォード・コッポラ監督
4 **地獄の黙示録** 1979―フランシス・フォード・コッポラ監督
5 **トムとジェリー** 製作年特定できず―ジョセフ・バーベラ、ウィリアム・ハンナ監督時代のもの
6 **ワーロック** 1959―エドワード・ドミトリク監督
7 **スケアクロウ** 1973―ジェリー・シャッツバーグ監督
8 **ファンタジア** 1940―ベン・シャープスティーン監督
9 **エイリアン** 1979―リドリー・スコット監督
10 **軽蔑** 1963―ジャン＝リュック・ゴダール監督

「誤記憶」というのがあります。実際には起きなかったことを起きたと思い込んでいることです。「誤憶」のほうがいいか。基地の近くで少年期を過ごした私の周りにはアメリカ映画専門館がありましたが、体の大きな彼らに「ギブ・ミィ・ガム」と呼びかけながら連れのような顔で映画館へ入りこむのはスリルのある楽しい遊びでした。そんなわけで今に

至るまで私にとって映画はつくるものでなく、観るものなのです。深く観察するとか、あるジャンルに溺れるとか、映画的記憶について考えてみるとかにはあまり興味がもてないのですね。その私が十本を選ぶとはおそろしい「誤憶」時代になったものです。

『2001年宇宙の旅』

映画はそれを観た場所と結びついて記憶しているものですね。

私がこの映画を観たのは新宿の伊勢丹の向かいの地下にある劇場だったと思います。小さめのスクリーンと、あれは「なに」だったんだろう。場内に柱が二本あって席によっては観にくかったんじゃないでしょうか。私の気分としては「問題作である」とか「未来に残る大作である」という最大限の称賛と「難解にすぎて映画になっていない」などの批判が聞こえていました。そんな映画をこの劇場で観るのは映画に対して失礼なのではないかと居心地悪く感じていたと思います。

『SFマガジン』創刊のころだと思いますが、もしかするとエラリイ・クイーンズ・ミステリー・マガジンだったでしょうか、どちらにしても新書を買うほどのお金はなく大学の周辺にはたくさんあった古書店でみつけたのでしょうが、その中の「前哨」という短編がひどくおもしろかったのです。人間が月面探検を始めるようになり、月面に知的文明の痕跡と思われるピラミッドを発見する。探検隊のメンバーの一人である「私」は、この仕組みを考えた何者かとはいずれ会うことになるのか、でも会いたくはない。しかしそれはもうすぐではないかと感じる、という短編で妄想好きな私にはひどくドキドキするものだったのです。

それが映画になる、え、どうするんだろう、月の石板から始まるらしいぞ、いや想像もできないな、というわけでやはりお金をはたいて封切を気合をいれて観たかもしれない。

ラストシーンは何なのか論議沸騰は今もまだあるようですが、私にとっては初見で感じたまま今も変わりません。あれは新人類の誕生です。いま新しい超人が地上に降り立とうとしているのです。

『ペティコート作戦』

私はこの監督の作品がわりと好きなのですが、なるほどと感じ入ったものがないのはなぜでしょうか。映画を松竹梅でランクつけするのが私は好きですが、この監督ブレイク・エドワーズの映画はいつも竹の上ですね。なのにこまごましたシーンを詳しく覚えていて思い出し笑いしてしまうのです。ずいぶん前に観たギャグが繰り返されたりして、おお、これは新発明だ、と衝撃的に笑えるわけではないのだけど。このシーンは絶対こう終わるぞ、と思っているとおりに進むのですね。でも覚えている。例えばこんなシーンです。真っ白な歯並びのイヤ味な少尉が手下の水兵と夕食用に盗んできた豚をのせてジープでやってくる。たちまち基地の憲兵につかまりますが「キャンプへ帰るところです、こいつが酔っ払ってしまって、な?」と豚をたたきます。見ると豚は水兵帽をかぶりボーダーラインのＴシャツを羽織っていて「ボホッ」と答えます。憲兵たちは「通ってよし」と見送り、一人が「海軍には豚のような奴がいるって聞いたけど、ほんとだな」「そだね」と答えるシーンです。おもしろいですか? こんなシーン。私には今でも腹がよじれるほどおかしいのですが。

このブレイク・エドワーズがアカデミー賞の名誉賞かなにかをもらったことがあります。呼ばれると車いすで現れ、まあ、こんなに老けちゃってと感慨深く見てましたら突然車いすが暴走し舞台反対側の壁を突き破り、３秒後にほこりまみれのタキシードでよろめきながら再登場してセンターテーブルに近づきオスカーを受取ったのです。八十才くらいだと思うのですが、まだ体張ってギャグをやるわけで感動しました。桟敷席の年かさの美人が大笑いしながら拍手していて解説者によると彼の妻のジュリー・アンドリュースだそうで、私は嫉妬しました。

『ゴッドファーザー』

私のアメリカ映画史上ベストワンはこの映画です。俳優や美術、撮影と照明、シナリオや監督についてはすでに多くの方々がこの作品について触れておられる、いまさら私が言うまでもないでしょう。

『地獄の黙示録』

狂気に至るすこし前の妄想についての映画だと思いました。おそらく狂気には時間や空間についての意識はないと思いますが、妄想は夢に陥る一瞬のように、実際には起こらないことがリアルな出来事として想像が脳内を占拠してしまいます。たった今も一瞬、ちいさなテーブルが見え、まずしいビンが二本見えていました。白いビンには食卓塩のラベル、やや小さなビンにラベルはありませんが、これは胡椒です。半分以上は空です。一人の太り気味の男が半ひざで体を斜めに傾かせていますが、特になにかを話しているわけではありません。ほんの5秒ほどの間で、私の意識は打ち合わせ中の向かいの女性の顔に戻りました。今も遠くで女性コーラスがひそかに聞こえているのですが、本当は誰も歌っているわけではありません。こういうことが一日数回起きます。これが私の妄想癖ですが、この映画では妄想が狂気に届くまでが同じ速度で進んでいくように思いました。それが気持ちがいいのでしょうね。泥と戦火と快楽と野生と川の流れと支配と運命と音楽とドラッグと恐怖が同時に進行していき、最後にはこの映画は何を語ろうとしたのかさえ運命に投げ出してしまったような、それが楽しかったのだと思います。

『地獄の黙示録』
パンフレット

『トムとジェリー』

私は大の愛煙家ですから仕事に向かうデスクには必ずピース缶がおいてあります。今も目の前に二つの缶がありますが、一つにはトムがもう一つにはジェリーがそれぞれ二つの缶の上に横たわっています。だけでなく缶の帯ではジェリーがCARTOONのマークの中で代わりに吠えていますし、ピアノを弾くトムとジェリーのそばでタキシード姿の私が指揮棒を振っています。友人のデザイナーの労作です。

広島で見た何かの映画の添え物的に上映されていたのが『トムとジェリー』でした。ジェリーのちょっかいに腹を立てた猫のトムがジェリーを追いまわすのですが最後は裏をかかれるというお決まりパターンのアニメです。

美女が通りかかったりするとトムの目がハート型に変わって輝きだすし、胸は大きく膨らんでドキドキしはじめます。ジェリーを捕まえようとして自慢の投げ縄を繰り出すと、縄は建物の角を超えて怒りまくって投げ縄にとらわれてしまったバッファローが鼻息あらく飛び出してくる、といった具合です。

チャップリンやバスター・キートンが無表情で列車の前を駆け抜けるといったような命をかけるような、いわば哲学を感じさせる作品にくらべれば、チーズが飛んだりクリーム・パイが投げられたりするような。なにせアニメですものね。安手なギャグの連続がなぜ私を興奮させたのでしょうか。

『ワーロック』

本気でアメリカ風民主主義を疑った映画でした。なぜアンソニー・クインに蹴飛ばされる杖をついた老人を誰も助けようとしないのか、町がにぎわいを取り戻すために平和な街の風景と同時に無法者も出入りする賭博場が必要なのか、なぜテロリストは生まれるのかなどなどです。

映画のスタイルとしては典型的なヒーロー映画だと思います。お決まりの美女が登場し、主人公に心を寄せ食事を用意しますし、その途中に事件が起きて食べ終わる前に美女の家をあとにするとか、悪党集団のうちに一人だけ主人公に心惹かれる若者がいるとか、あとで考えるとシナリオの教科書のような構成です。そんな映画のはずなのですが、どうして記憶に残っているのだろう。

民主主義とリーダーとを求める人間のどちらに正義はあるのか、どう結論を出すつもりなのか、そんなことに期待しながら映画を観ていたのでしょうか。そういえばはるか昔の映画で、引退した有名ガンマンと対決するため現役の凄腕ガンマンが町にやってくるというのがありました。『必殺の一弾』だったと思います。主役はグレン・フォードだったはずです。いや彼の腕ならどんな凄腕だろうが問題にならん、〝若手なんか〟という人や、現役には敵いようがないという人、この町はどうするんだと大騒ぎになるのですが、いよいよ現役ガンマンがやってくると皆が彼はついこないだ死んでしまったよといいたて、現役は落胆して町を去る、もちろんこれは皆が口裏をあわせていたわけで映画は終わる、彼は実は相変わらず腕はよかったということらしい。

原作があるのでしょうが「なるほどね」のラストです。私は勧善懲悪ものはあまり好きではなく、つまりどちらの正義について語ろうとしたのかの映画のほうが好みのようです。まあ悪役に魅力があったり演出が感じられる場合はいいのですが。『ダイ・ハード』のように、終わり近くで主人公と悪役が西部劇について殺意のある軽口を交わすのは好きで、私の英語力ではまったく理解できなかったのが残念でしたが。

『スケアクロウ』

哀切で救いのない作品なのに、どうして心がほのぼのするのだろう、そんな映画でした。一本の道に微妙な距離感で立つ二人が出会い、二人旅の途中で劇的なことも起きたりするのだけど、妹と会って世話をかける日々や、あまりよく知らない男と喧嘩になったり、だけど二人を本質的に変化させる夢が現実を伴うわけでもなく、ラスト近くではアル・パチーノは喜劇的な発狂へ入り込み、ジーン・ハックマンは一人で旅を続けるわけですが、落胆でもなく希望を持つわけなどないのですから、二人が出会う日からあと、なにかが変わっていくとは見えないのです。これはいったいなんだろう。

人間の本質的な強さについての作品なのかな。私にこの映画のような出来事があるとすれば、この二人のように振舞えるだろうか。自信がないな。昨日は道に立っていたし、今日は初めて会う他人の生活に入り込み、明日はどうか考えることもなく、靴の裏に隠し持っていた最後のドル札でピッツバーグまでのバスのチケットを買えば、何かが未来への約束手形となる、というようなことでしょうか。そういえばマックスはピッツバーグで洗車屋をはじめ、ライオンはデトロイトへ、と最初のころから話していたのですね。

『ファンタジア』

冒頭の曲が「トッカータとフーガ　ニ短調」だと知ったのはこの映画でした。音楽がレオポルド・ストコフスキーという有名な指揮者なのだ、ということも。同じころ観た『海底二万哩』でジェームズ・メイソンが演じる艦長が潜水艦のなかで狂気にかられたようにオルガンを弾くシーンもこの曲だったと思います。私とバッハは相性がいいのかな。

ずいぶんあとになって教えられたのですが、この映画と私はほとんど同じころに誕生していたのですね。いや参った。

映画全体として相当楽しみました。ストラヴィンスキー「春の祭典」が好きでしたね。地球誕生ダイジェストですがSFファンであった私としては、あ、ジュラ紀だ、白亜紀だ、とか納得しながらおもしろかったのでしょう。

『エイリアン』

「うわあ！」と私の前席の女性が私の鼻先までのけぞってきたのが『エイリアン』でした。

今はありませんが、小田急向ヶ丘遊園のスリラー館で知らない娘が飛びついてきて以来です。怖かったですねえ。私も怖かった。傑作だと思いました。あとで想像したのですが撮影現場はどうだったのでしょう。オイルとペンキ、たくさんのケーブルと粘土などが積み重なっていたと想像すると、いやこの想像はよろしくない、やめておきましょう、怖さだけに身をゆだねて。

エイリアンの造型、よかったですね。美しさと古典的な、この世のものではない醜さがまじりあって、あれは初めて見たように思います。ヒットしたから当然でしょうが、続編やバリエーションが続々と現れ、でも2と3まではおもしろさがあったのですが、ほかの宇宙怪物と何千年前から地球の覇を争う戦いを展開するとなると、隣の家の怪物お兄さんみたいになってしまい、私にはまるでおもしろくなくなってきましたね。

『軽蔑』

私が自分の部屋をリフォームしたとき、キッチンを強めの黄色に選択したのは、あとで思うと、この映画のせいでは？　と今は思っています。あざやかなブルーのエアボーンの椅子を買ったのも多分そうです。

色彩が強く残っている映画です。

青と赤、黄色と白、茶色のレンガで組みあげている別荘はカプリ島でしょうか、終わり近くでは画面いっぱいに黄色の手紙と、黒文字の言葉、製作者の事故死で中断するはずの映画は誰のためにか撮影が続き、どんな映画なのかはわからないまま作品の「オデッセイ」の撮影が映すギリシャの英雄たちの石像の目はそれぞれ違う色に閉じられて地中海をみつめ、映画は終わっていきます。主人公は脚本家で製作者からシナリオを依頼され、妻があからさまに製作者に口説かれても新しい部屋を買う金のせいか、二人の生活になじみすぎたのか心をあらわにしない無表情でいる夫に妻が感じる軽蔑の心、というのが物語の中の出来事ですが、どうやらそんな簡単なことではない。

私にはわかりません。わかるのですが、言葉で説明ができません。理解できないのに好きな映画というのはあるものです。

ささき・しろう　映画プロデューサー（オフィス・シロウズ）。1970年、東京ビデオセンターを設立。1979年にATG社長に就任。1989年にはアルゴ・プロジェクトの設立に参加。現在、㈱オフィス・シロウズ取締役プロデューサー、日本映画大学理事長。長年に亘り、橋浦方人、大森一樹、長崎俊一、根岸吉太郎、森田芳光、中江裕司、李相日、沖田修一ら多くの作家を発掘、代表作をプロデュースしている。

『羅生門』のグランプリ受賞は、日本映画の勉強を始めたばかりの私には凄い感激だった

映画評論家
佐藤忠男

私のベストテン・作品（順不同）

東京物語 1953―小津安二郎監督
残菊物語 1939―溝口健二監督
未完成交響楽 1933―ヴィリ・フォルスト監督
道 1954―フェデリコ・フェリーニ監督
魔法使いのおじいさん 1979―ゴーヴィンダン・アラヴィンダン監督
恋の浮島 1935―川手二郎監督
処女の泉 1960―イングマール・ベルイマン監督

『処女の泉』

稲妻　1952―成瀬巳喜男監督
巴里の女性　1923―チャールズ・チャップリン監督
私の人生　中国―1950―シェイ・フェイ監督

私のベストテン・人物（順不同）

チャールズ・チャップリン
黒澤明
大島渚
ジャン・ギャバン
グリア・ガースン
センベーヌ・ウスマン
ウィリアム・ワイラー
サタジット・レイ
アンリ・ラングロワ
フレッド・アステア

私のベストテン・事件（順不同）

『羅生門』のベネチア国際映画祭グランプリ

ジャン・ギャバン

松竹ヌーベルバーグ
アート・シアター・ギルド
ポーランド派
イランの児童青少年知育協会
今村昌平の映画学校設立と教育活動

「作品」は私の世界映画ベストである。このうち日本未公開は『私の人生』だ。

『魔法使いのおじいさん』は、福岡市立総合図書館と、川崎市立の市民ミュージアムに保存されている。

「人物」にチャップリンや黒澤、大島などを入れたのは、彼らの作品を「作品」のほうにあげていくとその枠に収まらなくなるからである。グリア・ガースンは私がファンだったから特別。フレッド・アステアはファンでもあったが、アメリカ映画のミュージカルを代表する人物としてである。アンリ・ラングロワはフランスのシネマテークの創立者だ。

「事件」は解説の必要が多い。『羅生門』のグランプリ受賞は、当時日本映画の勉強を始めたばかりの私には凄い感激だった。松竹ヌーベルバーグでは当時駆け出しの批評家として積極的に支援した。

アートシアターの日本映画製作では、私は全作品の企画の審査にかかわった。とても多くの優秀な若手映画人たちと知りあえて良い勉強になった。

ポーランド派が台頭したとき、私は日本映画史を書きたいと言うポーランドの批評家を大島渚から紹介され、お金の国外持ち出しの出来ない彼を3か月、家に泊めて日本映画の研究をさせた。そのとき彼から聞いたポーランドについての知識で、私もポーランド映画では専門家と見られるようになった。

イラン映画が注目され始めた頃、キアロスタミの『友だちのうちはどこ？』をはじめ児童映画の秀作が多いことに人々は注目したが、実はそれは、イラン革命で追放された王室の王妃が革命前に設立した児童青少年知育協会で作られたものだった。革命後は、王室も良いことをしたとは言い難くなって誰も言わない。

何とかこの機関を調べてみたいと思っている。

さとう・ただお　映画評論家・教育評論家・日本映画大学名誉学長。１９３０年新潟県生まれ。56年、初の著書『日本の映画』でキネマ旬報賞受賞。その後、『映画評論』『思想の科学』の編集に携わりながら評論活動を行う。紫綬褒章、勲四等旭日小綬章、韓国王冠文化勲章、フランス芸術文化勲章シュヴァリエ、モンゴル国政府優秀文化人賞、毎日出版文化賞、国際交流基金賞、神奈川文化賞など多数受賞。

映画は衰えない、と力を込めて言えることが嬉しい

高崎映画祭プロデューサー
志尾睦子

心がざわついた魅惑の映画ベスト10

花筐〈HANAGATAMI〉　２０１７―大林宣彦監督

牯嶺街〈クーリンチェ〉少年殺人事件　１９９１―エドワード・ヤン監督

恋人たちの失われた革命　２００５―フィリップ・ガレル監督

『花筐』

華氏451 1966／フランソワ・トリュフォー監督
ドニー・ダーコ 2001／リチャード・ケリー監督
ペルソナ 1966／イングマール・ベルイマン監督
散りゆく花 1919／ディビット・ワーク・グリフィス監督
ポー川のひかり 2007／エルマンノ・オルミ監督
ゆきゆきて、神軍 1987／原一男監督
戦場のメリークリスマス 1983／大島渚監督

映画を意識して観始めたのは20歳を過ぎてからだった。悩み多き学生だった私には持て余した時間が山とあったから、それらは映画によって埋められることになった。最初はただの時間潰しで見ていたのに、いつの間にやら自ら時間をやりくりしてでも映画を観たいと思うようになっていく。

映画は一人になりたい時も一人になりたくない時も、心が穏やかな時も荒んだ時も、その感覚を深めたいために、あるいは逃れるために観てきたように思う。今回こうした機会を得たので、せっかくだから自分に大きく爪痕を残している映画を振り返ってみる。

『ペルソナ』は、学生時代に現代思想の授業で観せられた。映画の「え」の字も知らない

『ペルソナ』

ころで、名前も知らない映画監督の、しかもモノクロ映画は、理解できない代物だった。それでも映画の中に自分が入ってゆくという感覚を初めて味わった映画だった。

映画史をたどれと言われて観続けた中で深く心に残るのが『散り行く花』。リリアン・ギッシュの美しさと儚さが映像でこんなにも伝わってくることに驚きを禁じ得なかった。

幼少期から本と友達だった自分にとっては、書物の愛に溢れた『華氏４５１』も忘れ得ない1作。

『ゆきゆきて、神軍』は人間の気迫に追い込まれ、気がつけば口の中がカラカラに乾いていた覚えがある。

『戦場のメリークリスマス』は音楽に酔いしれながらストーリーに身を委ねるということが初めてできた一作。当時携帯を持ち始めたばかりで、戦メリを着メロにしたときは映画と近づけた気がして嬉しかった。

『ドニー・ダーコ』はその世界観にたまらなく惹きつけられ、高崎から東京へ３日間続けて通い劇場のシートに身を沈めた。

『牯嶺街少年殺人事件』はリアルタイムでは観ておらず、あまりに周辺が傑作だというので気になっていたものだ。レーザーディスクを持っているという知人に頼み込んでみせてもらったのが最初で、小さなテレビモニターでもその内なる世界の鮮烈さに胸震えた。昨年、シネマテークたかさきで劇場公開できたのは幸せというほかない。

『ポー川のひかり』には哲学を志した時代の自分の感覚が蘇り、心がざわついた。

『恋人たちの失われた革命』には、かの時代への言いようのない羨望が溢れると同時に美しき世界に身を投じた若者たちの刹那に胸を掴まれた。

そして『花筐』。たかだか20数年しか映画を観ていないけれど、映画の表現力に限界はないのだと知らされた。映画は衰えない、と力を込めて言えることが嬉しい。

しお・むつこ　高崎映画祭プロデューサー、シネマテークたかさき総支配人。大学在学中の１９９９年に第13回高崎映画祭事務局のボランティアスタッフとして映画祭活動に参加。その後、働きながら映画祭ボランティアを続ける。2004年、NPO法人たかさきコミュニティシネマの設立に関わり、12月に群馬県内初のミニシアター、シネマテークたかさきを開館。支配人となる。現在は、高崎映画祭のプロデューサー、シネマテークたかさき総支配人。NPO法人では高崎フィルム・コミッション事業や高崎電気館再生事業に着手している。

闇の濃さの向こうに、微かに差し込む光の美しさを捉えた映画たち

篠崎誠 映画監督

何度も見直し続けるであろう逝ける映画人たちの映画ベストテン

A **トゥインクル・トゥインクル・キラー・カーン** 1980―ウィリアム・ピーター・ブラッティ監督

B **スポンティニアス・コンバッション** 1990―トビー・フーパー監督

C **陽炎座** 1981―鈴木清順監督

D **愛されし者** 1998―ジョナサン・デミ監督

E **ゴジラ** 1954―本多猪四郎監督

F **ソナチネ** 1993―北野武監督

G **ナイトライダーズ** 1981―ジョージ・A・ロメロ監督

『陽炎座』パンフレット

H **真田風雲録** 1963｜加藤泰監督

I **アウト・オブ・ブルー** 1980｜デニス・ホッパー監督

J **オープニング・ナイト** 1978｜ジョン・カサヴェテス監督

順位不問。おそらく死ぬまで、何度も観直し続けるであろう、大好きな監督たちの映画です。観る度に楽しい気持ちになって、生きる活力が生まれて来るような映画にもあこがれを持ちますが、ここにあげたのは、闇の濃さの向こうに、微かに差し込む光の美しさを捉えた映画たちです。迫りくる老いへの怖れ、死の匂い。望んでいないのに天から賦与された能力に苦しみ、逃れられない過去の記憶に押しつぶされそうになる者たち。死者と生者が交信し、夢と現実との境が曖昧になっていく。それでも、登場人物たちの笑顔が心に残る。そういう映画に惹かれるのかも知れません。

過半数は、昨年（2017）から今年頭にかけて、この地上から去っていった先達者たちの映画です。**A**＝『エクソシスト』の原作者として名高いウィリアム・ピーター・ブラッティ。監督作は2本しかないものの、私にとって最も重要な映画監督の一人です。この映画のラストこそ、映画にのみ可能な〝奇跡〟を捉えた瞬間だと思います。**B**＝生前短い期間でしたが、同じ時間を共有することが出来たトビー・フーパー。『悪魔のいけにえ』よりも、涙なしに観ることの出来ぬこちらを。**C**＝全カット暗記意気込みで映画館に通い詰めた本作。『すべてが狂ってる』『春婦伝』『河内カルメン』も偏愛しています。川地民夫さんといつかご一緒したかった。**D**＝『羊たちの沈黙』『レイチェルの結婚』も素晴らしかったですが、ジョナサン・デミで1本を選ぶとしたら日本劇場未公開の本作を。マジック・リアリズムとしか形容しがたい強烈な語り口と静謐な時間が同居する稀有な映画です。**E**＝観る度、映画としての凄み、面白さ、志の高さに打たれます。鈴木清順さんと共に中島春雄さんの名前が俳優としてアカデミー賞授賞式の追悼で出たのを観て泣きそうに。**F**＝人生を変えた1本。『陽炎座』と同じく何度も映画館に通いました。観る度に背筋が伸びます。大杉漣さんとは、何度か人が監督する現場でご一緒し、私自身が監督する映画に出て下さいと約束していました……。**G**＝『ゾンビ』も人生を変えた1本ですが、ロメロ監督の訃報を聞く2日前に観ていた本作を。私には**H**や**J**同様に、映画作りを描いた映画のようにも思えて仕方がないのです。**I**は、デニス・ホッパーが監督を引き継いで完成させた哀切きわまりない鎮魂歌。ニール・ヤングの歌と共に忘れがたい1本です。

しのざき・まこと　映画監督、立教大学現代心理学部映像身体学科教員。中学生から自主製作映画を作り始める。立教大学で社会心理学を専攻。卒業後、映画館に勤務。映写技師、映画ライターを経て、『おかえり』（1996）で商業映画監督デビュー。同作がベルリン映画祭フォーラム部門でヴォルフガング・シュタウテ賞（最優秀新人監督賞）はじめ、国際映画祭で11賞受賞。現在、『あれから』（2013）『SHARING』（2014）に続いて、三度、「3・11以後」を描く新作『共想』を製作中。

1本の作品が私を導いてくれた

関根忠郎　映画文筆家、惹句師

映画10件

罠　THE SET-UP　1949―ロバート・ワイズ監督

邪魔者は殺《け》せ　ODD MAN OUT　1947―キャロル・リード監督

荒野の決闘 MY DARLING CLEMENTINE　１９４６｜ハワード・ホークス監督

赤い河 RED RIVER　１９５６｜ジョン・フォード監督

地上《ここ》より永遠《とわ》に FRONM HERE TO ETERNITY　１９５３｜フレッド・ジンネマン監督

地下水道 KANAL　１９５７｜アンジェイ・ワイダ監督

抵抗（レジスタンス）――死刑囚の手記より―― UN CONDAMNÉ À MORT SÉST ÉCHAPPÉ OÙ LE VENT SOUFFLE OÚ IL VEUT　１９５６｜ロベール・ブレッソン監督

若者のすべて ROCCO E i SUOI FRATELLI　１９６０｜ルキノ・ヴィスコンティ監督

野良犬　１９４９｜黒澤明監督

飢餓海峡　１９６５｜内田吐夢監督

映画ファン歴70年の私にとって、作品のオールタイム・ベストテンは極めて至難なセレクション。長年にわたって膨大な数に上る映画を観てきたことで取捨選択は作業的にもかなり煩雑。そこでファン歴のごく初期に限定して、そこから10本を選ぶことにしました。年代でいうと１９４０年代の終わりから60年代初期にかけて公開された映画群から、基本的にモノクロ作品でスタンダード・サイズのスクリーンに限定しつつ、内容的にも思い切って自分好みの10作品をピックアップしてみたのです。

戦後間もなく、ちょうど10歳頃から映画を見始めて、私はそれこそターザンの活躍とか西部劇の勧善懲悪劇に他愛なく夢中になっていましたが、50年代に入ったばかりの頃、１本の映画に出会って大きな衝撃を受けました。その映画はイギリスのキャロル・リード監督作品『邪魔者は殺せ』でした。それ以後なぜか、この映画の上映館を見つけては、都内はおろか近県の映画館まで足を運び始めました。

『邪魔者は殺せ』

『若者のすべて』

その理由は、この映画の主人公がこれまで見てきた正義のヒーローとはまったく様相を異にしていたからでした。主人公はアイルランド闘争に打ち込む秘密結社の活動家ジョニー。彼は仲間数人と工場に押し入って多額の現金を強奪するが、守衛に逃げ場を阻まれて発砲。自らも銃弾を受けて重傷を負ったまま仲間とはぐれ、一人で街なかに逃亡。雨から雪に変わる夜の街を逃げ惑い、その挙げ句にラストは、救出しようと動いていた恋人と共に警官隊の銃弾を浴びて死んでゆくという、暗く救いのない悲劇的な8時間を追って展開。映画の開始から主人公が瀕死という設定の映画には、これまで出会うことがなかったので、多分に強い衝撃を受け、心を揺さぶられました。こんな映画もあるんだ！　今までは、西部劇や刑事ものなどのアメリカン・ヒーローが演じる無敵のアクションに心躍らせていましたが、この異質の衝撃と感銘を受けて、初めてヨーロッパ映画に目を見開かれるに至ったのでした。ダークで硬質な手触りの映画に惹かれていったのです。

この映画を契機に私のファン意識は激変。50年代の初期から60年代の初期にかけて、スタンダード・サイズ（タテヨコ比率1対1・33）のスクリーンで、次々とイギリス、フランス、イタリア、ポーランド等の映画を追いかけるようになりました。1本の作品が、極めて娯楽性豊かな躍動的アメリカ映画を超えて、芸術性の高い豊饒な映画世界に私を導いてくれたのでした。

人物10人

キャロル・リード
ヘンリー・フォンダ
モンゴメリー・クリフト
アンジェイ・ワイダ

ロベール・ブレッソン
ジャン・リュック・ゴダール
ルキノ・ヴィスコンティ
アラン・レネ
三船敏郎
内田吐夢

第一に挙げなくてはならないのは、やはり『邪魔者は殺せ』のキャロル・リード監督です。この監督の映画は、続いて『第三の男』『落ちた偶像』から『フォロー・ミー』まで何回も見続けて、すっかりファンになっていきました。

『荒野の決闘』のジョン・フォード監督も巨匠中の巨匠として大好きですが、主演のヘンリー・フォンダの保安官ワイアット・アープの静かな風情にたまらなく惹かれ、特にその歩き方にはぞっこん惚れ抜きました。あの悠揚迫らぬ歩行には、フォンダの全人格が滲み出ていて、只々参りました。彼は『赤い河』のジョン・ウェインと双璧の存在です。

次にモンゴメリー・クリフトです。『地上より永遠に』の小柄な兵卒ブリューイット役は、モンティ以外には考えられません。じっと自分に、そして周囲に耐えている猫背は、痛切哀調という俗な言葉では物足りません。ラスト、亡き友に捧げる葬送トランペットの悲音が耳に残り、モンティ涙のクローズアップが今なお瞼に消えません。

アンジェイ・ワイダ監督。『地下水道』が衝撃でした。開幕と終幕を除いて、映画のすべてが地下のドブ川のような下水道で息苦しく展開する凄絶さ。大戦末期の１９４４年夏。ドイツ侵攻に対して蜂起したワルシャワのレジスタンス兵士たちが、追い詰められて地下水道に逃げ込み、這いずり回る悲惨極まりない姿が延々と描かれていました。毎年、８月

1日の午後5時に、犠牲者20万人を出した蜂起を悼んでワルシャワ市民がサイレンとともに一斉に黙祷を捧げていますが、この大戦秘話は、追悼と共にA・ワイダ作品は永遠に語り継がれていくことでしょう。同監督に『灰とダイヤモンド』などがありますが、いずれも傑作揃いです。

もう1本、レジスタンスを描いた映画として、ロベール・ブレッソン監督の『抵抗 ― 死刑囚の手記より―』があります。フランスの小都市リヨンはレジスタンス活動発生の地。1943年、抵抗運動の若い中尉がナチに捕らえられ、政治犯として投獄されますが、彼はあらゆる手段を使って脱獄に成功します。彼の自由への希求と綿密な脱出行為をブレッソン監督は、中尉（無名の学生フランソワ・ルテリエを起用）の眼差しと手のクローズアップで表出。その絶えざる緊張感の持続の中にモーツァルトの短い旋律（『レクイエム』）が効果的に流れ、それが実に印象深く忘れられないものとなりました。残念！　ここで文字数リミットが！

事件10件

リュミエール兄弟による「シネマトグラフ」上映（1895）
東宝争議（1946～48）
ハリウッド赤狩り旋風（1947）
東映株式会社発足（1951）
ジェイムス・ディーン自動車事故死（1955）
私自身の東映入社（1956）
ジャン・リュック・ゴダールとフランソワ・トリュフォー「ヌーベル・ヴァーグ」旋風（1959）
『飢餓海峡』フィルム短縮事件（1960）

「仁義なき戦い」シリーズ登場（１９７３）大スター時代の終焉（２０１４　高倉健・菅原文太の死去）

　まず何よりも映画誕生の歴史的事件、リュミエール兄弟の功績を挙げなくてはなりません。１８９5年12月、パリのグランカフェで超短編フィルムを10本程度上映。それが何と18週のロングラン記録を作りました。この時点から１２０年余、映画は数多くの興味深い事件を重ねながら、大衆の欲求に応えてきました。

　戦後１９４６年に火蓋を切った東宝争議は労使の対立で大混乱。未曾有の騒乱を鎮静しようと、来なかったのは戦車と軍艦だけ、といった譬え話が生まれたほど。争議が収束したのは48年のことでした。

　一方、海の向こうのアメリカでは、米ソ冷戦による緊張感から、上院議員マッカーシーによる過剰な赤狩り旋風が吹き荒れ、映画作家10人（ハリウッド・テン）ほか多くの映画人が標的に晒される事態を生みました。

　国内では１９５１年4月、新興の東映株式会社が発足。松竹、東宝、大映、新東宝、日活に伍して映画業界に参入。負債を抱えて苦難の道を歩みはじめたのですが、その6年後、まさか自分が東映に入社するとは、夢にも思いませんでした。

　55年、ジェイムス・ディーンの自動車事故死は一大衝撃でした。『エデンの東』を観て清新鮮烈な感銘を受け、『ジャイアンツ』で屈折した若者から、老人のメイクアップで石油王の晩年までの孤独感の表出には鬼気迫るものを感じました。

　そしてヌーベル・ヴァーグのJ・L・ゴダールとF・トリュフォーの登場は、まさに事件でした。『勝手にしやがれ』と『大人は判ってくれない』の両作品の斬新、清冽な映画文法には仰天しました。続くゴダールの『女と男のいる舗道』と『気狂いピエロ』、トリュフォーの『突然炎のごとく』と『恋のエチュード』にも感銘し、何度となく繰り返し見直しました。

　1964年、大長編傑作映画の悲劇的事件が発生しました。内田吐夢監督の『飢餓海峡』。4時間を超える上映時間は興行上の不利益と考え、会社側が短縮処置を行った事件でした。内田吐夢の監督としての怒りは当然至極。「それならフィルムをタテに切ってくれ」との有名な言葉を残しました。

　そして、1973年公開の『仁義なき戦い』大ヒットも稀有な映画的事件。任侠やくざの後の鮮烈なヤクザ実録。双方の立役者、健さんと文太さんの相次いだ死去。長年、両ビッグスターの宣伝惹句を書いてきた私には、絶句とショックと悲しみのみが残りました。

せきね・ただお　映画文筆家、惹句師。1937年東京生まれ。戦後間もなくの47年ごろより映画に親しみ、映画館に通い始める。50年代から徹底的な外国映画ファンになり、以後7年間に約700本の作品を鑑賞。56年4月、東映株式会社に入社。本社勤務が肌に合わず新宿東映劇場に出向。仕事合間にスクリーンの裏側に潜んで、不得手とする娯楽時代劇を左右真逆の映像で勉強。57年、東京撮影所（練馬区大泉）に転勤。61年、本社宣伝部に転勤し、キャッチコピー作りを中心に宣材及び新聞雑誌広告制作に従事。97年、満60歳で定年退職。現在、フリーランサーとして活動中。

SFはさまざまな視点で世界を見るのがおもしろい

主人公が人間ではないSF映画ベストテン

映画評論家
添野知生

ブレードランナー　1982―リドリー・スコット監督
ブラザー・フロム・アナザー・プラネット　1984―ジョン・セイルズ監督
スピーシーズ　種の起源　1995―ロジャー・ドナルドソン監督
アンドリューNDR114　1999―クリス・コロンバス監督
光の旅人　K-PAX　2001―イアン・ソフトリー監督
ウォーリー　2008―アンドリュー・スタントン監督
デイブは宇宙船　2008―ブライアン・ロビンス監督
シュガー・ラッシュ　2012―リッチ・ムーア監督
アンダー・ザ・スキン　種の捕食　2014―ジョナサン・グレイザー監督
ブレードランナー2049　2017―ドゥニ・ヴィルヌーヴ監督

ＳＦはさまざまな視点で世界を見るのがおもしろい。だから人間ではない主人公の目で世界を見ることはとても重要なのだが、映画で実現した例は驚くほど少ない。『２００１年宇宙の旅』であれ『GHOST IN THE SHELL　攻殻機動隊』であれ、主人公はあくまで人類（少なくとも最初は）だったことを思い出してほしい。主役・語り手・狂言回しが人間でないと、見る人の共感を得にくいと考えるからだろう。

ここでは少ないなかでも健闘していて、異質な視点が映画のおもしろさにちゃんと貢献している、お気に入りの作品をあげた。当然のことながら、主人公の正体が結末のサプライズになっている映画は取り上げるわけにいかず、傑作があっても涙をのんで選外とした。『ブレードランナー』の主人公については諸説あるが、ここではレプリカント説を採った。『ブレードランナー』から『ブレードランナー２０４９』までの発表年順。

『ブレードランナー』

鈴木清順の死はある程度、覚悟していたとはいえ、やはりショックであった

フリー編集者・映画批評家
高崎俊夫

〈事件〉2017年、私にとっての記憶に残る出来事・イベント・ベストテン

1 鈴木清順監督の死

2 企画者としてかかわったシネマヴェーラ渋谷の羽仁進特集

3 『文學界』9月号の羽仁進監督ロング・インタビュー

4 松本俊夫監督の死

5 企画者としてかかわったシネマヴェーラ渋谷の「ジャズ&ミュージカル映画特集」

6 ダニエル・ダリューの死

7 ジャンヌ・モローの死

8 フィルムセンターの「チェコ映画の全貌」特集で見た『エロティコン』『絞首台のトンカ』の女優イタ・リナの官能的な魅力

そえの・ちせ 映画評論家。1962年生まれ。東京出身。WOWOW、SFオンラインを経てフリー。『SFマガジン』『映画秘宝』で連載中。BS朝日の番組「japanぐる〜ヴ」で映画解説、配信番組「WOWOWぷらすと」出演。映画はなんでも見て、おもにSFを読み、へんな音楽を聴いて暮らしています。

9 フィルムセンターの「ジョージ・イーストマン博物館　コレクション」特集で見た『人生の乞食』の男装のルイーズ・ブルックスの魅惑

10 サム・シェパードの死

オールタイムではあまりに漠然かつ広大すぎるので、2017年、あくまで私にとっての記憶に残った出来事を思いつくままに並べてみた。鈴木清順の死はある程度、覚悟していたとはいえ、やはりショックであった。80年代の半ば、『月刊イメージフォーラム』の編集者時代に、『カポネ大いに泣く』の不評に猛然と腹が立ち、1冊まるまる清順特集を組んだことが思い出される。なかでも天才オペラ演出家・三谷礼二と清順の長い対談は、清順映画のオペラ性を見事に浮かび上がらせた傑作だったと自負している。

松本俊夫は、数年前、清流出版から『映像の発見』『表現の世界』の二大名著を復刻できたことがせめてもだった。晩年、ドキュメンタリーがつくられたり、大部の著作集が刊行されるなど、再評価が起こったのは当然のことである。

かつて、その松本が批判した『不良少年』の羽仁進の特集をシネマヴェーラ渋谷で企画し、『文學界』で羽仁監督にロング・インタビューを行なった。この特集では、『不良少年』『充たされた生活』『彼女と彼』『ブワナ・トシの歌』などの劇映画の傑作は言うに及ばず、初めて見た初期の岩波時代のドキュメンタリー『生活と水』に衝撃を受けた。

ダニエル・ダリューは、もちろんオールドファンのような同時代の記憶にある女優ではないが、私にとっては、もっとも偏愛する映画作家マックス・オフュルスのヒロインとして忘れられない存在である。今度、出たエッセイ集『祝祭の日々　私の映画アトランダム』(国書刊行会)でも、追悼の思いを込めて、前見返しにオフュルスの名作『快楽』の彼女のスチルを使っている。

女優と言えば、フィルムセンターの「チェコ映画の全貌」特集で、かつて内田岐三雄の

『欧米映画論』を読んで以来、ずっと見たかった伝説の映画『エロティィコン』『絞首台のトンカ』の主演女優イタ・リナに感嘆した。フィルムセンターではやはりスクリーンで初めて見た『人生の乞食』の男装のルイーズ・ブルックスに悶絶した。

〈人物〉私的映画音楽作曲家ベストテン

1 **武満徹**
2 **ヘンリー・マンシーニ**
3 **ミシェル・ルグラン**
4 **ニーノ・ロータ**
5 **ジョニー・マンデル**
6 **クシシュトフ・コメダ**
7 **ジョン・バリー**
8 **カルロ・スルティケリ**
9 **バート・バカラック**
10 **ジョルジュ・ドルリュー**

昨年、シネマヴェーラ渋谷で、特集「羽仁進レトロスペクティブ　映画を越境する」を企画し、全作品を見て、あたらめて、羽仁作品において武満徹がいかに重要な作曲家であったかをまざまざと実感させられた。羽仁監督によれば、『不良少年』のリリカルな旋律も、当初、つけられたスコアは、あまりに美し過ぎて澄んでいる感じがするとして拒ん

『激しい季節』

だために、一時ふたりは訣別寸前までいったのだという。あの名曲はそんなふたりの激しい葛藤の末に生み出されたものだったのだ。『彼女と彼』の冒頭に流れる岸洋子が歌った、谷川俊太郎作詞の「見えないこども」は、岸洋子のどのアルバムにも収められていない。映画の中でしか聴くことのできない、それゆえにこそ、忘れがたい名唱なのである。

ヘンリー・マンシーニのすべての映画音楽の中では『いつも2人で』が大好きで、サントラを毎日のように聴いていた時期があった。しかし、いっぽうで、裏ヴァージョンのマイベストは「Lujon」という曲である。テレビシリーズ『ミスター・ラッキー』の挿入歌で、ジャズのスタンダード・ナンバー「スロー・ホット・ウインド」という別タイトルでも知られている。ジョニー・ハートマン、サラ・ヴォーン、大野えりなどが歌っていて、私も愛聴しているが、マンシーニ自身の演奏がやはり一番良い。そのマンシーニ版の「Lujon」を最近、別の映画のなかで聴いた。ジェームズ・グレイの『トゥ・ラバーズ』(劇場未公開、DVDのみ)で鬱屈を抱えた主人公がニューヨークの夜景の中を歩くシーンで、このナンバーが流れてくるのだ。まるで、この映画のためにつくられたようなメランコリックな美しい旋律にすっかり魅せられてしまった。

〈映画〉「年上の女」ベストテン

1 **昨日にさようなら** 1971―アルヴィン・ラコフ監督
2 **激しい季節** 1959―ヴァレリオ・ズルリーニ監督
3 **乱れる** 1964―成瀬巳喜男監督
4 **さよならをもう一度** 1961―アナトール・リトヴァク監督
5 **年上の女** 1959―ジャック・クレイトン監督

6 **帰らざる夜明け** 1971―ピエール・グラニエ＝ドフェール監督

7 **青い麦** 1954―クロード・オータン＝ララ監督

8 **乱れ雲** 1967―成瀬巳喜男監督

9 **夜霧の恋人たち** 1968―フランソワ・トリュフォー監督

10 **おもいでの夏** 1971―ロバート・マリガン監督

昔、新宿の区役所通りに「スマイル」というジャズ喫茶があった。ママの加納とも枝さんは、『話の特集』にも映画のコラムを持っていたほどの筋金入りの映画ファンとして知られていた。そのとも枝さんが膵臓がんで亡くなったのが2003年。私はその直後に、彼女の遺稿集『シネマの快楽に酔いしれて』(清流出版)を編集したが、とも枝さんが本の中で、またカウンターの向こうで繰り返し熱っぽく語っていたのは、映画のジャンルでは〈年上の女〉ものこそが最高なのだということだった。

そこで、私が今まで見た〈年上の女〉ものの中からベストテンを選んでみた。日本映画ではやはり成瀬巳喜男が他の追随を許さない。とくに『乱れる』で、加山雄三が義姉の高峰秀子を追って列車に乗り込み、次第に互いの距離をつめてゆくくだりの見事な描写はため息が出るほどである。

『夜霧の恋人たち』でジャン＝ピエール・レオーがひと目惚れしてしまうデルフィーヌ・セイリグの筆舌に尽くしがたい美しさ、野心家の青年ローレンス・ハーヴェイの屈折した愛情を戸惑いながらも受け止める『年上の女』の人妻シモーヌ・シニュレにも圧倒された。

しかし、やはりティーン・エイジャーの時に、初心な主人公のガキどもに深く感情移入した記憶に正直に向き合うならば、封切りで見た『昨日にさようなら』と『おもいでの夏』ということになる。

とくに『昨日にさようなら』は、見ている人は少ないかもしれないが、ロンドン行きの列車の中で偶然、出会った失業中の青年レナード・ホワイティングと郊外に住む中年の主婦ジーン・シモンズの1日だけの恋の行方を追うアルヴィン・ラコフ監督の隠れた秀作だ。とくに初めてベッドを共にするシーンでジーン・シモンズが一瞬、垣間見せる恥じらうような表情が忘れられない。

たかさき・としお　フリー編集者・映画批評家。1954年福島県生まれ。『スターログ日本版』『月刊イメージフォーラム』等の編集部を経てフリーの編集者・映画批評家。これまで手がけた単行本は『テレビの青春』（今野勉、NTT出版）、『ニコラス・レイ　ある反逆者の肖像』（ベルナール・エイゼンシッツ、吉村和明訳）、『わが封殺せしリリシズム』（大島渚・清流出版）ほか多数。2018年2月にネットの連載をまとめたエッセイ集『祝祭の日々　私の映画アトランダム』（国書刊行会）が刊行された。

大方の名作映画は「はじめにラストシーンありき」である

高澤瑛一　映画評論家

心に残るラストシーン・ベストテン

カサブランカ　1942―マイケル・カーティス監督

第三の男　1949―キャロル・リード監督

恐怖の報酬　1953―アンリ＝ジョルジュ・クルーゾー監督

旅情　1955―デビッド・リーン監督

『勝手にしやがれ』ポスター

勝手にしやがれ
「俺は最低だ…」
「最低って 何のこと?」
死に向って暴走する
息ぎれの青春
愛とロマンの崩壊を
鮮烈に詩情豊かに描いた
ゴダールの不滅の傑作!
ジャン・リュック・ゴダール
監督作品
ジャン・ポール・ベルモンド
ジーン・セバーグ
原案フランソワ・トリュフォー
監修クロード・シャブロル
撮影ラウール・クタール
音楽マルシアル・ソラル
製作ジョルジュ・ド・ボールガール
ジャン・ヴィゴ賞
ベルリン映画祭最優秀監督賞
à bout de souffle

灰とダイヤモンド　1958｜アンジェイ・ワイダ監督

大人は判ってくれない　1959｜フランソワ・トリュフォー監督

甘い生活　1960｜フェデリコ・フェリーニ監督

勝手にしやがれ　1960｜ジャン＝リュック・ゴダール監督

博士の異常な愛情　または私は如何にして心配するのを止めて水爆を愛するようになったか　1964｜スタンリー・キューブリック監督

俺たちに明日はない　1967｜アーサー・ペン監督

巨匠フェデリコ・フェリーニのコメント――「私の映画には、いわゆるラストシーンというものがない。物語の中の人物が観客に結論を示さない映画のほうが、より道徳的であるように思われる。私の映画は、きわめて明確な責任を観客たちに負わせるものだ」。つまり、葛藤はそこから観客の中で始まるのだと。

たとえば、彼の『甘い生活』のラスト。ゴシップ記者マルチェロが、乱痴気騒ぎの果てに夜明けの海岸に引き上げられた怪魚を見る。ドロンとした目を剥き、悪臭を放つ魚。そこへ彼方から清楚な少女が呼びかけるが、風と波の音が声を打ち消す。つまり、怪魚は記者が所属する不条理な文明の象徴。少女は、天使の存在を表わすといえようか。フェリーニは、そのあたりの解釈を観客に放り投げる。

だが、大方の名作映画は「はじめにラストシーンありき」である。そのほうが作品の衝撃の度合いを高める場合が多い。ポーランドのアンジェイ・ワイダ監督『灰とダイヤモンド』では、第二次大戦後、殺し屋となった若者マチェックが、監視兵に撃たれ瓦礫の上でのたうちまわり息絶えるくだりでジ・エンド。反スターリニズムを貫いたワイダは、遺作『残像』に至るまで生涯そのスタンスを貫いた。

1960年を境に、反逆する青春像に焦点が当てられた。ゴダールの『勝手にしやがれ』の最後では、ジャン＝ポール・ベルモンド扮する無軌道な青年が刑事に撃たれて倒れ、自らまぶたを閉じ「最低だ」と呟く。

アメリカン・ニューシネマの口火を切ったアーサー・ペンの『俺たちに明日はない』では、アベック強盗ボニーとクライドが保安官一味の一斉射撃を浴び末期を迎える。車の座席でのたうつボニー。草むらで体中を蜂の巣のようにされて倒れるクライド。ここでのスローモーション撮影が「死のバレエ」と呼ばれ評判に。

胸にジンとくるラストといえば「別れの美学」ともいえる映像作法だ。ハンフリー・ボガート、イングリッド・バーグマン共演『カサブランカ』では夜霧の空港での別れ。キャロル・リード監督『第三の男』では、並木道をやって来るアリダ・ヴァリがジョゼフ・コットンを無視して通り過ぎる場面。そして、デビッド・リーン監督『旅情』のラスト。愛する女性（キャサリン・ヘプバーン）が乗る列車を追って、くちなしの花の小箱を手にホームを走る男（ロッサノ・ブラッツィ）。それに対して、涙をためながら手を振る女。こんなラストを見ると溜息をついてしまう。

映画史を飾った渋い個性派俳優ベストテン

ハンフリー・ボガート（1899～1957）
ジャン・ギャバン（1904～1976）
ジェームズ・メイソン（1909～1984）
メリナ・メルクーリ（1920～1994）
シモーヌ・シニョレ（1921～1985）

笠智衆

ジーナ・ローランズ（1930〜）
笠智衆（1904〜1993）
志村喬（1905〜1982）
宮口精二（1913〜1985）
杉村春子（1909〜1997）

主役・脇役を問わず、個性的な内外の男女優を選んでみた。筆頭が、ほぼ同年代に当たるフランスのジャン・ギャバンと志村喬だ。ギャバンの代表作は、アルジェのカスバに逃げ込んだ犯罪者の悲哀を演じた『望郷』(37)、ギャング映画『現金に手を出すな』(54)、若い娘と恋に落ちる中年トラック運転手に扮した『ヘッドライト』(55)など。酸いも甘いも知り尽くした男を人情味豊かに演じた。皿に残ったスープをパンでこすり取って食べるシーンなどは、過去の労働者生活から得たようなリアルな演技だった。

志村喬が豊かな滋味を発揮し出したのは、黒澤明の作品だった。『野良犬』(49)での老練な刑事、『生きる』(52)では人生の悲哀を表現。そして『七人の侍』(54)で演じた浪人たちのリーダー・勘兵衛。ギャバンはジャガイモ顔と称されたが、志村も無骨な容貌から奥深い人間性を滲ませた。『七人の侍』では、寡黙な剣客・久蔵を演じた新劇出身の宮口精二のキャラが強烈だった。

笠智衆も、ギャバンや志村と同世代である。まるで棒読みのようなセリフ回しに素朴さを感じさせるユニークな存在。小津安二郎作品の常連で、『晩春』(49)での婚期が遅れた娘を案じる父親のような役がパターンになる。特に『東京物語』(53)では、老父として夫として人生の悲哀をしんみりと滲ませた役が印象に残った。出自が住職の子であるため、智衆と名付けられたとか。そういえば「男はつらいよ」シリーズでの茫洋とした御前様のキャラもピッタリだった。

新劇出身の杉村春子も小津映画の常連。笠とも共演し、『東京物語』では美容院を経営する長女役で生活に疲れた中年女性の表裏を好演した。

フランスのシモーヌ・シニョレは、コワモテで倦怠ムードを漂わせた名女優。マルセル・カルネ監督『嘆きのテレーズ』(52)では愛人のため夫を殺す人妻役、アンリ＝ジョルジュ・クルーゾー監督『悪魔のような女』(55)でも愛人の妻の命を狙う女教師役。彼女が悪女を演じると女の悲哀が漂った。

イギリス俳優ジェームズ・メイソンは舞台出身。キャロル・リード監督『邪魔者は殺せ』(47)でアイルランド独立を目指す結社首領の悲劇的な最期を陰影濃く演じた。またミュージカル『スタア誕生』(54)では、落ちぶれたハリウッド・スターを熱演。

ここに挙げたのは、いわば昭和を彩った性格俳優たち。そのほとんどが他界している。

記憶に残る映画界の事件ベストテン

世界のクロサワ誕生『羅生門』ヴェネチア国際映画祭金獅子賞受賞（１９５１）

シネラマ（１９５２）**とワイドスクリーン時代**

世を騒がせたセックス・シンボルＭＭとＢＢ（１９５０〜１９６０年代）

ヘプバーン・カット一世を風靡（１９５３）

ジェームズ・ディーンの事故死（１９５５）

仏ヌーヴェルヴァーグ（１９６０年代）**と米ニューシネマの衝撃**（１９６０年代末）

東映任侠映画と深夜興行（１９６０〜１９７０年代）

ブルース・リーとカンフー・ブーム（１９７０年代）

石原裕次郎の死（1987）映画評論家・淀川長治氏死去（1998）

1951年9月、黒澤明監督『羅生門』が、ヴェネチア国際映画祭で日本映画初のグランプリ、サン・マルコ金獅子賞を受賞し、世界のクロサワが誕生。この作品には買い付けが殺到、日本映画界に新時代がもたらされた。

1952年、ニューヨークで「これがシネラマだ」公開、大型映画時代の幕が開く。3台の同調映写機で巨大スクリーンに映写。スタンダード画面から「ジス・イズ・シネラマ！」という声とともに画面が広がるくだりに驚嘆。

『ナイアガラ』(53)で腰をふって歩くモンロー・ウォークが一世を風靡したマリリン・モンロー。『素直な悪女』(56)で画面に裸身をさらすブリジット・バルドー。ともに映画史を飾るセックス・シンボルに。

『ローマの休日』(53)で人気爆発したオードリー・ヘプバーン。短髪のヘプバーン・カットが日本でも流行。ビリー・ワイルダー監督は、「オードリーは、ふくらんだ胸の魅力を過去のものにした」と評した。

『エデンの東』(54)、『理由なき反抗』(55)で青春のシンボルとなったジェームズ・ディーンが、55年に愛車運転中に事故死。享年24。「ファースト・アメリカン・ティーンエイジャー」といわれた。

60年代、反逆する若い世代の映画が脚光を浴びる。ジャン＝リュック・ゴダール、ルイ・マル、フランソワ・トリュフォーらを輩出した仏ヌーヴェルヴァーグ。以後、アメリカ、日本、イギリスなどで新しい波が興る。

大学紛争の嵐が吹き荒れた60年代、深夜興行で東映任侠映画が連続上映、学生に支持される。代表作が高倉健の『昭和残侠伝』シリーズ(65〜72)。殴り込み場面で「待ってました！」という声がかかる。

鋼のような肉体、独特の怪鳥音。『燃えよドラゴン』(73)でブルース・リーが世界中のファンを熱狂させた。以後、ジャッキー・チェン、リー・リンチェイ(ジェット・リー)らが登場、カンフー・ブームに火をつけた。

87年7月、石原裕次郎死去。享年52。『太陽の季節』(56)でデビューし、ニューヒーロー像を確立。『赤いハンカチ』(64)、『夜霧よ今夜も有難う』(67)などムードアクションが印象に残る。

98年、映画の伝道師といわれた評論家・淀川長治氏が他界。享年89。映画雑誌在籍中、二十数年間お世話になる。優しい笑顔で人気を得たが、本音は厳しい人だった。

以上、個人的な「昭和と映画」事件簿です。

たかざわ・えいいち　映画評論家。1939年東京都生まれ。早稲田大学在学中は映画研究会に所属。アメリカ大手映画会社東京支社の宣伝部を経て、『キネマ旬報』編集部に所属。その後、雑誌『ロードショー』の創刊(1972)から休刊(2009)までフリー編集者として勤務。並行して映画評論家として執筆業に従事。主な著書に、『事典映画美』全3巻(朝日ソノラマ)、『映画にみるアメリカの青春』(TBSブリタニカ)など。

こういう映画を観ると、もっと映画が観たくなる

高田亮　脚本家

なぜかベストテンで見ない傑作ベストテン

1 ナイトムーブス 1975｜アーサー・ペン監督

2 復讐鬼 1950｜ジョセフ・L・マンキーウィッツ監督

3 シティ・オブ・マッド 2008｜ブルーノ・バレット監督

4 ザ・ギャンブラー　熱い賭け 2014｜ルパート・ワイアット監督

5 狂熱の季節 1960｜蔵原惟繕監督

6 チャック＆バック 2000｜ミゲル・アルテタ監督

7 トリプル9 裏切りのコード 2016｜ジョン・ヒルコート監督

8 女がいちばん似合う職業 1990｜黒沢直輔監督

9 エンド・オブ・ザ・ワールド 2012｜ローリーン・スカファリア監督

10 モリツリ　南太平洋爆破作戦 1965｜ベルンハルト・ヴィッキ監督

1　この映画に出てくる人々は、皆、後ろ向きで腐っていて傷ついている。過去にばかり目を向けて思い出を語り、浮気に悩んで浮気をし、母が寝た男と寝ようとし、金持ちが飼うためのイルカを育てる。同じ場所を回る船と同じく、誰もがどこにもいけないことを知っている。

2　黒人医師がホワイトトラッシュの犯罪者を治療するものの死なせてしまい、その兄から狙われるのだが、それが貧民街の黒人対白人の戦いに発展していくという物語。一度発動された機械が止められなくなるように人種戦争が巻き起こっていく恐ろしさは今のアメリカ。

3　ストリートチルドレンがバスジャックを起こすまでの軌跡を、不自然な盛り上げ方をせず、ある流れに乗ってしまった者が流れに抗えずに生きていくしかない様を冷徹に描写

『ナイトムーブス』

していて素晴らしい。

4 カレル・ライスの『熱い賭け』も素晴らしいが、こちらはそのリメイク。ギャンブルを使って、自分の存在を神に問うために手持ちの全額を賭け続ける男の究極にシンプルな物語。

5 この映画にある街、人、すべてが美しい。ネオレアリズモにも似たパワーが満ちあふれていて、冒頭から熱くなる。なぜこれを誰も教えてくれなかった！

6 幼い頃のあやまちを忘れられず、幼なじみに付きまとってしまう子供心を持った男。コミカルな演出で、悲惨な結末でもないのに、この映画を観た後はしばらく憂鬱な空気がつきまとう。男同士のメロドラマ。

7 銀行強盗、イラクの帰還兵、汚職警官、ロシア系ユダヤ人組織、麻薬カルテルのメキシコギャング抗争、多すぎる要素が、緊張の糸を常に張り詰めたままにし、最後まで切らせない。メキシコギャングとの団地での銃撃戦が素晴らしい！

8 理由なき殺人犯の若者と、男社会の中で奮闘するはみ出し女刑事の邂逅。女刑事が事件の現場にやってくる長回しは何度観たことか。見張り見張られる者の境界線が溶け、混じり合っていく官能的な物語。

9 巨大隕石によって人類滅亡が確実になった世界で右往左往する人々のＳＦコメディ。ここで扱われる主題は信仰だ。キリスト教も、恋愛も、音楽も、セックスも、ニセの前向きさも、信仰として並列に置かれ、死を前に何かに寄りかかる人々が描かれる。我が子に洗礼を受けさせようと海へ並ぶ行列が美しい。

10 船上という密室で起こるたった一人の息詰まる戦い。ドイツから逃れてきたユダヤ人女子が語る戦争。ベルンハルト・ヴィッキの特集上映を！

たかだ・りょう　脚本家。元大映の脚本家、工藤裕弘の元で脚本を学ぶ。『婚前特急』で脚本（２０１１／前田弘二監督との共同）を手がけたほか、『そこのみにて光輝く』（２０１４／呉美保監督）、『きみはいい子』（２０１５／呉美保監督）、『セーラー服と機関銃―卒業―』（２０１６／前田弘二監督）、『オーバー・フェンス』（２０１６／山下敦弘監督）、『武曲ＭＵＫＯＫＵ』（２０１７／熊切和嘉監督）があり、現在『60誤判対策室（ＷＯＷＯＷ）』（熊切和嘉監督）、『猫は抱くもの』（犬童一心監督）が待機中。

日活ロマンポルノと神代辰巳監督をこよなく愛して映画評論を始めた

田中千世子
映画評論家・映画監督

１〈映画〉エロスの映画ベスト10

浮雲 １９５５―成瀬巳喜男監督
愛のコリーダ １９７６―大島渚監督
赫い髪の女 １９７９―神代辰巳監督
火まつり １９８５―柳町光男監督
愛の嵐 １９７４―リリアーナ・カヴァーニ監督
ラストタンゴ・イン・パリ １９７２―ベルナルド・ベルトルッチ監督
ハネムーン・キラーズ １９７０―レナード・カッスル監督
甘い生活 １９６０―フェデリコ・フェリーニ監督
ブロークバック・マウンテン ２００５―アン・リー監督
戦慄の絆 １９８８―デヴィッド・クローネンバーグ監督

『愛のコリーダ』パンフレット

2〈人物〉卓越した映画人　監督、脚本家、プロデューサーたち

黒澤明（監督）
大島渚（監督）
ジョヴァンニ・パストローネ（監督）
ロベルト・ロッセリーニ（監督）
ピエル・パオロ・パゾリーニ（監督）
ビリー・ワイルダー（監督）
マノエル・デ・オリベイラ（監督）
チェーザレ・ザヴァッティーニ（脚本）
エンニオ・フライアーノ（脚本）
エリッヒ・ポマー（プロデューサー）
セルジュ・シルベルマン（プロデューサー）
ジェレミー・トーマス（プロデューサー）

3〈事件〉映画史上の偉大な出来事

映画の発明
トーキーの発明
イタリア史劇

ドイツ・表現主義の映画
イタリア・ネオレアリスモの映画
フランスのヌーヴェル・ヴァーグ
アメリカン・ニューシネマ
ニュー・ジャーマン・シネマ
日活ロマンポルノ
東映の実録ヤクザ映画

1の「エロスの映画ベスト10」は、2018年のはじめにフランス映画『RAW 少女のめざめ』(ジュリア・デュクルノー監督)を見ているうちにデジャヴュ感が強まり、それをたどっていくと、クローネンバーグの『戦慄の絆』に行きついた。前者の姉妹のエロスは、後者の双子兄弟のエロスであり、源はカインとアベルなんだと思ったら、パアッといろんなことが明らかになったようで楽しかった。それで、ベストテンはエロスでいくことにした。もともと私は日活ロマンポルノと神代辰巳監督をこよなく愛して映画評論を始めたので、とても自分らしい。柳町光男監督『火まつり』は、人間の男女のエロスではなく、男と神とのエロスである。この映画は何度もスクリーンで見て、そのたびに新たな発見があるが、私は最近毎年、何度も熊野に行くので、神とのエロスということが、以前にも増して実感できる。

2は、「尊敬」とか「好きな」ではなく、あえて「卓越した……」というところに自分なりの工夫がある。イタリア映画の古典『カビリア』を成功させたパストローネは、自分で脚本を書いていたのにわざわざ文豪ダヌンツィオの名前をもらいにパリまで行き、大長編映画に仕上げて、鳴り物入りで公開するなど、プロデューサー、興行師の才能もふんだんに持つ映画人であった。そういう映画人がもっと出てきてほしい。
3はとても教科書的ですが、大事なことだと思うので……。

たなか・ちせこ　映画評論家・映画監督。1949年山梨県生まれ。2018年春に10本目の監督作品『熊野から　イントゥ・ザ・新宮』が新宮市、東京、大阪等で公開される。現在、文化ドキュメンタリー映画『男山の松花堂昭乗』の年内完成に向けて編集に取り組んでいる。また、「熊野修験」と「葛城二十八宿修行」に参加しながら修験道の映画の撮影を進めている。『ジョヴェントゥ―ピエル・パオロ・パゾリーニの青春』を2018年の夏に刊行予定。

列車というモチーフは、映画との相性が抜群に良いのである

映画ジャーナリスト
谷川建司

列車というモチーフが重要な背景となる映画ベストテン

深夜の告白　1944―ビリー・ワイルダー監督
その女を殺せ　1952―リチャード・フライシャー監督
拾った女　1953―サミュエル・フラー監督
列車の中の人々　1961―カジミェシュ・クッツ監督
天国と地獄　1963―黒澤明監督
ある戦慄　1967―ラリー・ピアース監督

『アメリカの友人』

『深夜の告白』

Sex
Sex Filme
Sekt

北国の帝王　1973｜ロバート・アルドリッチ監督

サブウェイ・パニック　1974｜ジョゼフ・サージェント監督

大陸横断超特急　1976｜アーサー・ヒラー監督

アメリカの友人　1977｜ヴィム・ヴェンダース監督

サイレント期の『キートンの大列車追跡』（1926）から近年の『アンストッパブル』（2011）に至るまで、列車という移動する装置は、スリル、サスペンス、アクション、出会いと別れのドラマなど、あらゆるジャンルの発展に寄与してきた。リュミエール兄弟が今日の様な方式で映画というメディアで興行を行うようになった最初期の『ラ・シオタ駅への列車の到着』（1895）やエドウィン・S・ポーターによる最初の劇映画『大列車強盗』（1903）からこの方、列車というモチーフはそもそも映画というメディアの出発点から相性が抜群に良いのである。

汽車、電車、地下鉄など、列車というモチーフを映画の重要な背景に用いた作品は、完全犯罪を成立させる装置として、逃げ場のない密室として、否応なく他人と接触しなければならない空間として、都市の死角や都会の中の異空間として、様々なジャンルの映画の作り手たちにインスピレーションを与え続けてきたと言ってよい。それらの中からたったの10本しか選べないというのは酷な話で、明日選び直したら半分くらいは別の作品に入れ替わるかもしれないのだが、取りあえず50年代くらいから70年代にかけての作品で思い浮かべてみたのがこの10本ということになる。

これらのうち『深夜の告白』『その女を殺せ』『サブウェイ・パニック』がそれぞれ、『白いドレスの女』（1981）、『カナディアン・エクスプレス』（1990）、『サブウェイ・パニック 1:23PM』（1998）、『サブウェイ123 激突』（2009）としてリメイクされている（『白いドレスの女』では列車のプロットは変更されているが）ことを見ても、これらがいずれも傑作揃いであることは一目瞭然だが、犯罪ものというジャンルが多いのはやはりその密室性、物理的な移動と加速する身体、といった列車というモチーフの持つ特性から言って当然の帰結であろう。

たにかわ・たけし　映画ジャーナリスト・早稲田大学客員教授。1962年東京都生まれ。日本ヘラルド映画（株）で宣伝部、営業部マーケティング・ディレクターなどの仕事を経て1993年よりフリーランスの映画ジャーナリスト。1997年には論文『メディアとしての映画』で第1回京都映画文化賞を受賞、2001年に一橋大学大学院社会学研究科博士後期課程修了、博士（社会学）を授与され、早稲田大学政治経済学術院客員教授も務める。2018年5月には新著『高麗屋三兄弟と映画』を（株）雄山閣より刊行予定。

紫煙の中の男達の怒号が、懐かしく羨ましい！

西岡徳馬　俳優

「ヒゲとタバコ」

映画好きの少年時代から映画を観る時、物語そのものより、そこに出てくる男優達の喋り方、歩き方、目の配り方などの、振る舞いに注目して見ていた様な気がする。

そして、その男達の仕草で、とても印象的だったのが、ヒゲとタバコだった。

頬にいっぱいの鍾馗さんの様なヒゲ、整えた口ヒゲ、無精ヒゲ。

そして、無造作に咥えたタバコ。

繊細に指で挟んだタバコ！

この二つのアイテムは男優にとって凄い武器だなぁと感じていた。

残念ながらこの二つ、私には使いこなせていない。

ヒゲはそれ程濃くないし、タバコに於いては今や肩身の狭い限りだ。

テレビでは局の意向とやらで断られ、舞台ですら電子タバコでなんて言われる。冗談じゃない！

黒澤明さんの映画や、『十二人の怒れる男』（57　シドニー・ルメット監督）の、あの紫煙の中の男達の怒号が、懐かしく羨ましい！

私の好きなヒゲとタバコの似合う男優ベスト10

三船敏郎、仲代達矢、勝新太郎、津川雅彦、藤竜也（ヒゲとタバコの似合う男優）**ジャン・ギャバン、ハンフリー・ボガート、アラン・ドロン、ジャン＝ポール・ベルモンド、杉浦直樹**（タバコの似合う男優）**さん達！**

にしおか・とくま　俳優。1946年10月5日生まれ。神奈川県出身。玉川大学文学部芸術学科卒。文学座在籍後、舞台、テレビ、映画と幅広く活躍する。主な出演作品、テレビ「東京ラブストーリー」「過保護のカホコ」「重要参考人探偵」、舞台「俺節」「スルース」、CM「サントリー　セサミン」など。映画『今夜、ロマンス劇場で』公開中。『娼年』4月6日公開。

上から
ハンフリー・ボガート
ジャン＝ポール・ベルモンド

世界よ〝これ〟を見よ。世界は〝それ〟を忘れている

根岸洋之
映画製作

脚本と監督がこすりあった日本映画、この10本

生きものの記録 1955―黒澤明監督―脚本＝橋本忍、小國英雄、黒澤明

杏っ子 1958―成瀬巳喜男監督―脚本＝田中澄江

女は二度生まれる 1961―川島雄三監督―脚本＝井出俊郎、川島雄三

幕末残酷物語 1964―加藤泰監督―脚本＝国弘威雄

兵隊やくざ 1965―増村保造監督―脚本＝菊島隆三

上意討ち―拝領妻始末― 1967―小林正樹監督―脚本＝橋本忍

吹けば飛ぶよな男だが 1968―山田洋次監督―脚本＝山田洋次、森崎東

青春の蹉跌 1974―神代辰巳監督―脚本＝長谷川和彦

県警対組織暴力 1975―深作欣二監督―脚本＝笠原和夫

野獣刑事 1982―工藤栄一監督―脚本＝神波史男

無声映画期のエピソードで、へぇーそうだったのか……と引っかかった事がある。確か五所平之助だったたか、当時は脚本なしで現場に赴きその場で台詞や動作を指示する事も多かった、筋やカット割は頭に入っており現場で芝居を組み立てて撮影に臨んだと。

北野武映画には所謂台本はないと聞くがアイデアを記したノートやおおまかな構成、台詞のかけらのようなものはあるだろうし、流れは頭の中にあるはずだ。編集が終わった時

『ラストショー2』

点で脚本もできる、というわけだ。当然精密な脚本もあるだろうが似た事（編集完成をもって脚本の完成とする）をタランティーノも言っていた。ホン・サンスのように撮影当日早朝その日の台詞を書き昼前に役者に手渡すというやり口もある。あの侯孝賢もまた簡単なメモだけで演出をしている姿を目撃されている。現場での鮮度を保つ事と脚本の置きどころを曖昧にしておく／引き算しておく事の間には密輸的回路、「不実さ」こそが「真」を捉まえやすいという逆説めいた道筋があるのかもしれない。

だがここで指摘しておきたいのはやはり脚本は重要だった、という当たり前の事実。最初の設定は面白くとも腰砕けになって終わる近年日本映画の数々を見るにつけ監督より脚本家を育てる方が今や急務に思える。秀逸な脚本がある、とはあたかもそこに映画が見事に完成したかのように文字としてあらかじめあるという事。資本やスターの獲得といった面では当然プラス材料には違いない。現場の物理に対峙する監督や製作にとっては心強い道標である一方、強い拘束力や制約を生み出しかねない壁にもなりうる。細かい描写による指定書という意味では演出上の縛り、果敢な挑戦状とさえいえるだろう。その意味で脚本家と監督ががっぷり四つに組み、こすりあった激戦記ともいうべき日本映画を10本選んでみたかった。監督が二人並んだかのようにみえるカップリングもあれば脚本を書ける監督がその分野に長けた脚本家と組まされたケースもあった。脚本家が複数揃う〝複眼の映像〟という方法論もある。クレジットがなくとも監督自身が密かに手を入れている事例だってあるはず。結果、新古典風な並びとなったが、時代の下った97年『復讐／運命の訪問者』辺りにもこの撰に近いこすりあいが見てとれる。映画に特有な複数性、その魅惑的獰猛さを飼いならす面倒と喜悦を介し生まれ落ちたバネの強いこの10本。

『旅立ちの時』

“古い忘れ物”みたいなアメリカの映画、その10本

ハード・チェック 1994｜ウイリアム・フリードキン監督
ラストショー2 1990｜ピーター・ボグダノヴィッチ監督
旅立ちの時 1988｜シドニー・ルメット監督
ブルースが聞こえる 1988｜マイク・ニコルズ監督
ゾンビ伝説 1988｜ウエス・クレイヴン監督
ナッツ 1987｜マーティン・リット監督
友よ、風に抱かれて 1987｜フランシス・フォード・コッポラ監督
ハスラー2 1986｜マーチン・スコセッシ監督
クロスロード 1986｜ウォルター・ヒル監督
アメリカン・ジゴロ 1980｜ポール・シュレイダー監督

今となっては見つけにくい、盲点に置かれてしまった映画。巨匠の息の長いキャリアの中では割に稀薄なその一本。あるいはあの頃の栄華などなかったかのように監督自身が稀薄になった末に忘れられていったその一本。

代表作でもなく最高傑作でもなく名作でもないが、その腕っぷしは着実に伝わるフツーに面白い映画。『グッドフェローズ』でも『卒業』でも『地獄の黙示録』でも『ストリート・オブ・ファイヤー』でもなく。時の流れのなか埋もれていたにせよマニアのディグりにより日の目を見たお宝？ レア・グルーヴの事かい？ と音楽畑からは突っ込まれそうだが『ショッカー』とか『プリンス・オブ・シティ』を入れてないニュアンスというのはある。エクストリーム（極限）より普通さ（『ゾンビ伝説』はぎりぎりながらも）。その意味で当時スプ

ラッシュ公開（2本立て限定興行、この場合は地方公開）された地味な秀作『センチメンタル・アドベンチャー』などぴたりと当てはまるが、イーストウッド自身の活躍が平然と今も続いている以上、あらゆる彼の映画は細かく注視されうるがゆえこの撰からは洩れる。今や意味不明な品にしかみえかねない古い忘れ物といった線が近いか。

１９８０年から１９９４年までが揃ったが若い頃の思い出の品では全然ない。最近になって初めて出逢った作品も何本かまぎれこんでいる位だから。とはいえあの頃はまだまだ変節期特有の脇の甘さ、隙間があったのも事実。日本映画なら藤田敏八『ダイアモンドは傷つかない』とか金子修介『ＯＬ百合族19歳』のような妙に美味しかった柳の下のドジョウが。

リヴァー・フェニックス、シビル・シェパード、メアリー・スチュアート・マスターソン、マシュー・ブロデリック、ジョルジオ・モロダー、ミハエル・バルハウス……こうやって書き記せばあの時代が濃厚に匂いたつ。こんな面々が意外な作品に関わっていたと軽く驚き嬉しくもなる慎ましき発見。ソフト化されていない『ラストショー２』を除きＤＶＤは入手しやすく価格も通常と求められてない感じがそれらしい。繰り返し観て理解を深めてゆく難物というより、初めて観たときの存外の面白さこそが報酬となる一本（『友よ、風に抱かれて』だけは何度も観ているが）。だからこそいずれ観るかもしれない筋に向け、しかと伝え残しておきたいそんな隅に置かれた10本である。ちなみに昨年観たフツーに面白かった映画は『ナイスガイズ！』。

ねぎし・ひろゆき　映画製作。１９６１年生まれ。ドラマ「離婚・恐婚・連婚」（１９９０／森崎東監督、ＮＴＶ）でプロデューサー・デビュー。代表作に塩田明彦監督の『月光の囁き』（１９９９）、『害虫』（２００２）、山下敦弘監督の『リンダリンダリンダ』（２００５）、『天然コケッコー』（２００７）、『苦役列車』（２０１２）、前田弘二監督の『婚前特急』（２０１１）、北川篤也監督、高橋洋脚本のＯ・Ｖ『インフェルノ蹂躙』（１９９７）等がある。最新作は狩撫麻礼・いましろたかし原作、山田孝之主演の『ハード・コア』。

飯田蝶子はご存じ、戦前から活躍する日本が誇る婆優《ばあゆう》です

『名画座かんぺ』発行人
のむみち

飯田蝶子出演作ベスト10

妻として女として 1961―成瀬巳喜男監督
エレキの若大将 1965―岩内克己監督
伊豆の娘たち 1945―五所平之助監督
どっこい生きてる 1951―今井正監督
信子 1940―清水宏監督
長屋紳士録 1947―小津安二郎監督
暁の合唱 1941―清水宏監督
花のれん 1959―豊田四郎監督
をぢさん 1943―渋谷実・原研吉監督
家内安全 1958―丸林久信監督

2009年に新文芸坐の淡島千景特集でかかった『妻として女として』で初めて見て以来、ライフワークとして追っかけているマイアイドル飯田蝶子。そんな彼女の魅力が堪能できる10本です。

『妻として女として』では高峰秀子の祖母役で、高峰秀子と息の合った掛け合いを見せま

『長屋紳士録』

すが、高峰秀子から「女の干物」呼ばわり。

「若大将シリーズ」では加山雄三のおばあちゃん「りき」役で、全作品で何かしら楽しませてくれますが、ここではモンキーダンスを披露する『エレキの若大将』を。

『伊豆の娘たち』では絶妙な世話焼きおばさん役で、佐分利信の見合い話をまとめようと奔走するも最後は自身がまさかのご懐妊（夫は東野英治郎）。

『どっこい生きてる』ではニコヨン労働者役で、からかわれた仕返しにたき火で焼く芋に釘を差し込み、食べた仲間から追っかけられてスタコラ逃げる。

『信子』では実生活での経験を活かした芸者置屋の女将役。

『長屋紳士録』では期せずして世話することになった子供にだんだんと情が移っていくおばさん役。吉川満子から「土佐犬」呼ばわり。

『暁の合唱』は、木暮実千代がガイドを務めるバスの乗客で、最初哀れな年寄りとして同情を誘いバス代をまけさせようとするも叶わないとわかった途端に意地汚い婆の表情となって罵り去るさまは、ワンシーンのみの出番ながら思わず唸る名演。

『花のれん』では安来節の踊りを披露。

飯田蝶子というと、坂本武（戦前は新井淳）とのコンビで知られますが、自分はどちらかというと河村黎吉との掛け合いが大好きで、『をぢさん』ではそんな二人の息の合った掛け合いが見られます。

『家内安全』は、東宝が飯田蝶子の還暦祝いの意味も込めて作った、堂々の主演作。家庭内の問題を解決する頼もしくも優しいおばあちゃんで、冬の夜中、屋根の上で孫の江原達怡と共に人工衛星を観測するシーンでマフラーをひっかぶっている姿が何かに似ていると思ったら、自転車カゴのＥＴだった。

飯田蝶子はご存じ、戦前から活躍する日本が誇る婆優《ばあゆう》ですが、戦前の多くの作品が現存しないのが本当に無念ナリ……。しかし、現存する作品でもまだまだ未見のものがたくさ

飯田蝶子色紙

んあるので、この先も追っかけ続けるつもりです。
No Choko, No Life.

のむみち　『名画座かんぺ』発行人。1976年宮崎県出身。南池袋「古書往来座」店員。2009年に名画座の洗礼を受け、2012年に月刊無料情報紙『名画座かんぺ』を刊行開始。通巻74号目(2018年2月現在)。2016年より『名画座手帳』を企画／監修。2018年度版は、(ほぼ)完売！　2017年7月より『週刊ポスト』にて「週刊名画座かんぺ」を毎週連載中。現在、5月上旬に筑摩書房より刊行予定の宝田明氏インタビュー本『銀幕に愛をこめて　ぼくはゴジラの同期生』を鋭意制作中!!

映画は、「人生の師」だと思っている

映画ジャーナリスト
二井康雄

映画10本(順不同)

1 **天井桟敷の人々** 1945—マルセル・カルネ監督
2 **大いなる幻影** 1937—ジャン・ルノワール監督
3 **駅馬車** 1939—ジョン・フォード監督
4 **東京物語** 1953—小津安二郎監督
5 **独裁者** 1940—チャールズ・チャップリン監督
6 **羅生門** 1950—黒澤明監督

7 **2001年宇宙の旅** 1968―スタンリー・キューブリック監督

8 **アラビアのロレンス** 1962―デヴィッド・リーン監督

9 **地獄の黙示録** 1978―フランシス・フォード・コッポラ監督

10 **ニュー・シネマ・パラダイス** 1988―ジュゼッペ・トルナトーレ監督

まことに、酷な質問だ。思いつくまま、ざっとあげても、軽く100本、いや200本は超えるのではないか。基準、根拠は、毎年1回は、見直したいと思い、見直している映画。映画は、「人生の師」と思っている。見直すたびに、新しい発見がある映画。学んだ、と実感できる映画。なにかしら、ものの考え方に多大の影響を与えてくれた映画。さまざまな人間を、きちんと描いている映画。見て、こころふるえ、涙する映画。こういった映画が、優れていると思っている。

新年早々、『東京物語』『2001年宇宙の旅』『ニュー・シネマ・パラダイス』の3本を見たが、何回見ても、感慨深い。

『東京物語』で、笠智衆が、戦死した息子の嫁の原節子に、『実のこどもたちより、他人のあんたがよくしてくれる』といった意味のことを言う。置かれた立場を悟った、余命少ない老人の名セリフだろう。

いろいろな大仕掛けのSF映画が作られているが、いまだ『2001年宇宙の旅』を超える映画はないと思う。宇宙の輪廻転生は、地球でのことなどは、とるに足らない。

泣きたいときに、歌舞伎の『菅原伝授手習鑑』の『寺

『独裁者』

子屋』を見、落語の『文七元結』を聴くように、映画の『ニュー・シネマ・パラダイス』を見る。途中から、こみあげてきて、ラストでは、いつも号泣だ。

人間のさまざまな思いが交錯する『駅馬車』。全編、詩のような美しいセリフが飛び交う『天井棧敷の人々』。戦争の愚かさを活写する『大いなる幻影』『独裁者』、『地獄の黙示録』。あざやかな語り口の『羅生門』。政治のおぞましさを象徴する『アラビアのロレンス』。

年1回は見直している映画たちだ。

事件(ほぼ年代順)

1 **1893年、リュミエール兄弟、映画を発明。**

2 **1910年代、ハリウッド隆盛。D・W・グリフィス、『国民の創生』**(1915)、**『イントレランス』**(1916)、**『散りゆく花』**(1919)**製作。**

3 **1927年、世界初のトーキーは、『ジャズ・シンガー』。**

4 **1929年、アカデミー賞スタート。作品賞は『つばさ』。**

5 **1935年、世界初のカラー映画は、ルーベン・マムーリアンの『虚栄の市』。**

6 **1950年代、レッドパージ。J・ロージー、N・レイ、D・トランボなどが追放。**

7 **1950年代後半、テレビの普及による大作化。スクリーンの巨大化。**

8 **1960年代、ヌーヴェル・ヴァーグ、アメリカン・ニューシネマの台頭**

9 **1960年代後半、ドイツにて、F・シュレンドルフ、V・ヘルツォーク、V・ヴェンダースらのニュー・ジャーマン・シネマの台頭。1980年代は、チェン・カイコー、チャン・イーモウら、中国の第5世**

10

代の台頭。映画のデジタル化進む。

人によって、映画の「事件」を見る目は、かなり異なると思うが、映画作品、映画作家の動向が、とりもなおさず事件だろう。

映画を見始めたときから、トーキーで、やがて色がつくようになった。画面は大きくなり、音はあちこちから聞こえてくる。幼い映画少年にとって、画面が大きくなるのは、大事件だ。初めて、シネラマで、たしか、『世界の七不思議』のような映画を見たが、大きなスクリーンを、ただ呆然と見つめていた。スタンリー・キューブリックの『２００１年宇宙の旅』は、日本で初めて公開されたときは、たしか、シネラマ方式だったと思う。日本で、70ミリの映画を初めて見たのが、『ソロモンとシバの女王』だったか、『南太平洋』だったかと記憶している。

画面が大きければ、優れた映画というわけではない。ヌーヴェルヴァーグ、アメリカン・ニューシネマの一連の映画は、一時、むさぼるように見た。『勝手にしやがれ』『大人は判ってくれない』『気狂いピエロ』『恋人たち』『ウィークエンド』『イージーライダー』『アメリカン・グラフティ』『俺たちに明日はない』……。

就職してから、新作映画の資料を集めるのが仕事のひとつになった。2か月に1回、映画の配給会社の宣伝部を訪ねて、近日公開になる映画のプレス資料とスチール写真をもらう。会社によって、ずいぶん対応が異なる。一生懸命、映画の背景になった話やストーリーを語る宣伝マンが多くいたが、機械的に、ただ資料だけをくれる人もいる。

やがて、映画はデジタル化。アウト・ソーシングとやらで、配給会社の宣伝は、外部の宣伝専門の会社が担うようになる。フリーで、あちこちの宣伝を担当する人も増えている。これまた、最近の「事件」だろう。

かつて優れていた日本の映画が、最近、まるでおもしろくない。いつごろからか、製作委員会方式とやらで、多くの組織が、映画製作に関わる。船頭多くして、船、山に登る。時代は、確実に変わろうとしている。

人物（順不同）

1 オードリー・ヘプバーン
2 ウィリアム・ワイラー
3 ビリー・ワイルダー
4 デヴィッド・リーン
5 ウィリアム・ホールデン
6 シャーリー・マクレーン
7 ジャン＝リュック・ゴダール
8 小津安二郎
9 黒澤明
10 ワン・ビン

これまた、作品を選ぶ以上に酷な質問。一本の映画に、多くの人物が関わるからだ。思いつくまま挙げても、２、３００人は挙がるのではないか。思いつくままの10人。

映画は、まず、どのような俳優が出ているかで、見る。『ローマの休日』を見て以来、日本で公開されたヘプバーンの映画は、すべて、見ている。

ついで、誰が監督しているかで、見る。ウィリアム・ワイラー監督が、戦後すぐに撮った映画『我等の生涯の最良の年』を見て、ワイラーの映画なら、どれもまちがいはない、と思った。『ローマの休日』『友情ある説得』『大いなる西部』『ベン・ハー』『コレクター』『噂の二人』……。レッドパージのころ、『共産主義を支持しているか、もしくは関係があるか』と裁判官に聞かれて、ワイラーは言う。『その言葉をそのままあなたに返す。あなたが答える義務がないのなら、私が答えるのを拒否してもいいはず』と。

ビリー・ワイルダー、デヴィッド・リーンも大好きな監督だ。ベストは、ワイルダーなら『サンセット大通り』、リーンなら『アラビアのロレンス』か。

ウィリアム・ホールデン、シャーリー・マクレーンは、好きな俳優。小学校の高学年ころから外国映画を見始めたが、この二人の日本公開映画は、ほぼすべて、見ている。

以下、著名な監督が続く。多くの傑作を撮った監督ばかり。最近、注目しているのが、中国のワン・ビン。そのドキュメンタリーは、傑作揃い。中国での検閲などは、無視。そもそも、検閲を受けない。自力で、撮りたい映画を撮る。中国のあちこちの「個」を描いて、「全体」を描く。映画史に残る、希有なドキュメンタリー作家と思う。

ふたい・やすお　元『暮しの手帖』副編集長。主に商品テストや環境問題の記事、沢木耕太郎の映画時評などを担当。編集した書籍は、沢木耕太郎『世界は「使われなかった人生」であふれてる』、阿久悠の詩集『凜とした女の子におなりなさい』など。現在は、映画ジャーナリストとして、主に映画レビューを執筆。また、書き文字ライターとして、映画や雑誌、演劇チラシ、音楽CDなどのタイトル、見出しなどの書き文字を手がけている。

政治と文化がもっとも熱かった1968年を、プラスマイナス3年の幅で探ってみます

北條誠人
ユーロスペース支配人

1968年を語る映画たち

A 日本解放戦線　三里塚の夏　1968―小川紳助監督
B 水俣・患者さんとその世界　1971―土本典昭監督
C 心中天網島　1969―篠田正浩監督
D 絞死刑　1968―大島渚監督
E 他人の顔　1966―勅使河原宏監督
F 日本の青春　1968―小林正樹監督
G めぐりあい　1968―恩地日出夫監督
H 二十歳の原点　1973―大森健次郎監督
I 太陽の王子　ホルスの大冒険　1968―高畑勲監督
J ゴジラ対ヘドラ　1971―坂野義光監督

2017年11月に歴史民俗博物館で企画展〈「1968年」―無数の問の噴出の時代―〉を観たのですが、その展示のなかで「三里塚」と「水俣病」が学生運動や住民闘争とともに扱われていたのが驚きました。この社会問題のふたつの映画のポスターがほかの展示物のなかでひときわ浮き上がって見えたのは私が映画の仕事に携わっているからなのでしょうか。

この企画展は今年が「１９６８年」から50周年の節目を迎えることを記念してのものですが、もうひとつ、２００１年にロンドンのテート・モダンで〈CENTURY CITY ART AND CULTURE IN THE MODERN METOROPOLIS〉という展覧会がおこなわれました。これは20世紀の１００年の間に世界の９つの都市が文化的にもっとも輝いていた時期を選んで紹介していくという企画で、ロンドンなら１９９０年から２００１年、モスクワは１９１６年から30年、ニューヨークは１９６９年から74年、パリが１９０５年から15年と並んでいく中で東京が１９６７年から73年となっています。世界中が政治で熱かったときに東京とニューヨークは文化も熱かったことがよくわかります。その政治と文化がもっとも熱かった１９６８年をプラスマイナス３年の幅をとって映画で探ってみようと思いました。日本映画は「１９６８年」に何を描いたのでしょうか。そして人々は何を観たのでしょうか。

その〝文化的〟パワーにあふれた**C**、**D**、**E**は今観ても時代を感じるだけではなく映画を感じる独立プロの作品。大島監督作品はこのころがもっとも多作なときで『帰ってきたヨッパライ』や文化のホットスポットを舞台にした『新宿泥棒日記』、ひとつのセットで語りつくす『少年』とどれを選ぶか困ってしまうほどです。「ニッポンの前衛」とよばれた勅使河原監督の**E**の原作はノーベル賞候補になった安部公房ですが66年に刊行された『沈黙』の作者、遠藤周作の『どっこいしょ』を原作に戦争体験をひきずる初老の男のすがたを描いたのが同じ戦争体験者、小林正樹監督。明治維新１００周年を祝うなかで23年前のことを岡本喜八監督も同じ年に『肉弾』で描いています。

戦中派の父親の苦悩など露も知らずに、今の悩みを抱えている若い労働者の生活と恋愛をさらりと清潔に描いたのが**G**。**H**は同じ年齢でも関東の町工場ではなく関西の大学のキャンパスで生きていく女子大生の自死にいたる物語は２００万部ベストセラーになった日記をもとにした映画。太陽の輝いている下での悩みの**G**と夜の闇のなかでの悩みの**H**と比べれば悩みの方向性がどこに向かっていくかでその後の人生が決まっていたのかもし

『他人の顔』

れないです。初老のサラリーマン、働く若者、学ぶ学生だけが映画を楽しんでいたわけではありません。この当時の子供たちは親に連れられて、このような映画を春休みや夏休みに観ていました。東映動画はみんなで力を合わせれば勝てない敵などないと団結して共生していく姿を未来のユートピア思想として子供たちに提供してきますが、東宝特撮ではその正反対、デストピアを子供たちに提示します。

1では太陽を呼べと歌われますが、**6**では失われた太陽を返せと歌われます。私は映画館でその両方の歌を聞いた子供たちのひとりでした。

「1968年」の映画をドキュメンタリー、独立プロ、撮影所とくくって選んでみましたが、当時の多くの人々はブロックブッキングされた映画館で映画を楽しんでいました。今回は東宝作品を多く取り上げましたが、松竹の山田洋次監督の『吹けば飛ぶような男だが』(68)と『男はつらいよ』(69)の喜劇、吉田喜重監督の〝熱い〟日本をでてヨーロッパを紀行した『さらば夏の光』(68)と入魂の大作『エロス+虐殺』(69)。スタイルの完成をみた加藤泰監督の「緋牡丹博徒」シリーズ(69―71)と取り上げるべき作品はまだまだあるのですが、選ぶ人の視点や考えでまた別の10作品が挙げられると思います。

今回の10作品は私の思いつきのものですので、今度、ほかの方の10作品をうかがってみようと思います。

ほうじょう・まさと　ユーロスペース支配人。1961年静岡県生まれ。大学在学中から映画の自主上映にたずさわる。88年以来、ユーロスペースの支配人として多様な映画を世に送り出す。真利子哲也監督デビュー作『イエローキッド』、横浜聡子監督デビュー作『ジャーマン＋雨』に携わった。

『心中天網島』

映画の持つ批評的な価値は、決して減じることがない

村山匡一郎 映画評論家

密かに愛でる映画ベストテン(五十音順)

1 **合言葉は勇気** 1963―アンドリュー・L・ストーン監督
2 **秋日和** 1960―小津安二郎監督
3 **5つの銅貨** 1959―メルヴィル・シェイヴルソン監督
4 **エノケンの天国と地獄** 1954―佐藤武監督
5 **カッスル夫妻** 1939―ヘンリー・C・ポッター監督
6 **悲しみは空の彼方に** 1959―ダグラス・サーク監督
7 **絶壁の彼方に** 1950―シドニー・ギリアット監督
8 **避暑地の出来事** 1959―デルマー・デイヴィス監督
9 **ヘッドライト** 1956―アンリ・ヴェルヌイユ監督
10 **夜の人々** 1948―ニコラス・レイ監督

アンニュイな存在感で魅せる女優ベストテン(五十音順)

1 **芦川いずみ**

2 フランソワーズ・アルヌール
3 ビュル・オジエ
4 アンナ・カリーナ
5 マレーネ・ディートリヒ
6 ルイーズ・ブルックス
7 ジャンヌ・モロー
8 マリリン・モンロー
9 八雲恵美子
10 ルアン・リンユ(阮玲玉)

ジャンヌ・モロー

権力に抗する出来事ベストテン（年代順）

1 ナチス・ドイツから亡命したフリッツ・ラング　1934
2 ソ連に越境した岡田嘉子　1938
3 治安維持法によって逮捕された亀井文夫　1941
4 非米活動委員会での証言を拒否したハリウッド・テン　1947
5 「黒い雪」ワイセツ事件　1965
6 警視庁によって押収された國學院大学映画研究会「飛べ！ここがロードス島だ」　1969
7 懲役5年の有罪判決を受けたセルゲイ・パラジャーノフ　1974
8 軍事政権下で亡命したフェルナンド・E・ソラナス　1977
9 北朝鮮に拉致され亡命したシン・サンオク（申相玉）　1978〜86
10 監督2人が殺害された「山谷〜やられたらやりかえせ」　1984〜86

ここに取り上げた3つのベストテンはかなり曖昧である。曖昧というのはいずれのベストテンにも他の作品をかなり含めることができるからである。

「密かに愛でる映画」は高校から大学時代に見た作品が並んでしまったが、例えば日本映画では『鳳城の花嫁』（松田定次監督、1957）や『パルチザン前史』（土本典昭監督、1969）などを入れてもいい。若い頃に見た映画は1カット1シーンごとに記憶に残っているものが多いが、現在でもDVDなどで人知れず見ていることがある。これらの映画について書くことはほとんどないが、おそらく自身の映画の見方を育成する上で何らかの影響を与えていると思われる。

「アンニュイな存在感で魅せる女優」は結局のところ自身の好みを表明しているのではな

『5つの銅貨』

いかと恐れているが、このリストにも例えばアナベラやイザベル・ユペールらを加えてもいいだろう。女優のみならず男優に関しても、演技が巧いか拙いかということより、存在感があるかないかの方がスクリーンの魅力を昇華するように思えてならない。

最後の「権力に抗する出来事」はむしろ「権力により弾圧」といった方が適当かもしれない。映画がメディアの王様だった映画の黄金時代には、例えば第2次大戦前の「映画法」のように、権力が映画に規制を強めることは当然のことだとしても、多様なメディアが出てきた後も権力側は映画に対してかなり恐れを抱いているように思われる。それはおそらく映画のみならず表現メディアに対する恐怖といえるかもしれないが、それでも世界各国における映画表現や映画人への弾圧や規制などを知ると、映画の持つ社会に向けた批評的な価値は決して減じることなく、むしろ表現メディアとして有効な社会的意義を持っているといえる。

むらやま・きょういちろう　映画評論家。1947年生まれ。80年代はじめから『イメージフォーラム』誌を中心に映画批評を書き始め、フリーランスの映画評論家として『日本経済新聞』をはじめとする新聞・雑誌などに寄稿する一方、イメージフォーラム映像研究所、武蔵野美術大学、多摩美術大学、日本大学芸術学部など専門学校や大学で映画学や映画史の教鞭を執る。その間、イメージフォーラムフェスティバル、山形国際ドキュメンタリー映画祭、東京国際映画祭などで審査員を務める。主な著訳書に『世界映画全史』(全12巻、国書刊行会刊)、『映画は世界を記録する』(森話社刊)、『映画史を学ぶクリティカル・ワーズ』(編著　フィルムアート社刊)などがある。

定番の教科書ではなく、ライターとしてのガチな栄養源

映画評論家、ライター業
森直人

自分が影響を受けた映画評論の本 10冊

佐藤重臣『祭りよ、甦れ！』 1997年／ワイズ出版

佐藤忠男『論文をどう書くか』 1980年／講談社現代新書

滝本誠『きれいな猟奇』 2001年／平凡社

芝山幹郎『映画西口東口』 2015年／Pヴァイン

大森さわこ『「映画」眠れぬ夜のために』 1991年／フィルムアート社

轟夕起夫『轟夕起夫の映画あばれ火祭り』 2002年／河出書房新社

樋口尚文『「砂の器」と「日本沈没」70年代日本の超大作映画』 2004年／筑摩書房

山根貞男『日本映画時評 1986―1989』 1990年／筑摩書房

阿部嘉昭『68年の女を探して』 2004年／論創社

切通理作『お前がセカイを殺したいなら』 1995年／フィルムアート社

オールタイム・ベストテン企画にはこれまで数々参加してきましたが、思えば映画本のオールタイムってやったことないなあ、と。今回、それでいかせてもらいます。自分がガチで影響を受けた先人様の仕事を初公開。建前もしがらみも背伸びも一切なし。シネフィル御用達の定番『シネマトグラフ覚書』も『映画とは何か』も『映画千夜一夜』も入ってないリスト。もう書き手として最大のネタバレなので、「ここだけの話」にしていただけ

れば幸いです！

ほとんどグッズ的に、一冊の書籍としてお守りのように愛しているのが『祭りよ、甦れ！』。レジェンド評論家・佐藤重臣さんの映画人生を丸ごと詰めこんだアンソロジー。至福の偉人伝です。自分が映画について書こうと思い立った時、最も勇気と方法論を与えてくれたのが佐藤忠男さんの著作。学生の時、実際にこの新書を参考にして文章修業に励みました。滝本誠さんは『美女と殺しとデイヴィッド』（1998年／洋泉社）……にすると怒られそうなので、この完璧な一冊に。芝山幹郎さんは最強の現役として走り続ける凄さに痺れているので、やはり最新作を。光栄にも巻末対談に呼んでいただきました。大森さわこさんのデビュー評論集は、自分が同じフィルムアート社・津田広志さん（と、大谷薫子さん）の編集で『シネマ・ガレージ～廃墟のなかの子供たち～』（2006年）を作っていた時、勝手にイメージしていたもの。青春時代から憧れの一冊でした。普段から公言しているのですが、フリーライターとしての自分のロールモデルである兄貴分が轟夕起夫さん。「奇書」と銘打たれたこの名著は、装幀が『シネマ・ガレージ』と同じ岩瀬聡さん。樋口尚文さんの映画本はどれも最高に面白い。特にこの本の絶妙なユーモア、作品との距離の取り方は理想です。山根貞男さんの『日本映画時評 1986―1989』は有名な「映画の底が抜けた」が収められているもの。ここから山根さんとは違うものを書こう、という思いが自分なりの日本映画時評の起点になっています。阿部嘉昭さんは異能の人。特にこれは独自のアートフォームが炸裂していて、偏愛度ではナンバーワンかも。切通理作さんのこの瑞々しい初期名著は、自分にとってまさに「青春」です。

ここに番外編として、渋谷陽一さんの『音楽が終わった後に』『ロック微分法』と川勝正幸さんの『ポップ中毒者の手記』を加えれば、自分の基本は完成。恥ずかしながら我が心のサンプリングソース一覧でした。では失礼！

もり・なおと　映画評論家、ライター業。1971年和歌山生まれ。著書に『シネマ・ガレージ～廃墟のなかの子供たち～』（フィルムアート社）、編著に『21世紀／シネマ

X』(フィルムアート社)、『ゼロ年代+の映画』(河出書房新社)など。『週刊文春』『朝日新聞』『TV Bros.』『キネマ旬報』『映画秘宝』『シネマトゥデイ』などで執筆中。

『祭りよ、甦れ!』佐藤重臣ほかの10冊

実際の映画製作を通して得たささやかな生きる希望のようなものを、今も大切にしたいと思っています

映画プロデューサー
山上徹二郎

今の自分の居場所を決めた10本の映画

天井桟敷の人々 1945―マルセル・カルネ監督
アラン 1934―ロバート・フラハティ監督
けんかえれじい 1966―鈴木清順監督
マイライフ・アズ・ア・ドッグ 1985―ラッセ・ハルストレム監督
絵の中のぼくの村 1996―東陽一監督
わが街わが青春―石川さゆり水俣熱唱― 1978―土本典昭監督
ハッシュ！ 2001―橋口亮輔監督
チョムスキー9・11 2002―ジャン・ユンカーマン監督
クライング・ゲーム 1992―ニール・ジョーダン監督
水俣―患者さんとその世界― 1971―土本典昭監督

かつて見た作品と、私が製作した作品の両方を挙げました。人間の生の機微を映画でここまで描けるのかという驚きと、実際の映画製作を通して得たささやかな生きる希望のようなものを、今も大切にしたいと思っています。

今の私を作ったいくつかの出来事

1980年　ガルシア・マルケス『百年の孤独』を読む

1971年　『水俣―患者さんとその世界―』との出会い

1986年　『ゆんたんざ沖縄』の製作と沖縄海邦国体の日の丸事件

2001年　9月11日ニューヨーク同時多発テロと『チョムスキー9・11』の製作

2011年　3月11日東日本大震災と福島原発事故

1981年　劇映画『侍・イン・メキシコ』の製作中止

1987年　『絵の中のぼくの村』のベルリン国際映画祭での銀熊賞受賞

1972年　水俣の座り込み参加と「水俣一揆」の撮影現場体験

1982年　『原発切抜帖』の初プロデュース

1992年　『橋のない川』大型予算による初めての劇映画製作

20代の頃、ガルシア・マルケスの『百年の孤独』を読んだ時、初めて映像が次々に鮮明に頭に浮かぶという体験をしました。その時無性に映画を作りたいという衝動が起こりました。『百年の孤独』を原作に映画を作りたいというのではなく、当時水俣病被害者の支援をしていたのですが、その頃読んでいた石牟礼道子さんの『椿の海の記』を原作にして『百年の孤独』のような物語の劇映画を水俣で作りたいという思いでした。映画を意識した最初の体験です。

その後、折々に映画製作の動機に繋がった出来事と忘れられない映画製作を上げてみました。

『絵の中のぼくの村』

『ゆんたんざ沖縄』

やまがみ・てつじろう　株式会社シグロ代表／映画プロデューサー。1954年熊本県生まれ。1986年にシグロを設立、以来80本以上のドキュメンタリー映画、劇映画を製作・配給。ベルリン国際映画祭・銀熊賞をはじめ、国内外の映画賞を多数受賞する。主な作品に、『絵の中のぼくの村』『まひるのほし』『ぐるりのこと。』『沖縄 うりずんの雨』『もうろうをいきる』など。2011年フランス・パリの映画博物館、シネマテーク・フランセーズで22日間にわたって、日本人プロデューサーとして初となる山上プロデュース作品23本の特集上映が組まれる。現在、最新作の日韓合作映画『蝶の眠り』の公開を5月に控えている。

少年時代の記憶がすべての原点になっている

元テレビプロデューサー
山口剛

［映画］

監獄映画ベストテン

暴力脱獄　1967―スチュアート・ローゼンバーグ監督
真昼の暴動　1957―ジュールス・ダッシン監督
コンクリート・ジャングル　1962―ジョゼフ・ロージー監督
ロンゲスト・ヤード　1974―ロバート・アルドリッチ監督
穴　1960―ジャック・ベッケル監督
暗黒街の弾痕　1937―フリッツ・ラング監督
第十一監房の暴動　1954―ドン・シーゲル監督
抵抗　1956―ロベール・ブレッソン監督
我れ暁に死す　1939―ウィリアム・ケイーリー監督
アニマル・ファクトリー　2000―スティーブ・ブシェミ監督

ボクシング映画ベストテン

チャンピオン　1949―マーク・ロブソン監督

罠 1949―ロバート・ワイズ監督

傷だらけの栄光 1956―ロバート・ワイズ監督

ボディ・アンド・ソウル 1947―ロバート・ロッセン監督

レイジング・ブル 1980―マーティン・スコセッシ監督

栄光の都 1948―アナトール・リトヴァック監督

若者のすべて 1960―ルキノ・ヴィスコンティ監督

ザ・ハリケーン 1999―ノーマン・ジェイソン監督

ミリオンダラー・ベイビー 2004―クリント・イーストウッド監督

サウスポー 2015―アントワン・フークア監督

赤狩りの対象となった人が関係した作品のベストテン（題名につづくのは該当者名）

ボディ・アンド・ソウル 1947―ロバート・ロッセン監督　対象者＝エイブラハム・ポランスキー、ロバート・ロッセン、ジョン・ガーフィールド

マッシュ 1970―フレッド・ウィリアムソン、ロバート・アルトマン監督　対象者＝リング・ラドナー・ジュニア

波止場 1954―エリア・カザン監督　対象者＝エリア・カザン、バッド・シュールバーグ、リー・J・コッブ

十字砲火 1947―エドワード・ドミトリク監督　対象者＝エドワード・ドミトリク

ローマの休日 1953―ウィリアム・ワイラー監督　対象者＝ダルトン・トランボ

戦場にかける橋 1957―デヴィッド・リーン監督　対象者＝マイケル・ウィルソン、カール・フォアマン

ウディ・アレンのザ・フロント 1976―マーティン・リット監督　対象者＝ゼロ・モステル

ローラ殺人事件 1944―オットー・プレミンジャー監督　対象者＝オットー・プレミンジャー

拳銃の報酬 1959―ロバート・ワイズ監督　対象者＝エイブラハム・ポランスキー

エヴァの匂い 1963―ジョゼフ・ロージー監督　対象者＝ジョゼフ・ロージー、ヒューゴー・バトラー

2017年外国映画のベストテン（『キネマ旬報』への投票）

1 **オン・ザ・ミルキー・ロード**　エミール・クストリッツァ

2 **エンドレス・ポエトリー**　アレハンドロ・ホドロフスキー

3 **希望のかなた**　アキ・カウリスマキ

4 **夜に生きる**　ベン・アフレックス

5 **グッド・タイム**　ジョシュ＆ベニー・サフディ

6 **20センチュリー・ウーマン**　マイク・ミルズ

7 **未来よこんにちは**　ミア・ハンセン＝ラブ

8 **エルＥＬＬＥ**　ポール・ヴァーホーヴェン

9 **女神の見えざる手**　ジョン・マッデン

10 **ポルト**　ゲイブ・クリンガー

［人物　好きなアメリカ映画の監督］

サミュエル・フラー

サム・ペキンパー
ロバート・アルドリッチ
ドン・シーゲル
ロバート・ワイズ
リチャード・ブルックス
フレッド・ジンネマン
ジョゼフ・ロージー
アルフレッド・ヒッチコック
ハワード・ホークス

［事件］

終戦により外国映画輸入の解禁
ハリウッドの赤狩り
フランス映画界のヌーベルヴァーグ
アメリカン・ニュー・シネマの台頭
フィルムからヴィディオへ

戦争が終わり、輸入が禁止されていた外国映画が一気にわが国に入ってきた1950年代に映画を見始めた。戦争中に作られた映画と戦後に作られた映画が、一挙に我が国に流れ込んできた時代である。西部劇、ギャング映画、戦争映画、文芸映画、怪奇映画——ア

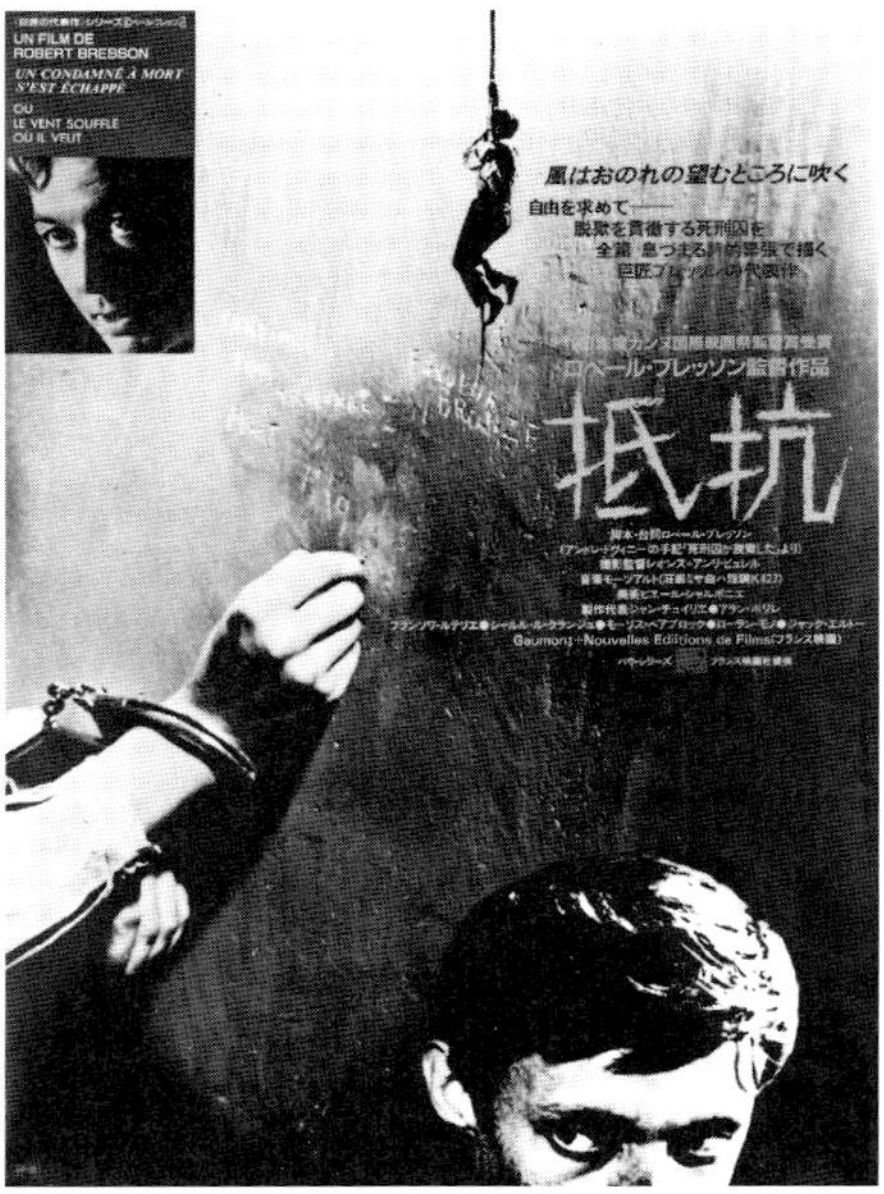

『抵抗』ポスター

メリカ映画、フランス映画の名作、珍作、駄作が街に溢れた。二番館、三番館まで追っかけてそれらを観ていた少年時代の記憶がすべての原点になっている。シネコン全盛の今より豊穣な時代だったような気がする。

当時の二番館、三番館、名画座はさしずめ今のレンタルＤＶＤのような役割だった。見逃したら二度と見られないという思いで映画館へ通っていた。そんな記憶で選んだベストテンです。ＤＶＤで映画を精緻に解読する評論家が多くなったが、スクリーンで観た感銘を文字で眼前に再現してくれるような映画評が無くなったのが淋しい。

やまぐち・つよし　元テレビプロデューサー。１９３７年生まれ。早稲田大学卒業後の１９６１年に日本テレビ放送網入社、当初から志望していた映画部に配属。１９７６年にスタートした『大都会』シリーズ以降は火曜夜９時のドラマ枠をほぼ一貫して手掛け、『探偵物語』『プロハンター』などの娯楽アクションを多数送り出した。１９８３年の文芸大作『波の盆』で、文化庁芸術祭大賞やＡＴＰ賞などを受賞。

だから私は愛する映画が好き

サイレント映画ピアニスト
柳下美恵

愛する映画ベストテン

浮雲　１９５５—日本—成瀬巳喜男監督

第七天国　１９２７—アメリカ—フランク・ボーゼイギ監督

天はすべて許し給う　１９５５—アメリカ—ダグラス・サーク監督

君と別れて　1933｜日本｜成瀬巳喜男監督
折鶴お千　1935｜日本｜溝口健二監督
ミカエル　1924｜ドイツ｜カール・ドライヤー監督
スプリング・フィーバー　2009｜香港・フランス・中国｜ロウ・イエ監督
死滅の谷　1921｜ドイツ｜フリッツ・ラング監督
ノスタルジア　1983｜イタリア・ロシア｜アンドレイ・タルコフスキー監督
ザ・マスター　2012｜アメリカ｜ポール・トーマス・アンダーソン監督

最近、日本のロックグループ〝スピッツ〟を良く聴いている。作詞、作曲の草野マサムネ君は「僕の歌のテーマはセックスと死」と言っているらしい。愛することは孤独ゆえに忍耐。愛することは永遠で美しい。愛することは至福であり苦悩。愛することは生きること。だから私は愛する映画が好き。

一番好きな映画『浮雲』。つかみどころのない富岡に翻弄されるゆき子。だが、いよいよ先がなくなった富岡が屋久島に職を見つけ、二人で海を渡り、ゆき子は看取られる。至福。

『第七天国』を初めて見たのは、ロンドンのナショナル・フィルム・シアターのオーケストラ伴奏。これを見て、今の仕事をやっていこうと心に決めた。不幸な生い立ちのディアンヌがチコと出会い、姉の暴力から逃れるため、偽りの夫婦生活をすることになる。警察が確認に訪れてディアンヌは出ていくことになるのだが、チコが「居てもいいけど」と。戦争が始まり、離れられない存在に。柱時計が11時を打つとき、二人だけの愛のことばで祈りを捧げる。

『天はすべて許し給う』。家族と裕福な生活をしていた妻が庭師の青年と恋に落ちる。彼が住む山小屋に彼女がふたたび行き着いたとき、大きな窓に鹿が。忘れられない光景。

『君と別れて』。貧しい実家を助けるため芸者になった照菊。姉さん芸者菊江には思春期の息子がいて、母親の職業を軽蔑し反抗している。ある日、照菊は実家に行こうと息子を誘い汽車に乗る。照菊の家庭を見た後で海岸で佇む二人、岩に打ちつける波の音が確かに聴こえた。

『折鶴お千』。弟のように可愛がっていた宗吉の学費を工面しようとするが、万策尽きたお千は身体を売ることになる。宗吉への思いを込めた折鶴が空に舞い上がる。

『ミカエル』。巨匠クロードが画家志望の青年ミカエルを愛してしまったが故の苦悩、クロードが大いなる愛で受けとめる姿が美しくも残酷。

『スプリング・フィーバー』も同性愛映画。ジャンは妻がいるワンと深い仲。だが妻の知るところになり、ジャンは連絡を断ちワンは旅立つ。フェラチオされながらワンを思い出すジャン、ヘビロテ。

『死滅の谷』。突然天上に召された夫。取り戻したいと死神に願う妻。死神は「ロウソクの炎が消える前に人を救うことができれば夫を地上に戻す」と約束する。黄泉の国で死者と歩む夫。天上に昇っていく夫と妻。

六本木ヒルズに建て変わる前にシネ・ヴィヴァン六本木というアートシアターがあった。そこで見た難解な映画『ノスタルジア』。1+1=1、もやに煙る枯渇した温泉をロウソクの火が消えないうちに渡れたら人類は生き延びると啓示を受け、アンドレイはやりとげる。人類への愛。

最後の1本は、とてつもなく大きなものを感じた『ザ・マスター』。戦争後遺症で暴力的だったフレディが新興宗教の教祖ランカスターに拾われ心酔するが、彼の元を去り以

『ノスタルジア』ポスター

前のようにセックスに耽る映画？　いや違う、フレディが去るときにランカスターが歌うのは『中国行きのスローボート』「〜中国行きのスローボートであなたを逝かせたい。私の腕の中で永遠に〜」。

やなした・みえ　サイレント映画ピアニスト。武蔵野音楽大学ピアノ専攻卒業。1995年朝日新聞社主催『光の誕生　リュミエール！』でデビュー。音楽で見せる欧米式伴奏者は日本初。国内、海外の映画館、映画祭などで700近くの映画に伴奏。カール・ドライヤー監督『裁かるゝジャンヌ』(27)DVD、Blu-rayの音楽を担当、日本、イギリス、アメリカで発売され、好評を博す。原一男監督の新作『ニッポン国VS泉南石綿村』の音楽を担当。2006年度日本映画ペンクラブ奨励賞受賞。

イーストウッドの手法は、アメリカ最大のアドバンテージかもしれない

映画プロデューサー
李鳳宇

実際に起きた事件、事故、イベントにまつわる映画10本を挙げてみたいと思います。

台湾の2・28事件を扱った『悲情城市』　1989―侯孝賢監督

グリニッチビレッジ爆破事件の犯人の人生を描いた『旅立ちの時』　1988―シドニー・ルメット監督

ロックフェスが社会運動になった『ウッドストック／愛と平和と音楽の三日間』　1970―マイケル・ウォドレー監督

アスレチックスの20連勝を柱に敗者に焦点を絞った『マネーボール』　2011―ベネット・ミラー監督

フランスからの独立戦争をアルジェリア人の側から撮った『アルジェの戦い』

１９６６―ジッロ・ポンテコルヴォ監督

洞爺丸事故から着想して小説化され、その後映画化された『飢餓海峡』 １９６５―内田吐夢監督

大地震を体験した人々が街を彷徨《さまよ》う物語『そして人生はつづく』 １９９１―アッバス・キアロスタミ監督

黒人差別の象徴とも言える67年のデトロイト暴動を扱った『デトロイト』 ２０１７―キャスリン・ビグロー監督

ダブリンの戦いを軸にアイルランドの悲劇の歴史を描いた『麦の穂をゆらす風』 ２００６―ケン・ローチ監督

『ハドソン川の奇跡』 ２０１６―クリント・イーストウッド監督

この作品(『ハドソン川の奇跡』)だけ、取り上げた理由を書いてみます。

２００９年1月15日、ニューヨークのマンハッタンで未曾有の航空機事故が起きていたかもしれない。バードストライクと呼ばれる鳥の群れに両翼のエンジンをやられ、不時着を余儀なくされたチェズレイ・サレンバーガー機長は管制塔から指示されたテターボロ空港には向かわず、機転をきかせて航空機をハドソン川に緊急着陸させる。お陰で一人の犠牲者も出さずに済んだが、その後、機長の判断が正しかったのかどうかが問われて、殺人未遂事件にまで発展する。

懸命な判断だったか、それとも無謀な選択＝殺人未遂だったのか、この疑いが映画を進めるエンジンになっている。『ハドソン川の奇跡』で一躍国民的ヒーローになった男は一転、重大な過失を問われる容疑者になってしまった。

緊急着陸で１５５人の乗客乗員は全員無事だったわけだから、こんな平和な題材がそもそも映画になるのだろうか、と思う人も多いだろう。

普通ならこれは映画の題材に適さないと判断されて、企画会議でボツになる類のクズ企画に違いない。でもこんな未遂事件が映画になり、見事なまでに上質な人間ドラマになっ

てしまうところがイーストウッドのなせる技だろう。

今年88歳を迎え、今も精力的に映画作りに邁進し、絶えず新しい題材に挑戦する巨匠の飽くなきスピリッツには舌をまく。とうてい映画の企画として成立し得ないような不時着という平坦なドラマを、「航空シュミレーション」を使い、極めてドラマチックで感動的なドラマへと昇華させた。

リメイクとパート2ばかりのハリウッドでも、彼のように一つの事件や事故を徹底的に検証するという精神が、素晴らしい映画に結びつくという当たり前の映画作りに大いに勇気付けられた。

同時にイーストウッドの映画作りの手法はアメリカという国家が兼ね備えている最大のアドバンテージかもしれないと度々思う。

民主主義の名の下に選ばれたリーダーも誤った判断を下すことはままある。言い換えれば「人は必ず間違う生き物」である。だから検証システムは人間に対する不信から出来上がったというより、人間にはいつだって修正する能力があるという信頼から生まれたシステムだと捉えるべきだろう。

この検証するという行為は突き詰めれば保守主義の最も大きな利点なのかもしれない。自らを共和党支持者だと言って憚らないイーストウッドは、保守こそが歴史を正しく検証出来る識者の姿勢だ、と捉えているのではないだろうか。

『父親たちの星条旗』でも『アメリカン・スナイパー』でも、そして最新作の『15時17分、パリ行き』でも、巨匠はその瞬間に人間が下した判断を凝視し、徹底的に検証し現代に教訓として残そうとしているのだろう。

日本で製作される映画も、歴史に向き合う姿勢はかく在りたいものである。

加えて無駄を排した演出にはいつもながら感心する。ほとんど撮り直しを行わないとされるイーストウッドの、俳優に対する信頼と潔さにも頭が下がる。

日本でも作れる映画だけど未だ作れてない小規模映画のベストテン

トレインスポッティング 1996―ダニー・ボイル監督

恋はデジャ・ブ 1993―ハロルド・ライミス監督

ハンナ・アーレント 2013―マルガレーテ・フォン・トロッタ監督

穴 1960―ジャック・ベッケル監督

わたしは、ダニエル・ブレイク 2016―ケン・ローチ監督

オアシス 2002―イ・チャンドン監督

初恋のきた道 1999―チャン・イーモウ監督

オールド・ボーイ 2003―パク・チャヌク監督

デカローグ 1989―クシシュトフ・キェシロフスキ監督

愛、アムール 2012―ミヒャエル・ハネケ監督

『アルジェの戦い』

『悲情城市』

り・ぼんう 映画プロデューサー。1960年京都府生まれ。映画製作配給会社である株式会社マンシーズ・エンターテイメントCOO兼株式会社レスペ顧問。朝鮮大学外国語学部卒業後、パリに留学。89年にシネカノンを設立。ヨーロッパ、アジアを中心に世界中の作品200本以上の配給を手がけた。92年には初プロデュース作品『月はどっちに出ている』がキネマ旬報ベストワンなど国内外で多数の賞を受賞。主なプロデュース作に『パッチギ!』『フラガール』など。映画界への貢献が評価され、第29回日本アカデミー賞協会特別賞、第16回淀川長治賞などを受賞。

親子で映画を観たい！

人間の“まるごと”が詰め込まれている映画は、子どもにとって重要なメディアだ。
発見する、考える、世界を知る……。
子どもの未知の感性は無限に豊かであり、映画体験は最高の学習になる。
愉しみとともに創造力とイマジネーションが培われる映画に、
日常的に向かい合えるようにすることが、大事なのである。

子どもの映画環境を考える

座談会

100人の子供たちが“映画”を待っている

石坂健治
日本映画大学教授・映画学部長

中野理恵
パンドラ代表

工藤雅子
株式会社チャイルド・フィルム代表

北條誠人
ユーロスペース支配人

子どもと親、そして教育や日常の生活環境も含めて、映画とその周辺で活躍する人たちはどのように考え、どう取り組んでいるだろうか？　子どものときから映画に触れることの重要性をあらためて考えてみる。『ジャックと豆の木』第4号で取り上げた映画環境の課題につながるテーマでもある。日本映画大学教授の石坂健治さん、パンドラ代表の中野理恵さん、チャイルド・フィルム代表の工藤雅子さん、ユーロスペース支配人の北條誠人さんに、それぞれの環境を通して現在の状況とあり方を語り合っていただいた。

司会＝小笠原正勝
取材・文＝沼田梓
撮影＝助川祐樹

親子で映画を観た子ども時代

――まず、みなさんそれぞれの映画体験を簡単に聞かせていただけますか？　特に子どものころに映画に触れていった過程はどうだったか聞かせてください。

工藤　私は「日曜洋画劇場」など圧倒的にテレビです。ビデオがなかったし、親は映画が好きだったので一緒にテレビで見てました。小学6年生のときに初めて、自分から映画館で観たいと親に連れて行ってもらったのが、『小さな恋のメロディ』(71)でした。

――仕事として映画の世界に入られたきっかけはなんですか？

工藤　映画の仕事は探していたんですけれど、雇ってくれるところがありませんでした。別の仕事をしていて、転職しようかと思っていたときにたまたま東京テアトルが配給スタッフを募集しているのを見つけて応募しました。60人くらい応募があったらしいですが、なぜか一人だけ選ばれたんです。

――石坂さんはどのように過ごされたんですか？

石坂　家は真っ赤な左翼だったので、最初のころの映画体験は全部親が連れて行く共産党系の、組合主催の映画上映。もちろんテレビは並行して見ていました。今思うと吹き替えで、オリジナルでなくカットされたものを見ていたけれども、すごく影響を受けた。そのうちに、今度は自分の問題意識で水俣の記録映画などから映画に接するようになったので、あまり一般化できないですね。大学院もそういう論文を書いているうちに国際交流基金に入って、映画の仕事をずっとやっていますが、エンターテインメントとか娯楽映画に対して一歩距離を取っているところがありましたね。大学時代は御多分に漏れず蓮實重彦さんに洗脳されていました。バウ・シリーズを観ることや、全部本から入って頭でっかちで映画を観ていますから相当イヤなヤツでしたよ（笑）。

――エンターテインメントの映画にアレルギーはなかったですか？

石坂　いわゆるヨーロッパの名作に出会ってからは、自分がそれまで観ていたのは相当偏っていたとは思いました。ただその後、土本典昭さんや小川紳介さんとの付き合いでいろいろ混じり合ってきた。結局、映画祭で映画を選ぶ立場になって、自分の好みも客観視してセレクションするみたいなことは、経歴がどこかに根差しているのかもしれないですね。映画というのは幅が広いということに尽きます。

――中野さんはどんなふうに映画と関わっていったんですか？

中野　親が映画を好きだったから、子どものころから観ていました。田舎だから神社でお祭りのときにチャンバラなどを上映するわけです。中学1年で『風と共に去りぬ』(39)をすでに2回観ている。1回目は小学生のときに母と姉と一緒でした。親に連れられて『ベン・ハー』(59)や『十戒』(56)も観たし、家がお寺だから『釈迦』(61)も観ました。だから映画は常に身近でした。それと、当時は学校で映画教室があったから講堂とか体育館に座って『にあんちゃん』(59)や『綴方教室』(38)を、全校生徒と児童や親のいっしょに観たんです。だから環境の影響は大きいと思います。

――映画環境は時代や場所によって違ってきますが、北條さんはどうしていたんですか？

北條　テレビでは映画をよく見ていました。父親が一緒に見ていて、いい加減な解説をしているのをボーッと聞いたりしていました。父親は黒澤明とか西部劇の洗礼を受けている世代なので、熱っぽく語っていましたね。子どものころの映画体験で一番記憶にあるのは、一学年ごと電車に乗って清水の駅前の映画館まで行って、篠田正浩監督の『札幌オリン

北條誠人が選ぶ親子で観たい映画10本

1. ゴジラ　1954　本多猪四郎監督
2. 銀河鉄道の夜　1985　杉井ギサブロー監督
3. セロ弾きのゴーシュ　1982　高畑勲監督
4. 桃太郎　海の神兵　1945　瀬尾光世監督
5. 長靴をはいた猫　1954　ロッテ・ライニガー監督
6. 火宅　能「求塚」より　1979　川本喜八郎監督
7. りすのパナシ　1978　おかもとただなり監督
8. 年をとった鰐　2006　山村浩二監督
9. 虹色ほたる 永遠の夏休み　2012　宇田鋼之介監督
10. 大魔神怒る　1966　三隅研次監督

怪獣か動物か魂が物語をひっぱっていく映画を選びました。
いずれも観たあとに誰かに映画のことについて話したくなるのではないかと勝手に想像しています。『火宅』は子どもには難しいかもしれませんが、緊張感とただならぬ雰囲気に圧倒されるのではないでしょうか。
私も初めて観たときは物語よりも濃密な世界にしばらくの間、くらくらしました。

ピック』(72)を観に行ったことです。2時間近く観てるんですが、スクリーンに「70メートル級ジャンプ」って出た瞬間に、いっせいにみんな拍手するわけです。そのリアルな経験というのが、子ども時代には強いですね。

ワークショップから見えてくるもの

――みなさんも子ども時代は親子で映画を観られていた。今、親子で観る姿は希薄になっています。子どものときの映画体験はやはり大きいです。それは原点になっていると思います。ところで「子どもにものを教えるなんて失礼です」と羽仁進さんは言っておられる。子どもは自分で遊びを見つけ、自分で何かを選んでいますよね。僕らは友だちと映画館を〝暗闇の学校〟と呼んでいた。映画を学ぶというよりも映画で学んだ。時代は変わっているけれど、子どもが育っていく本質的な意味は変わらない。ある対談で「これは基本的に親が問題なのだ」と言っている人もいます。あとは社会のシステムや教育のあり方だろうと思う。今の親と子どもにとって、映画の環境はいいのか悪いのか。どういう方法が一番よいのか。映画教室やワークショップがあり、子どもが映画に関わっているけれど、そこにはある程度カリキュラムがつくられている。むしろ子どもが自ら日常生活の中で自由に探索し、遊べる道筋はあるのかどうか。今やってきていることを一回フィードバックしてみたいと思うんですが、工藤さん、そのあたり考えられたことはありますか?

工藤　映画を通した学びは、学校で行う学びと少し質が違う学びだと思うんです。映画がいいのは、答えがない、自由なものだからですが、学校に入れると自由がなくなるのではないかという恐れや矛盾もあるんです。それでも学校と連携がとれる方法を模索したいと思っているのは、所得格差による子どもたちの文化体験に年々差が開いてきているからです。5年前シネマ尾道で『エンディング・ノート』(11)を観て、高校生たちに感想を聞くという催しがありました。参加した高校生

北條誠人
ほうじょう・まさと

ユーロスペース支配人

1961年静岡県生まれ。大学在学中から映画の自主上映にたずさわる。88年以来、ユーロスペースの支配人として多様な映画を世に送り出す。真利子哲也監督デビュー作『イエローキッド』、横浜聡子監督デビュー作『ジャーマン＋雨』に携わった。

男子が、「生まれて初めて映画館で映画を観た」と言うんです。驚きました。やはりこうした地域格差が起きている中で、学校という教育の現場に映画が入って、その格差を補填していくことは意味がすごくあると思います。ある程度強制的に見る機会をつくれば、面白くなかったという人が半分だとしても5割が楽しかったということになる。そのうちの1割か2割の人がすごく感激し、映画は面白いというふうになってくれればいいということですね。とにかく映画は観てもらわないことには始まりません。観る機会をつくるためにやっているというところがあります。

——なるほど。映画をよりたくさん観ることが一番大事です。それと映画への向き合い方でしょうね。

工藤　ヨーロッパは映画教育が盛んです。基本になるのは映画を「見る・知る・作る」ということ。映画をつくるには映画を観なきゃいけない、また観せっぱなしでなく、知る機会をつくることが大切。観たものの意味を考えたり、鑑賞体験を深めるような、記憶に残るような活動を目指しています。教えるのでなく、子どもたちが自分で発見していく場をつくろうとしています。先日のワークショップでは、『霧の中のハリネズミ』(75)を観てもらって、映画の宣伝のためのチラシをつくるということをしました。子どもたちに「何が出てきたの？」と訊くと、けっこう間違えているんです。馬をキリンと取り違えている。たった10分でも、観ているようで、観ていないことに気づくわけです。それでもう1回観て自分たちで確認する。4～5人のチームに分かれて行うのですが、同じ映画を観ても、ほかの子は違ったふうに物語を受け止めていることに、話し合いの中で気づいていくんです。他者の視点を理解するということです。でも大きいのは、そうやって映画にワークショップをつけないと、知らないアート系の映画を親子は観にこないんです。それでワークショップを映画の上映につけることによって、映画に関心をもってもらう

みんなで映画を観て、隣でいじめっ子が感動して泣いていた。

中野理恵が選ぶ親子で観たい映画10本

1. 100人の子供たちが列車を待っている　1990　イグナシオ・アグエロ監督
2. 禁じられた遊び　1953　ルネ・クレマン監督
3. おじいちゃんの里帰り　2011　ヤセミン・サムデレリ監督
4. にあんちゃん　1959　今村昌平監督
5. ソ満国境 15歳の夏　2015　松島哲也監督
6. E.T.　1982　スティーブン・スピルバーグ監督
7. 木靴の樹　1978　エルマンノ・オルミ監督
8. 千と千尋の神隠し　2001　宮﨑駿監督
9. ミツバチのささやき　1973　ビクトル・エリセ監督
10. 二十四の瞳　1954　木下惠介監督

子どもの年齢を10歳代半ばと仮定すると『100人の子供たちが列車を待っている』が何よりのトップです。
字幕版しかないのですが、想像力と創造力を育む原点のような映画と思います。

のです。

——こういったワークショップは一種のシステムが組まれていますよね。家庭生活の中からどう子どもに映画を見せていくかということですが、これについて取り組んでいることはありますか。

工藤　コマ撮りのムーミンのアニメーションを観て、そのあとにコマ撮りを体験するというワークショップをやったんです。最初はムーミンが好きで来たんだと思っていたのですが、子どもはコマ撮りをやりたくて来ていたんですね。何を見るかは親でなく、けっこう子どもが選んでいることが多いんです。ただ問題は、子どもが知ることのできる映画が、テレビで毎週やっている「クレヨンしんちゃん」や「ドラえもん」に限られてしまっていることなんです。だからアート映画、たとえば『友だちのうちはどこ？』(87)のような映画は親が観て知っていて、子どもがあれぐらいの年齢になったらぜひ観せてやろうと思っていないと、子どもは出会うことができないんですね。私たちはそうした映画に出会ってもらえるような活動をしています。

中野理恵
なかの・りえ

パンドラ代表

1987年に㈱パンドラを設立し、映画・映像の製作・配給、映画とジェンダー関連の出版を業務として現在に至る。早くから視覚障がい者が映画を見る機会をつくることに力を注ぎ、2002年には、日本初の商業劇場での副音声付上映を実現させた。『アイ・コンタクト もう1つのなでしこジャパン ろう者女子サッカー』(10　中村和彦監督)で文部科学省特選。訳書に『ディア・アメリカ–戦場からの手紙』『アダルト・チルドレンからの出発—アルコール依存症の家族と生きて』など。

映画『100人の子供たちが列車を待っている』が教えるもの

——子どもが生活の中で自然に映画に接することは、時代の変化や家庭環境にもあるけれど、教育の現場にも関わってくることだと思います。昔は学校で映画の上映がありました。

中野　私が学校で観ていたのは50年代、60年代ですが、小学校で『にあんちゃん』、中学校では『風と共に去りぬ』を観た覚えがあります。今から思うとみんなで一緒に映画を観て、たとえば隣でいじめっ子が感動して泣いていたというような共有体験があった。これはとても重要だったと思います。

石坂　僕も憶えているのは、厳しかった親父が山田洋次監督の『同胞』(75)を観てぼろぼろ泣いていたこと。あんなに厳しい親父がこんなに泣くのだから、映画には何かがあるに違いないと思った記憶があります。

工藤 昔の学校上映とは違いますが、文部科学省が平成16年(2004)から学校での映画上映に助成金を出す制度がありましたが、結局6年間(平成21年)で終わってしまいました。

中野 私も以前に学校上映を復活してほしいと行政へ訴えたことがあるけれど、「それは業界でやってください」と言われました。でも業界はビジネス中心になってしまっていて、大手配給会社の作品の中でアート系の映画を広げていくことは、小さな配給会社レベルでは難しい。

石坂 一方で、今は国際映画祭でもVR(ヴァーチャル・リアリティ)のプログラムが流行りはじめているけれど、VRは個人がスコープを付けて一人で映像を観ています。つまりエジソン型です。今まで映画はずっとリュミエール型で、みんなで映画体験を共有してきた。それが、学校上映もなくなってVRのようなエジソン型の映画体験がされるようになってきている。この後、映画はどうなっていくのか、ちょっとわからない。少し根本的な話で、今日のテーマに引っ掛けて考えてみたけれど、『100人の子供たちが列車を待っている』(90)で一番衝撃だったのは、あの映画自体がチリでの上映が禁止されたということ。なんでだろうと思っていたのですが、あの映画は、映画づくりによって子どもが発想を生み出して、最初は先生という大人がサポートをするけど、どんどん自発的になっていく。独裁的なものに対して子どもが自由で自発的に考えてそれを批判するようになる、表現するようになるかもしれない。そのことに独裁政権が脅威を覚えたとしたら、それこそが映画の力だと。改めて映画はすごいと思いました。教壇で映画を教える身として、ああいう先生になりたいなと思う一方で、もう一つ浮かぶ映画が『時計じかけのオレンジ』(71)なんです。目玉を無理やり開かせて映像を観せ、とにかく洗脳する(笑)。子どもに映画を通して自発的になって

工藤雅子が選ぶ親子で観たい映画10本+1

1. サウンド・オブ・ミュージック 1965 ロバート・ワイズ監督
2. E.T. 1982 スティーブン・スピルバーグ監督
3. スタンド・バイ・ミー 1987 ロブ・ライナー監督
4. となりのトトロ 1988 宮崎駿監督
5. グーニーズ 1985 リチャード・ドナー監督
6. 天空の城ラピュタ 1986 宮崎駿監督
7. 友だちのうちはどこ? 1987 アッバス・キアロスタミ監督
8. リトル・ダンサー 2000 スティーブン・ダルドリー監督
9. 赤い風船 1956 アルベール・ラモリス監督
10. 風の谷のナウシカ 1984 宮崎駿監督
11. シザーハンズ 1991 ティム・バートン監督

こども映画プラスでは、2012年、映画のさまざまな分野で活躍する103名の方々に「13才までに見たい映画」アンケートを実施。邦画、洋画を問わず各3本を推薦していただきました。あがったタイトルは194本。同数投票があったので11本になりますが、上位作品をご紹介します。全作品はこども映画プラスHPでご覧いただけます。(www.kodomoeiga-plus.jp)

もらえたらいいと思いつつ、一方で強制的に観させないと駄目だとも思う。日々引き裂かれていますね。

――『100人の子供たちが列車を待っている』という映画には思想があります。だから子どもの映画づくりの場を通して、そこからなんらかのかたちで社会や映画にムーブメントが起こせるほどになってほしいと思います。

観る側と見せる側の狭間にあるもの

――毎年1000本も映画がつくられ、公開されている。ある映画批評家はそれを明確に「映画のゴミをどう処理したらいいか」と言っているぐらいです。劇場という映画を見せていく側として、その問題にどう取り組むのか、同時に、日常の中で子どもに映画を観せていくということに対して、ワークショップや映画教室とは別に、劇場や配給会社では何ができるのか。どう思われますか？

北條　劇場でできることは、作品を観たいと思う人たちに来やすい環境をつくるだけですね。当たり前のようでいて、作品を、観たいと思っているお客さんへ投げることは、そんなに楽な仕事ではないです。だから観に行きたい人たちのために、上映時間を増やしたり、入場料をどこまで安く設定できるか、ということくらいしかできないですね。

中野　謙虚ですね。でも本当にそうだと思います。フランス映画社の柴田さんが言っていましたが、配給会社の仕事は観客を育成することだと。自分の仕事としてそう思っています。しかし簡単なことではないですね。

工藤　ちなみに、ベルリン国際映画祭の子どもセクションが有名ですね。昔はキンダーという名前でしたが、今はジェネレーションという部門になっています。数年前

工藤雅子
くどう・まさこ

株式会社チャイルド・フィルム代表

1989年より2011年まで東京テアトル株式会社で映画買付、宣伝等にかかわる。同社退職後、フランス、イギリスの映画教育機関をリサーチ。「こども映画プラス」を開設後、さまざまな映画の鑑賞とワークショップを組み合わせたイベントを開催。共著に『「こどもと映画」を考える』（キネマ旬報社）、『こども映画教室のすすめ』（春秋社）がある。

にジェネレーション部門のディレクターに話を聞く機会があり、なぜキンダーからジェネレーションという名前に変わったのか質問しました。理由は、キンダー映画祭の映画を観て育った子どもが成長して15歳くらいになって、もっと自分たちが観られる映画も上映してほしいと映画祭に訴えたからだそうです。キンダーという名称が、実態にそぐわないのでジェネレーションKプラスと、ジェネレーション14プラスという二つに分けて、部門そのものも年齢の幅を広げたセレクションに変わっていったんです。この話を聞いたとき、正直にうらやましいと思いました。

石坂健治

いしざか・けんじ

日本映画大学教授・映画学部長

早稲田大学大学院文学研究科で映画学を専攻し修士課程修了。アジア映画関係の映画祭・上映会を通算約70件プロデュースした国際交流基金を経て、東京国際映画祭「アジアの未来」部門プログラミング・ディレクター。香港・釜山・ハワイなどの国際映画祭で審査員を歴任。専門はアジア映画史・日本ドキュメンタリー映画史・芸術行政。共著に『芸術経営学講座4：映像篇』（東海大学出版会）、『思想読本9：アジア映画』（作品社）、『ドキュメンタリーの海へ——記録映画作家・土本典昭との対話』（現代書館）、『アジア映画の森 新世紀の映画地図』（作品社）、『アジア映画で〈世界〉を見る——越境する映画、グローバルな文化』（作品社）など。そのほか新聞・雑誌への寄稿多数。近年は映画プロデュースも手がけ『アジア三面鏡2016：リフレクションズ』（2016）を製作。

石坂　私もベルリンに行くとジェネレーションまでチェックしますけど、一般の映画祭に関わっている人間から見ても、ジェネレーションのクオリティはほかの一般の映画となんら区別がないんです。いい作品がいっぱいあります。またジェネレーションと言いながら、ヌードあり、LGBTの作品もけっこうあるんです。子どもを対象にしながら、あの区別・差別のしなさがすごいなと思います。

工藤　そして現在のジェネレーションでは、パノラマやコンペティション部門作品との相互上映をやっているんです。たとえば今年のコンペ部門のオープニング『犬が島』(18)は、ジェネレーションとしても上映していました。ジェネレーション上映のチケットは、わずか4ユーロ、500円でした。誰でも映画を観られるとはこういうことだ、と感動しました。ジェネレーション部門には子ども審査員がいるんですけど、パーティーで審査員の子どもに話を聞いたら、子ども審査員をやりたいと思っている子どもが多いのだそうです。その子も毎年応募していて、何度も落選して、今年やっと受かったんだと言うんです。映画祭にはベルリン市内の子どもたちが応募できるのですが、審査員になると、なんと映画祭期間中は学校に行かなくていい。それで毎日映画を観て、みんなでワイワイとどの作品がよかったか真剣に審査をする。それが楽しくてしょうがないと言っていました。15歳くらいの子どもですけれども、みんな英語が上手で好奇心旺盛。アジア人の私を見つけると向こうからやってくる。それぐらい積極性があって、私ともいっぱい話をする。日本は子どもが積極的にしゃべらないので、本当に対照的です。

――小さいころからの映画への接し方の違いではないでしょうか。

石坂　僕もジェネレーションの審査員の子どもとしゃべったことがありますが、自信満々でしゃべる(笑)。「なんでも答えますよ」みたいな。さっきの自発性の話でいうと、たとえば今、日本でも高校のダンス部が話題になっていますよね。一糸乱れずにやるのが日本人は好きじゃないですか。でも映画ってちょっと違う役割があって、スタッフもいれば、カメラの前に出る人もいる。それが合わさって映画がつくられる。だからダンスやスポーツとはまた違う面白さがありますよね。個の確立という面で見ても、つくることと、観せることと連動しながら進んでいく。実は映画はすごくいろいろな仕事がありますから。

教育の場における子どもの映画環境

石坂　日本映画大学でも地域で映画教室をしていますが、学生がサポートで入るわけです。彼らを見ていると、彼らにとってよいのは年下をサポートすることでボーッとしていた学生が急にシャキッと立派な学生になったりする。

北條　ユーロスペースでも、大学生が映画の上映に関わる

石坂健治が選ぶ親子で観たい映画10本

1. 復讐するは我にあり　1979　今村昌平監督
2. ディア・ハンター　1979　マイケル・チミノ監督
3. 青春の殺人者　1976　長谷川和彦監督
4. 時計じかけのオレンジ　1972　スタンリー・キューブリック監督
5. 高麗葬　1963　キム・ギヨン監督
6. 下女　1960　キム・ギヨン監督
7. 女殺油地獄　1957　堀川弘通監督
8. 鬼が来た！　2002　姜文監督
9. 愛と希望の街　1959　大島渚監督
10. クレヨンしんちゃん　モーレツ 嵐を呼ぶ！オトナ帝国の逆襲　2001　原恵一監督

既婚・子なしの身なので、「親子で観たい映画」と言われても 正直ピンとこない。しかし幼少期を顧みて「親子で見ないほうがいい映画」は挙げられそうな気がする（見たあとの気まずさがハンパない）。親殺し、子殺し、姥捨て、不倫、心中、飢餓、貧困、人格改造、裏切り、反日……。エロ・グロ関係のは除外。考えてみれば、ギリシャ悲劇以来ずっと人類は一見「極端」な話を語り続けているわけで、つまり「極端」とは「本質」なのだ。というわけで、天の邪鬼なラインアップになったが、この10倍くらいはありそうだ。
でも、座談会で話題に出たベルリン映画祭のジェネレーション部門はこういうのも平気でかけるだろうし、子ども審査員も平気で審査するだろう。私はといえば、人生の早い時期にこれらの映画でトラウマを植えつけられたことに、いまでは深く感謝している。

と顔つきが変わりますね。一方で、子どもに映画を観せることは、伝える側が問われます。果たして自分はどこまでこの作品のことをわかっているか、そして自分の言葉が彼らに伝わるだけの力があるのか。それだけの体験をしてきたのか。商業の世界でやってきた人間として、子どもたちにどう思われているのか心配でもあります。以前『年をとった鰐』(06)というアニメーションを上映したときに、監督の山村浩二さんに来ていただいて、ワークショップをしたのですが、作り手のオーラというものを子どもは敏感に感じるんですね。我々が前に出て話をしてもガヤガヤしているけれど、山村監督が前に出て話を始めたときの子どもたちの集中力は、うしろから見ていてもはっきりとわかるくらいでした。作り手のオーラというのは子どもたちもすぐわかる。それはものすごく身につまされました。

工藤　子ども映画教室を手伝っていたときに、子どもたちに『パリ、ジュテーム』(06)の諏訪敦彦監督の一編を観せたんです。字幕なので諏訪監督が、ちょっとだけ子どもたちにあらすじを説明したんです。それで観終わったときの子どもたちの表情が、すっかり変わっていました。はっきりと作品が彼らに届いているというのがわかったんです。子どもは言葉をたくさん持っていないので、自分の感じたことを言語化できないですが間違いなく届いている。

中野　子どもたちは感想を口にしたんですか？

映画は、クラシックな教養という形では、まず伝わりません。

工藤　言語化できないからシーンとしてました。でも、これは「やばいぞ」「ふざけてちゃいけないんだ」という覚悟のようなものが伝わってきたんです。また、子ども映画教室では宿題があって、講師である監督宛てに、作品を観た感想をお手紙で書いてくるのですが、『ユキとニナ』(09)の感想を書いた女の子が、映画の中でユキが森を抜けておばあちゃんの家で知らない子どもと遊ぶシーンについて、あれはお母さんの記憶の中に子どもが入ったという解釈を書いていたんです。子どもたちは、私たちが思っている以上に映画を理解しているんです。

石坂　教壇に立っているときは、自分がこれまでの人生で映画にいろいろ教わった、大変お世話になったということを学生に伝えたいわけです。本当に伝わっているかは不安で、それは永遠に解消されないと思うけれど。今の風潮として、映画を文学やほかの芸術のようにクラシックな教養という形で伝えようとしても、まずうまくいかないですね。いっぱい観なきゃ駄目だと言っても伝わらない。実は今度学生の企画で、新百合ヶ丘で映画祭をするんですが、木下惠介の『楢山節考』を学生が選んだんですよ。私が木下惠介を見ろと言っても誰も聞かないのだけれども、以前、『クレヨンしんちゃん』の原恵一監督を授業に呼んで話してもらったときに、原監督が木下惠介のフリークで伝記映画までつくった。原監督が木下惠介を観ろと言う。そうすると今度は、学生企画で『クレヨンしんちゃん』と一緒に木下惠介の『楢山節考』を入れたりする。せっかくだから学校の創立者の今村昌平の『楢山節考』と比べてみようと言い出す。だから上映プログラムは、まったく僕の指導ではないんです。勝手に、自発的に学生が決めた。だから、観せるときでも、間にワンクッションを置く、憧れの存在にひと役買っていただくと学生にも影響が広まっていくというのがありますね。

──『楢山節考』を挙げてくるというのはいいですね。要するに今の世の中、多くのメディアが氾濫している中で、映画はその一部でしかないということがある。たくさん観ろと言ってもなかなか観ない。そこで出てくるのは、子どもたちの家庭からワークショップや映画学校までの空間というか距離ですね。映画へのアドバイザーや教師の間にある、親の役割というのはやはり大きい。映画教室やワークショップは家庭環境へのコミュニケーションも担っていると思いますが、同時に、映画館に親子で自然に足が向かうような、もともとあった世界なのだから、その辺りを探っていくと何か方法があるんではないかと思うんですが。歌手の一青窈さんも、自分が観たい映画を、幼児のときから一緒に映画館へ連れて行きたいと言っている。

北條　おっしゃられていることはわかりますけれど、子どもたちに映画を観てもらうという活動は、すさまじい手間が必要です。普通の劇場のスタッフが日常の仕事に追われているところでは絶対にできない。だから、劇場がどうやって子どもに映画を観せるかということよりも、どうやったらそのような人的余裕を劇場に確保できるかということから始めないといけない。

──なるほどね。興行の世界自体にまったく余裕がないということですね。これはあらためて考えなければならい問題ですね。

中野　私は学校の授業に取り入れるべきだと思っています。1学期に1回、年に3回くらいは実施してほしい。

──それは大変重要なことだし、最優先で取り組んでもらいたいことです。

中野　そこへいくと、演劇は相当先をいっている。浅利慶太の活動は大きいです。

石坂　平田オリザの言葉を借りると、「演劇が素晴らしい」とは決して言わないんですね。そうじゃなくて、演劇が現代の子どもたちのコミュニケーションにとても有効ですよ、というやり方なんです。

石坂　新百合ヶ丘に子ども映画教室的なものが林立していて、それぞれのメソッドでやっているんです。個人で手弁当でやっているご婦人もいっぱいいる。たぶん、全国的にたくさんあるでしょうね。そうしたとき、そこには何か教科書やマニュアルがあったほうがよいのか。草野球だってどこでもあるじゃないですか。でも野球にはルールがあるからどこでも同じような訓練になりますよね。映画はどうか。映画をつくる教室なのか観せる教室なのかはあるにせよ、一つの統一的なものをつくるべきかどうか。地域を見ていると、新百合でもしょっちゅうカメラを持って撮影をしている子どもたちを見かけるんです。今は機材も軽く安上がりでできるようになったから、つくる子どもも増えている。何かメソッドは必要なのかどうか考えるところです。

映画を文化として重要視すること

工藤　先ほど親の話が出たじゃないですか、親が観せないと子どもは映画を観ないという。しかし親にとっては、何を観せたらいいかわからないんです。それでリストをつくったんです。もちろん、リストがあるのがいいか悪いかという議論はあるけれども、それでも一方で、子どもだからアニメーションを観せておけという風潮もあるんです。なので、子どものためのフィルムリストをつくることはすごく大事なことなんです。子ども映画プラスというサイトを始めるときに、「子どもに観てほしいと思っている映画は何?」というアンケートを103人に取ったんです。1位になったのは『サウンド・オブ・ミュージック』(65)でしたけれど、ほとんどバラバラでした。みなさん、アニメーションはすぐ思いつくんです。ディズニーとかジブリとか。でも、実写映画は何を観せたらいいのか、ということになる。

——子どもの映画環境を考えることの、一つのキーワードですね。

工藤　映画館の話をすると、フランスとイタリアには子どもの映画館があります。イタリアは、ローマにあって、今はやっていないけれど、子ども向けの映画祭もしていました。

——子ども映画祭というのは、国際映画祭の子ども編じゃなくて、独自の映画祭ということですか?

工藤　自分たちで作品を集めてきて、子ども映画祭を自分の劇場で開催したんです。ほかにも、モネの映画を学校のスクールプログラムで鑑賞したり。映画を観たあと公園の池へ行って睡蓮を見て、その後美術館に行くという内容で、学校単位で申し込む。この例からみても、映画館への学校の受け入れというのは相当大きい比重を占めているんです。フランスの場合は小・中・高校とプログラムがあって、年間に3、4本を観るという。たとえば小学校のプログラムは、30~40本のリストの中から観たい作品を選ぶことになっている。観賞後、子どもはその作品のカードをもらって、先生は冊子をもらう。その冊子の中には、映画を観たあとにどういうことを子どもたちと話せばよいか、教師向けの作品鑑賞メソッドがまとめられています。高校編はすごく高度で、たとえば『めまい』の教材は『カイエ・デュ・シネマ』の編集なんです。こうしたプログラムには、映画を専門としない先生が授業をできるようにトレーニングするコースも存在していて、さらにそこに雇用が生まれている。こうした映画教材を編集・トレーニングする講師は、国からお給料をもらってこれを仕事にしていけるんです。フランスはもう一つプログラムがあって、パリの映画館では、年間の上映作品に占めるアート映画が一定以上の場合は、アート系映画館の連盟の会員として助成金が給付されているのですが、その会員となっているパリの各映画館が、週替わりで子ども向けアート映画を各劇場で上映しているんです。イメージとしては、BUNKAMURAで今週そのプログラムを上映したら来週はヒューマントラスト有楽町でやっている、というようなプログラムです。これに関しては1回の子どもの入場料の一部に助成金が出ています。子ども向けの映画を配給している配給会社へも、こうしたプログラムに作品が借り上げられると年間でいくらという配給収入がしっかり保証されているので、子ども映画を専門に配給している会社が数社存在しています。

——そういう取り組みは確かに一つの方法ですね。海外のさまざまな例を参考にして、こちらの実態に添うようなシステムをつくっていく、あるいは連動していく方向に持っていけるといいですが。

工藤　ただ現実問題として、配給会社も劇場も余裕がありません。

石坂　それはやっぱり特別なスタッフを育てていかないとできない問題ですね。

工藤　フランスでのこの取り組みは、もう25年くらい経っているんですけど、80年代のヨーロッパはアート映画の興行収入が底まで行ってしまった時代だったんです。日本でミニシアター大ブームだったときに、ヨーロッパではアート映画はボロボロ。映画館はどんどん閉めていくような状況になっていたとき、ＣＮＣ（国立フィルムセンター）に興行団体が相談して始まったプログラムだったそうです。

中野　日本でいえば、たとえばフィルムセンターでやるとか。

工藤　ＢＦＩ（英国映画協会）が映画教育に使っている予算と、フィルムセンターの教育という部門にあてられている予算を比べたら、１００分の3くらいの金額でした。

中野　今の対応というのは日本の特色で、文化行政のある側面を表していると思う。

石坂　今、話を聞いていると、根本は映画をもっと重視し、大切なものだというムードにならないと何も始まらない。１００本のリストをつくって課題として観せる。明治学院大学で四方田犬彦さんが「四方田の１００本」というのを1年目に観せてレポートを書かせる。それをクリアしないと2年になれないというので、みんな頑張って書くんです。それを見ていると映画研究者はかなり育ちました。

北條　研究者以外にも配給会社に勤めたり、劇場のスタッフなるという人たちが多かった。クオリティがしっかりしているのでとてもやりやすい。

工藤　やはり、シャワーのように映画を浴びる時間というのは必要ですね。

石坂　大学だから許される面はあるけれど、ヒントにはなるような気はする。映画は自国の文化であると認められているわけですから、自国の文化遺産の継承という意味において、もっと公的なお金をもって映画を観たり、鑑賞体験が行われてしかるべきだと思います。

工藤　フランスでは映画はアートで、第七芸術とはっきり定義して文化として保護されているから日本での取り組みの例にするのは難しいですが、イギリスでは映画は産業であると同時に芸術でもあるというあり方で、日本に似ているんです。イギリスでどう映画が学校教育として入っていったかというと、80年代にメディアが急速に発展していく中でメディアリテラシーというキーワードで、イギリスの映画は学校の中に無理やり入っていったんです。ただ、今は映画とメディアリテラシーという関係性は少し古いものになってきています。2000〜10年代に入って「映画を通した学び」ということで、一緒に何かをつくったり対話をしたりすることによる子どものコミュニケーション能力の向上、異文化や多様性を受け入れて合意形成を養うという点で、映画は非常に有効な手段であるという認識です。デンマークでは、学校でアニメーションをつくるという取り組み（Animated learning lab）が行われていますが、実は高知の小学校がこのプログラムを実践しています。プログラムに参加した子どもたちの学習意欲の向上や積極性、コミュニケーション能力が圧倒的に上がっているんだそうです。ですから、そのような形で映画が教育というものの中で果たせる役割はあると思うので、そういうアプローチで学校に入って、教育と一緒になっていくことはすごくチャンスが生まれてきていると思います。

中野　現在は、映画だけではないさまざまなメディアがあるから、どういう形で実現していくかはわからないけれど、とにかく地域レベルで行われている子ども映画教室の動きを、一つのムーブメントにできるといいのではないでしょうか。

工藤　こども映画プラスのホームページの中では、そういったイベントを紹介するコラムがあるんですよ。「映画と子ども」になんらかで引っ掛かってくるものは、積極的に紹介しているんです。

中野　全国規模でたくさんのイベントがあるのですか。

工藤　いろいろです。上映会もありますし、子ども映画教室のシンポジウムも紹介しています。

石坂　子どもに映画を観せるという取り組み自体は、本当に多発している。だから大きな拠点があるといいよね。

中野　全国でこういう動きが出てきているのは、本当によいことだと思う。

——たしかに、個々にだけではなく、一つの流れとして大きな拠点ができることが子どもの映画環境にとって最も望ましいことです。結論というものは常にないんだけれど、何が必要で、何をどうすべきかというような、いくつかの大事な要素は見えてきたと思います。

（２０１８年2月9日　渋谷ユーロスペースにて）

特集

紙の映画研究会

ペーパームーンの誕生！

「紙の映画研究会」とは？　岡田秀則

映画の宣伝写真やプレス資料、ポスター、台本、書籍や雑誌、エトセトラ……。前売り券もパンフレットも、映画会社のカレンダーだって、みな「紙の映画」である。映画を作るために、あるいは映画を世に知らしめるために、あるいは映画を思考するために、映画の発明以来どの土地でもせっせと作られてきた。確かにこいつらは本物の映画じゃない。フィルムの陰に隠れた存在でしかなかった。当の映画と対立することさえある。なにしろ、時に、つまらない映画を面白い映画だと騙したりもするのだから……。

しかし映画が数多くのスタッフの協力によって生まれるように、「紙の映画」にも多くの人が関わっている。当然それぞれにはそれぞれのクリエーターやエディターがいて、コレクターやライブラリアンがいる。スカラーにとっても大切な資料だし、最近ではキュレーターさえいる始末だ。それぞれが語る「紙の映画」は、それぞれ奥が深い。深すぎて今もよくわからない。だが、そのよくわからなさも含めて、「紙の映画」は面白い。

とはいえ、正直に申し上げると、私ども「紙の映画研究会」を誌面で取り上げると聞いたときは、やや当惑した。というのも当研究会は、まだ「集まった」だけで、具体的な活動というものを持っていない。現時点では単なる親睦会だからである。

まあ、その結成自体が画期的だったことは、幾度強調してもし足りないだろう。何しろ、これまでこの分野は職能別にバラバラのものとしてしか認識されてこなかったからだ。資料館で映画資料のカタロギングに従事する人と、映画チラシをデザインする人が出会うことなど、ほぼ考えられなかった。それでも全国で映画の資料館は漸増している。ダブついた過去の宣伝材料をどう保存したり処分したりすべきか、悩んでいる映画会社も増えているようだ。機運は徐々に高まっていたと言えるだろう。

最初の会はまったく自然発生的なものであった。２０１６年４月のことだ。渋谷の中華料理店に25人もの参加者を得た。ポスターなどの映画宣伝デザイナー、映画資料コレクター、映画イラストレーター、映画資料館のキュレーターやカタロガー、映画図書室の司書、映画書や雑誌の編集者といったさまざまな職種の人たちが「紙の映画」という共通のテーマのもとに一堂に会するのは過去にないことだろう。その後も親睦会というかたちで二度ほど集いを持った。

この会には事実上の「顧問」がお二人いる。メインストリーム映画の宣伝図案を手がけてこの道50年、ＡＴＧ映画もやればキューブリックやイーストウッドの信頼も篤い檜垣紀六さん、そして岩波ホールのエキプ・ド・シネマやフランス映画社BOWシリーズなど、アート・フィルムの宣伝デザインで地歩を築かれてきた小笠原正勝さんである。ほかにも『キネマ旬報』に40年以上イラストレーションを寄せ続ける宮崎祐治さんら、いろんなエキスパートがいる。一応小生が世話役を、味わい深い展示でいつも唸らせてくれる鎌倉市川喜多映画記念館の馬場祐輔さんが事務局的な立場を務めている。

これから何をしたらいいだろう？　シンポジウム？　本を作る？　このままでいい？　実はこのままでも、多少は世の中の役に立つことが証明されている。昨秋のことだが、この会のメンバーで、ちょうど東京オペラシティ「谷川俊太郎展」の会場デザインを手がけていた大島依提亜さんを通じて、ハワード・ホークスの『赤い河』のポスターはありませんかとのお問い合わせが私にあった。フィルムセンターに所蔵はないので、お持ちなのがほぼ確実なコレクターさんにつながる情報をお知らせした。その後、私の思い当たる方のポスターよりさらに状態の良い品をお持ちの方に話はつながり、ふたを開けてみると、無事『赤い河』は会場に輝いているのであった。「デザイナー→キュレーター→コレクター」のバトンは見事に渡ったのだ。

実はこの会には「ペーパームーン」という愛称がある。言わずと知れたピーター・ボグダノヴィッチの映画の題だが、詐欺師の男（ライアン・オニール）と10歳の少女（テイタム・オニール）が、ひょんなきっかけから一緒に旅をする。カーニバルで男はダンサーに夢中になり、残された少女は写真屋でさみしく写真を撮ってもらう。その背景には紙でできた、顔のついた三日月が……。

この映画で歌われるジャズのスタンダード「イッツ・オンリー・ア・ペーパー・ムーン」の歌詞にはこうある。

It is only a paper moon
Hanging over a cardboard sea
But it wouldn't be make believe
If you believed in me

もし信じてくれるなら、紙の月も本物になる。だから、もし信じてくれるなら、「紙の映画」だってきっと本物の映画になるんだろう。

座談会

紙の映画、もうひとつの映画

岡田秀則
国立映画アーカイブ主任研究員

小野里 徹
ポスターコレクター

小笠原正勝
グラフィックデザイナー

創刊号で「紙の映画、秘かなる愉しみ」として、
ノンフィルムの世界を取り上げた。
今回はそれから1年、
どのような展開があっただろうか?
そのいきさつは
国立映画アーカイブの岡田秀則さんによって
「紙の映画研究会とは?」として
本誌に述べられている。
創刊号の対談も顧みながら、
それぞれの仕事の現状と
周辺の思いを語り合っていく。

取材=沼田梓
文=髙関進
撮影=野村志保

作品と紙の資料を愛するそれぞれの理由

小笠原 岡田さんが仕事をされている国立近代美術館フィルムセンターは、今年度から「国立映画アーカイブ」として独立した国立の映画機関に生まれ変わります。岡田さんは現在、さまざまなかたちの展覧会や資料展示を企画されていますが、ポスターやパンフレットや冊子など、紙の映画の世界は好きだったのですか?

岡田 もともとは単なる映画好きでしかなくて、観客としてフィルムセンターに行っていたのですが、ろくに研究もしていなかったのに1996年に研究員に採用されました。具体的にどんな仕事をするのかというイメージもないまま入ってしまったわけです。昔から映画のチラシは集めていましたが、映画を巡る紙というものについて特別な関心はありませんでした。2007年に、フィルムセンターの情報資料室というところで映画の紙資

料を収集してカタログ化し、保存し、活用するという実務に携わるようになりましたか
最初は何をしていいのかさっぱりわかりませんでしたね。

小笠原　映画の収集、復元、保存や上映などがアーカイブの仕事とされていますが、岡田さんはあまり知らないままフィルムセンターに入られたということですか（笑）。

岡田　そうですね、わかっているのは映画の上映企画をしていることと、相模原にフィルムの保存庫があることぐらいで。ご想像いただけると思いますが、まず映画そのもののほうが大切ですから、資料はフィルム・アーカイブ活動のなかでも後回しにされた分野で、この日本のフィルムセンターでも、資料という言葉を冠した「情報資料室」ができたのは2000年なんです。僕の先輩にあたる入江良郎さんが仕事の基本となる形を組み立ててくれたので、相当やりやすかったですね。展示も担当になりましたが、そのころはわからないなりに張り切っていて、企画展を年に3回、多い年で4回を一人で回していました。とにかく有能なスタッフに恵まれていたので、寄贈を受けてデータベースでカタログ化し、現物を適切に保存するといった仕事から、それを外部に貸し出したり、出版社などに写真画像を提供するといったアクセス対応、そして自分らの企画展の運営まで、アーカイビングの入口から出口まで一応やるようになりました。

小笠原　小野里さんは、紙の映画の中心ともいえるポスターのコレクターで、自ら「ポスターマン」と称されて、いつもコレクションを愉しんでいるふうに見えるんですが、映画ポスターに興味をもたれたきっかけはどんなところにあるんですか？

小野里　10代のころは岡田さんと同じように、一映画ファンだったんです。小学校4年生のときに生まれて初めて映画館に連れて行ってもらって『ジョーズ』（1975）を観て、「映画ってすごいな」と感動しました。それで、76年から『ロードショー』や『スクリーン』を買い始めたんですが、そこに海外版オリジナルポスターを紹介するコーナーがあって、普段通っている映画館に貼られているちょっと泥臭い感じの日本版のポスターとはまるで違う、洗練されたオリジナルポスターの世界を知ったんです。そのころはチラシブー

ム真っ只中だったんですが、僕はチラシにはそれほど興味はなくて、大きい印刷物のほうが好きだったんですね。ただ、ポスターは簡単に手に入るものではありませんから、映画館の前に立ってズーッと見て目に焼き付けたりして。それが原体験ですね。本格的に収集するようになったのは90年代に入ってからです。きっかけは、88年にロンドンに遊びに行ったときでした。映画ショップで安く売られていたリプリントのポスターを買ったり、映画館でブリティッシュ・クアッドと呼ばれる英国独自のポスターを見て、「横型のポスターもあるのか」とすごく驚きましたし、サイズが大きいのも新鮮でした。それがコレクションの直接の引き金だったと思います。

小笠原　それから集め始めていかれたわけですね。

小野里　そうです。ロンドンで買って来たリプリントを部屋に飾っていたんですが、いかんせん印刷が雑ですし、しょせん紛い物なので、本物のポスターが欲しくなってきたんです。それで、当時赤坂にあった映画関係のショップに通うようになって。高価だったり状態が悪かったりもしたんですが、そこでしか買えなかったものですから。映画館に行けば手に入るチラシやパンフよりも、手に入りにくいものに対するあこがれが非常に強かったです。

小笠原　収集しているポスターと映画自体との関連には特別の意味をもつことがあるんですか？　ポスターが優先か、映画が先かというような。

小野里　まず作品ありきなんです。作品がつまらなければそのポスターにも興味はありません。インパクトを受けた作品のポスターだからこそ欲しいと思うんです。逆に、映画がいくら面白くてもポスターデザインがつまらなければ収集対象にはなりません。たとえば、スピルバーグ作品には数々の傑作や名作がありますが、ポスターはどれも面白くない（笑）。スピルバーグ作品で所有しているのは、『ジョーズ』と『未知との遭遇』くらいでしょうか。

岡田　『激突』は？

岡田秀則
おかだ・ひでのり

国立映画アーカイブ主任研究員

1968年愛知県生まれ。東京国立近代美術館フィルムセンター主任研究員として、96年以来、映画フィルムや関連資料の収集・保存・公開や、上映企画・イベントの運営、映画教育事業などに携わる。単著に『映画という《物体X》フィルム・アーカイブの眼で見た映画』（16年　立東舎）、共編著に『そっちやない、こっちや―― 映画監督・柳澤壽男の世界』（新宿書房2020年）など。

小野里　『激突』はスピルバーグ作品がブロックバスター化する前だったので、各国でいろいろなデザインがあって面白味がありましたね。各国版でほとんどデザインが統一されるようになったのは、『ジョーズ』からだったと記憶しています。スピルバーグって作品はあんなに面白いのに、なんでポスターはつまらないんだろう……。

小笠原　映画の素晴らしい出来にデザインは対応しきれなかったのでしょう。ポスターの作り手からすると、映画と紙の上のデザインはいつも決闘！です（笑）。どちらが勝つか負けるかではなく、そこにもう一つの映画を創るわけだから、対決したり共鳴したり、葛藤のなかでデザインしているんです。いずれにしてもコレクションされることは、意識してはいないけれど、やはりそれなりの理由があるのでうれしいですね。

紙の映画に魅せられるデザイナーとコレクター

小野里　自分のコレクションの中から3枚選ぶとしたら、ニコラス・ローグのデビュー作『美しき冒険旅行』(71)、ポール・トーマス・アンダーソンの『インヒアレント・ヴァイス』(2014)、それにゴダールの『気狂いピエロ』(65)です。さきほど「まず作品ありき」と言いましたけど、『美しき冒険旅行』と『インヒアレント・ヴァイス』に関しては、映画本編を見る前にまずポスターに一目惚れしてしまった。『美しき冒険旅行』はデザインが謎めいていて、想像力を掻き立てられたんです。裸で水浴をしているジェニー・アガターと、原野に一人で立っているアボリジニの少年のコンビネーションがモンド映画風で。ちょっと「ナショナル・ジオグラフィック」の表紙のようにも見える。『気狂いピエロ』は、それまで見てきた映画に対する価値観が全部ひっくり返るような作品でした。

岡田　ポスターは小笠原さんの傑作ですね。

小野里　83年にリバイバルされたときのポスターです。あのデザインこそが『気狂いピエロ』体験でした。高校2年生でしたが、このポスターが欲しくて欲しくて、あれほどポス

小野里徹
おのざと・とおる

ポスターコレクター

1965年群馬県生まれ。小学生時代より映画を見始め、1990年頃より海外オリジナルポスターの収集を開始。「ポスター収集に溺れる映画偏愛家」を自称し、ホームページ「POSTER-MAN」にてコレクションの一部を公開中。

ターが欲しくなったのはあのときが初めてでした。公開前に有楽シネマで前売り券を買うともらえたと、あとになって知りましてね。当時大学で映研に入ってた兄貴のいる友達がいて、彼の家に遊びに行くとあのポスターが部屋に貼ってあるのがなんとも羨ましかった。

小笠原　ポスター展をしたときに、このBOWシリーズ版ポスターをニューヨークのポスターショップで、いくらで売られていたとか話題になったということを、あるコレクターから聞いたことがあります。この映画はゴダールの代表作でコラージュの手法の見本のような作品ですね。この映画を平面化した構図で、フランスとコミックとフィルムのイメージです。映画にある時間の流れや、音や音楽を一枚の紙に形として表わすことを考えると、こういった表現になります。

小野里　これはいわゆる〝小笠原デザイン〟とはちょっと外れていますよね。

岡田　私もそう思います。

小笠原　僕は小さいときから絵ばかり描いていたので美術大学に行ったけれど、実は子供のころはとても映画をつくりたかった。小学校に入ったころ『鞍馬天狗 角兵衛獅子』(51)を観るんです。それまでラジオと冒険小説だけだったから、初めて映画というものを観た体験はかなりの衝撃でした。映画の物語の世界に魅了され、あらゆる種類の映画を浴びるように観続ける。だから生活している現実と、虚構の世界の現実が混ぜ合わさっていくんですね。その狭間でポスターをつくっているから、その境目のラインをポスターで明確にしているのかもしれないです。鶴屋南北の「東海道四谷怪談」の戸板返しのようなもので、あの世の向こう側と生きているこちら側を、行ったり来たり(笑)。だからポスターは映画であるけれどもデザインであるし、デザインだけれど映画であるのだと信じています。ポスターを通して、自分が観た映画のどこを、どのように伝えたいか、映画から何を読み取ったかを一つの形に表わしてデザインとして伝えたい、という思いがあるわけです。

小野里　デザインなさるのは、試写で見てからですか?

小笠原　輸入された映画と日本映画とではプロセスは違います。日本映画はまずシナリオを読み、監督やプロデューサーと話し、俳優たちとの雑談からも発想が生まれたりします。それから編集に立ち会い、ラッシュフィルムを見ることで監督の考えや、絵のポイントを発見できます。デッサンをつくり、ロケ先にポスター用の絵を撮影に行くこともあります。だからいろいろな条件を越えてイメージができていくことが多いですね。それに対して外国映画はシンプルです。税関がチェックする保税試写を見ることから始めるんですが、字幕のない状態は物語を追わない分、むしろ映画の構造が鮮明に見えるんです。音楽や色あい、全体の流れのリズム感、監督が言いたいこと、どこが作品のキーポイントになるかが見つけやすい。映画の製作と同時進行でポスターをつくっていくことも、完成した映画からポスターをつくるのも、最後は一枚の紙ですから終着駅は同じでも旅の道中の風景は違う。そこがとても楽しい。これもまた映画のようです。

映画のポスターは街の風景だった

小笠原 フィルムセンターでは、デザイナーやコレクターにとても興味津々な企画展覧会を展開していますが、展示することの面白さや困難さはどんなところにありますか?

岡田 フィルムセンターの7階にある展示室ですが、前半は常設展、後半は企画展となっています。２００7年から関わり始めて年に3本ですから、18年1月スタートの「SF・怪獣映画の世界」が、私が携わった34本目になります。いわゆる大きな美術館だと準備に2、3年かけて大規模な展覧会をやりますから、学芸員さんはその大きさは誇れるけれども、企画の数ではこんな濃密な体験はできないはずです。フィルムセンターは常設展と企画展、合わせて３００平方メートルと小さなスペースですが、そこが逆にいいんですね。展覧会の回転も速いですし、学芸員は基本的に一人か、ときどき客員研究員さんと二人という態勢ですから、投げられた球をすぐ形にできますし、自分から企画を提案したものも意外と多いです。もちろん映画監督、俳優、会社というのが映画展のテーマの王道

小笠原正勝
おがさわら・まさかつ

グラフィックデザイナー

東宝アートビューローで、芸術座、日劇、東京宝塚劇場等、演劇のデザインを担当。フリーになり、カメラを持って香港、ベトナム、シンガポール、マレーシアへ、映像記録の旅をする。『股旅』(カンヌ映画祭ポスターグランプリ)他、ATG映画のポスター、岩波ホール「エキプ・ド・シネマ」、BOWシリーズのポスターをつくる。映画は東宝東和、松竹、東映、大映東光徳間など、演劇は歌舞伎座、新橋演舞場、俳優座劇場、国立劇場、地人会など50年にわたりデザインを手がける。ポスター展多数。共編著『ATG映画の全貌—外国映画編』(夏書館、1980年)。

ですが、「意外とこんな展示もできるかも？」という発見が楽しいですね。映画資料のあり方自体に注目した、「日本映画 スチル写真の美学」とか「映画パンフレットの世界」といった展覧会もやりました。劇場の受付や売店で売っている映画パンフは日本独特のものですが、その歴史と現在までを紹介したり、映画の本だけを扱った「シネマブックの秘かな愉しみ」展など、映画資料そのものの面白さがだんだん広がってきたのは確かです。展覧会の準備中でも次々とアイデアが出てくる面白さもありますね。

小笠原 京橋のフィルムセンターのロビーにB全サイズほどのモニターが置いてあって、映画のポスターが次々と現れて消える。あれはとてもいい仕掛けですね。

岡田 そうなんです。期間限定の試験展示（２０１８年1月〜2月）で、近年フィルムセンターが展開したデジタル化プロジェクトのなかでスキャンしたポスター５０００点のうち３５０点を選んで、10秒おきに画像を出しているんです。

小笠原 アート的なポスターは何が出てくるかと思ってしばらく見ていましたが、あまりなかった。すこしばかり寂しい思いをしました。

岡田 （笑）アートな映画ポスターより、多くの人が忘れたかもしれない作品も有名な作品もまぜこぜにしてあります。そのほうがアーカイブっぽいじゃないですか？ ３５０作品を10秒ずつですから、ほぼ1時間で一巡します。フィルムセンターの実力を少しでもわかってほしいな、という企画でもあるんです。有名か無名か、評価されたかされていないかに関係なく、ほとんど任意に作品を選んだところが面白みになっていると自分では思っています。

小笠原 そのモニターが外の街路にあったらさらに楽しさが倍増すると思うんですが、展覧会自体を街角風な情景をこしらえたなかでやってみても面白いかもしれませんね。コンピューターグラフィックの仮想世界ではなく、もっとリアルに。

岡田 そうですね。当時の再現みたいに、映画ポスターがどういう形で貼られたかという環境まで見せるというのも興味があります。

小笠原　昔は、街には板塀があって映画のポスターが毎週切り替えて貼ってありました。中学生のとき、ジェーン・マンスフィールドの官能的で挑発的な『よろめき休暇』(57)というハリウッド映画のポスターの前で、ドキドキしながら劇場に入ろうか止めようか、おおいに迷ったあげく、併映の戦争映画に理由をつけて、結局しっかり観てしまいました。

小野里　僕の郷里には、その町にある全映画館のポスターが掲示されている一角がありましたね。だからポルノ映画のポスターなんかも小学生が平気で見てしまって(笑)。現在では考えられないです。

岡田　ある時代、映画ポスターや看板は、都市風景の中心、風景そのものでしたからね。

小笠原　紙の映画としては、ポスター以外にもパンフレット、チラシや前売り券などいろいろありますが、やはりポスターの存在は大きいですね。宣伝として街に貼られて大勢の人に見られながら、公開が終わるとともに消えてしまう。運命的です。95年ごろですが朝日新聞の黛哲郎さんが取材にこられたことがあって、そのとき彼がポスターを「街角の芸術」と言ってくれたんですね。これはパリでもロンドンでも同じで、街に貼られることでようやく「ポスター」になるわけです。ポスターの〝人生〟としてはそれが一番幸せな時です。一定の期間ではがされるわけですから、あとで見ようと思うと展覧会しかありません。「街角から再び」というテーマで7、8回展覧会をやっているんですが、それはまたポスターが全然違う貌(かお)になる。ポスターを見る人は、ほとんどがそこに映画を引き寄せて見ているんです。ポスターの視覚伝達の意味は現役のときと引退してから、すなわち街に貼られるときと展覧会では、受け止め方が全然違うものになる妙味ですね。

小野里　僕の場合、コレクションが額装されて新文芸坐や川喜多映画記念館に展示されているのを見ると、「同じポスターなのに、うちの狭いマンションに眠っているときと人目に触れているときとでは、なんであんなに輝きが違ってしまうんだろう」ということは強く思います。ポスターはやはり多くの人に見てもらってこそなんだな、ということですね。今と違って昔は、ネットやテレビ以外で情報を得ていたのは雑誌、それとポスター、チラ

展覧会「街角から再び―伝達する風景展」
(1999彩の国さいたま芸術劇場)

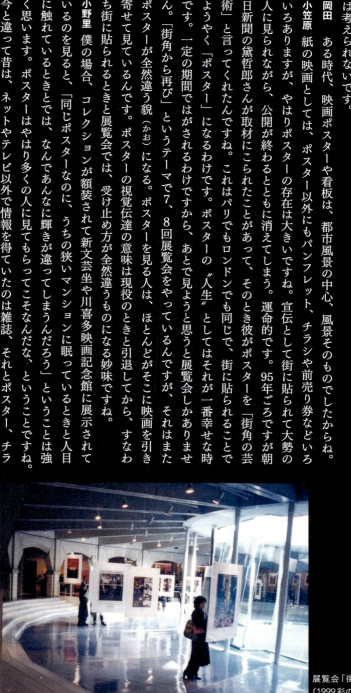

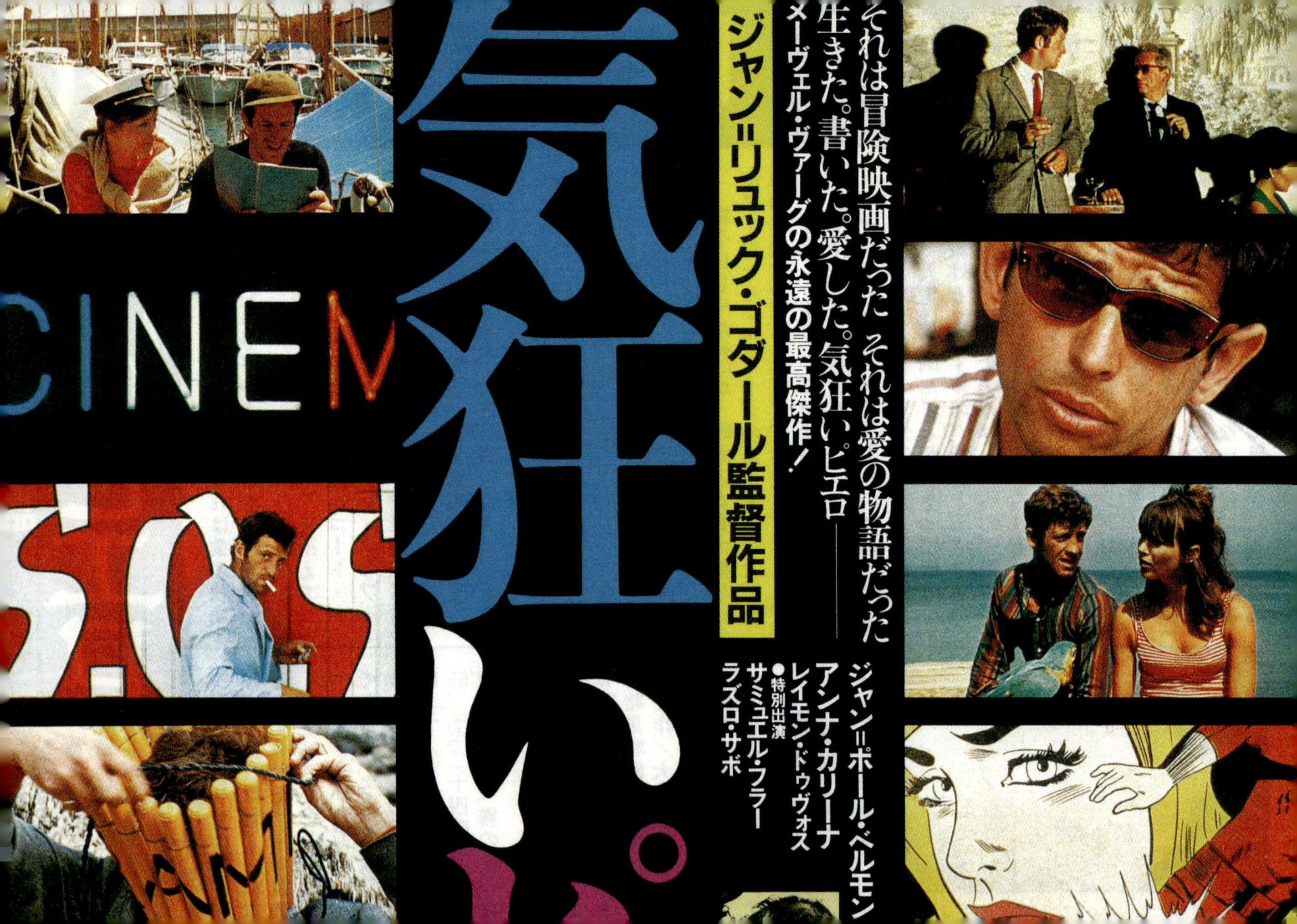

CINEM
気狂い
それは冒険映画だった　それは愛の物語だった
生きた。書いた。愛した。気狂いピエロ――
ヌーヴェル・ヴァーグの永遠の最高傑作！
ジャン＝リュック・ゴダール監督作品
ジャン＝ポール・ベルモン
アンナ・カリーナ
レイモン・ドゥヴォス
●特別出演
サミュエル・フラー
ラズロ・サボ

『気狂いピエロ』(65) フランス映画社によるリバイバル公開時のポスター。B2（515×728mm）　デザイン＝小笠原正勝　1983年

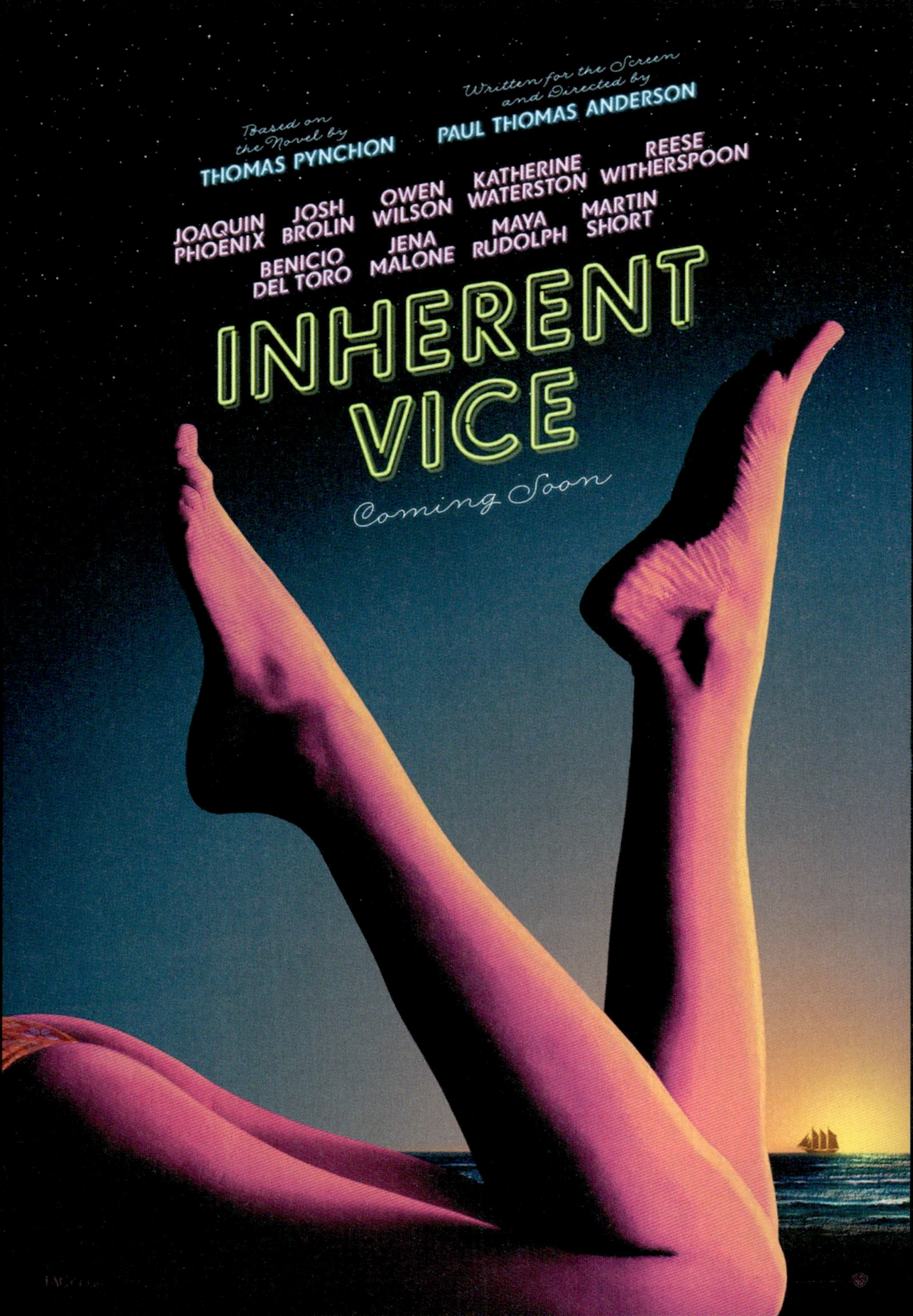

『インヒアレント・ヴァイス』(2014) US1シート 104×69cm デザイン = Dust in Stanton

『美しき冒険旅行』(1971) US1シート 104×69cm デザイン者不明

ン、新聞広告が主でした。公開が近づいて町にポスターが貼られるようになるとワクワクしましたね。

岡田　板塀やトンネルの壁とかに貼ってあったり。あとはタテカン（立て看板）ですね。上下2枚組のポスターで、ベニヤ板にポスターを貼り付けたのが、電柱などに針金でくくりつけられて。

小笠原　今も展覧会ではタテカンを出していますね。あのスタイルが面白くて、意図的にデザインとしてつくってみたのが市川崑監督の『股旅』なんです。あれはタテカンのつもりでつくって、別々に離しても単独で使ってもいいという考えだった。

岡田　『股旅』は小笠原さんの作品だけで少なくとも3種類ありますが、全部いいですね。

小野里　キャッチコピーも入ってなかったですよね。

小笠原　一つのヴァージョンには入れてないですね。極限までシンボリックな捉え方にし

市川崑監督作品
カラー作品
股旅
MATATABI
●崑プロダクション＋ATG提携作品
atg
●A FILM BY KON ICHIKAWA
●シナリオ＝谷川俊太郎＋市川崑 ●撮影＝小林節雄
●小倉一郎＋尾藤イサオ＋萩原健一＋井上れい子＋常田富士男＋大宮敏充
映倫
黄桜

3点とも『股旅』ポスター。

ようと、説明的なことはいっさいなしにしようと。市川崑さんの映画だということも、つくっていてそれがベストだったと思っています。

デザイナーの「作品」と映画会社の「宣伝資料」との狭間

小笠原 ポスターから内容をイメージして映画を観ると、まったく異なっていたという経験はありませんか？　北欧や南米の映画のイラストレーションやコラージュのデザインが強烈すぎる作風だと、作品の内容とつながらないものがある。たとえば新藤兼人監督の『藪の中の黒猫』(68)などは、新藤さんの映画が消えて別の映画があるような感じさえしました。

岡田 社会主義時代のチェコスロバキアの映画ポスターは驚くほどクリエイティブですが、ポスター作家が主張をしすぎて、下手をすると試写を見ていない可能性が高いと思われるポスターもありますよね。最初からその画家が準備していたものを出してきたんじゃないか、という気さえするものもあります。

小笠原 映画のポスターというよりも、そのデザイナーにとってのオリジナル作品という感じが強いですね。

小野里 デザイナーが映画そのものを引き寄せちゃっているというか。

小笠原 デザイナーが「こうしたい」というイメージはすごくあるけれど、現実の問題として宣伝という機能も認めなければならない。だからその狭間でデザインしようとするとどうしても説明的になる。宣伝という素材と映画のエッセンスの要素を、色をつけながらどんな味の料理に仕上げるかです。宣伝と自分のイメージが必ずしも一致するわけではないから、そのジレンマのなかでデザインとして組み立てることですね。

小野里 配給側の「この映画はこういうふうに見せたい」というのと、小笠原さんが「この作品はこうである」と考えてデザインしたものとが衝突することはあるんですか？

小笠原　衝突というより映画の理解の仕方と、仕事の性質の相違が隔たりをつくることが多いです。一つの例として鈴木清順監督の『ツィゴイネルワイゼン』があります。映画が完成したときプロデューサーの荒戸源次郎さんが、ほとんど映画のポスターをつくらない木村恒久さんにデザインを依頼した。それはとてもシュールレアリズムな作品で、映画のイズムは表現されているアートですが、映画の伝達にはかなり遠いものです。見た人たちが「これはすごい」と驚いた。しかし、映画の内容はつかめない。ATGで公開が決まったとき僕に仕事がまわってきた。木村さんのポスターはアートとして残しているけれども、映画のポスターとしてデザインをつくってほしいということでした。結局、作品から受けたイメージをシンボライズすると、桜とサラサーテのレコードの不思議な声と大正モダニズムのクラシカルな舞台です。清順監督の虚構の世界を様式化という言葉に置き換えたということです。

パンフレット、スチル写真……作品を取り巻く紙の映画の歴史

小笠原　ところで、いまフィルムセンターのパンフレットの所蔵はどのくらいあるんですか？

岡田　1万1000冊近いはずです。パンフレットは映画ファンにとってチラシと並んで一番近しい「紙の映画」ですよね。さっきも申し上げた通り、映画のアーカイブにとって紙の資料は新しい分野で、資料整理に割ける人員も少ないんです。ポスターやスチル写真が最優先で、図書室があるので書籍や雑誌も優先されますが、それ以外のものは後回しにならざるを得ませんでした。パンフレットも寄贈してくれた方が昔からいらっしゃいましたが、段ボールに入ったままふたも開けられず、未来の宿題になっていたわけです。ところが、2008年ごろに渋谷警察署の近くにあったシネマショップから、「閉店するので在庫を寄贈します」というお声がかかったんですよ。古書店にも売れたはずなのに、非

『ツィゴイネルワイゼン』ポスター。
B2（515×728mm）
デザイン＝小笠原正勝　1981年

常にありがたいお話で。これを機会に、以前から寄贈いただいたものもちゃんとリスト化してデータベースに入れて閲覧可能にしないといけない、ということでスタッフに奮起してもらいました。「映画パンフレットの世界」展を開催したあとなどは、1950年代のアメリカ映画のパンフを寄贈してくれるご年配の方も現れたりしました。同じ映画でもロードショー版と一般劇場版など何種類もありますし、外国のものを翻訳した翻訳版とか、今はB5判が多いですがA4やもっと大きな判型のものもあります。すごくいい紙を使ったディズニーの『ファンタジア』などは贅《ぜい》の極みで、それぞれ味があるんです。展覧会の開催はアーカイブの充実にも有効なんです。

小笠原　パンフレットもポスターと同じようにコレクターがいるようですね。昔は劇場が独自でパンフレットをつくっていました。それが、映画会社が発行するものに代わっていった。

岡田　ロードショー劇場が自ら編集したロードショー版は豪華で、値段も高いしロードショー期間中しか買えないため、古書店で買うとプレミアがついたりしたものです。一般版のほうは、あとで劇場名を刷り込んだものもありますが基本的には共通のものです。パンフレット以前の戦前期は、劇場がそれぞれつくっていた4ページか8ページの小さいプログラムがあったんですが、戦後、紙不足になって各劇場がそれぞれつくることができないというので、配給側がまとめて印刷し、売るようにしました。それがパンフのはじまりで、47年のスバル座の『アメリカ交響楽』ロードショーあたりから有料パンフレットが一般的になっていったようです。ある時期はパンフレットのためのファンクラブもあって、その分野の有名な識者がいたんです。50年代のそういう状況をちゃんと調べるのは大変で、映画パンフレットの歴史を綴った本もまだないのですが、大切な歴史だと思います。

小笠原　パンフレット以外にも、以前は劇場でもスチル写真をよく売っていましたね。駄菓子屋にも白黒写真や色をつけたものを売っていた。それから60年代、70年代は映画雑誌がすごく多かった。僕もそういう写真や雑誌をけっこうもっていたんですが、コレクター

岡田　人着には専門の工房があって、そこに頼むんだそうです。「あの映画のあの俳優さんは何色の服を着てた?」って、映画会社に電話して確認しながら色を塗っていたという話を聞いたことがあります。

小笠原　そういえば、川喜多かしこさんがロンドンの有名なコレクターのデビッド・ロビンソン氏を紹介してくれたんです。門扉から自動車で少し走るくらい大きな屋敷に映画のコレクションが博物館のようにある。彼は著名な映画評論家でもあるし、チャップリン研究者で、チャップリンコレクターなんです。チャップリンの使ったステッキとか、映画の

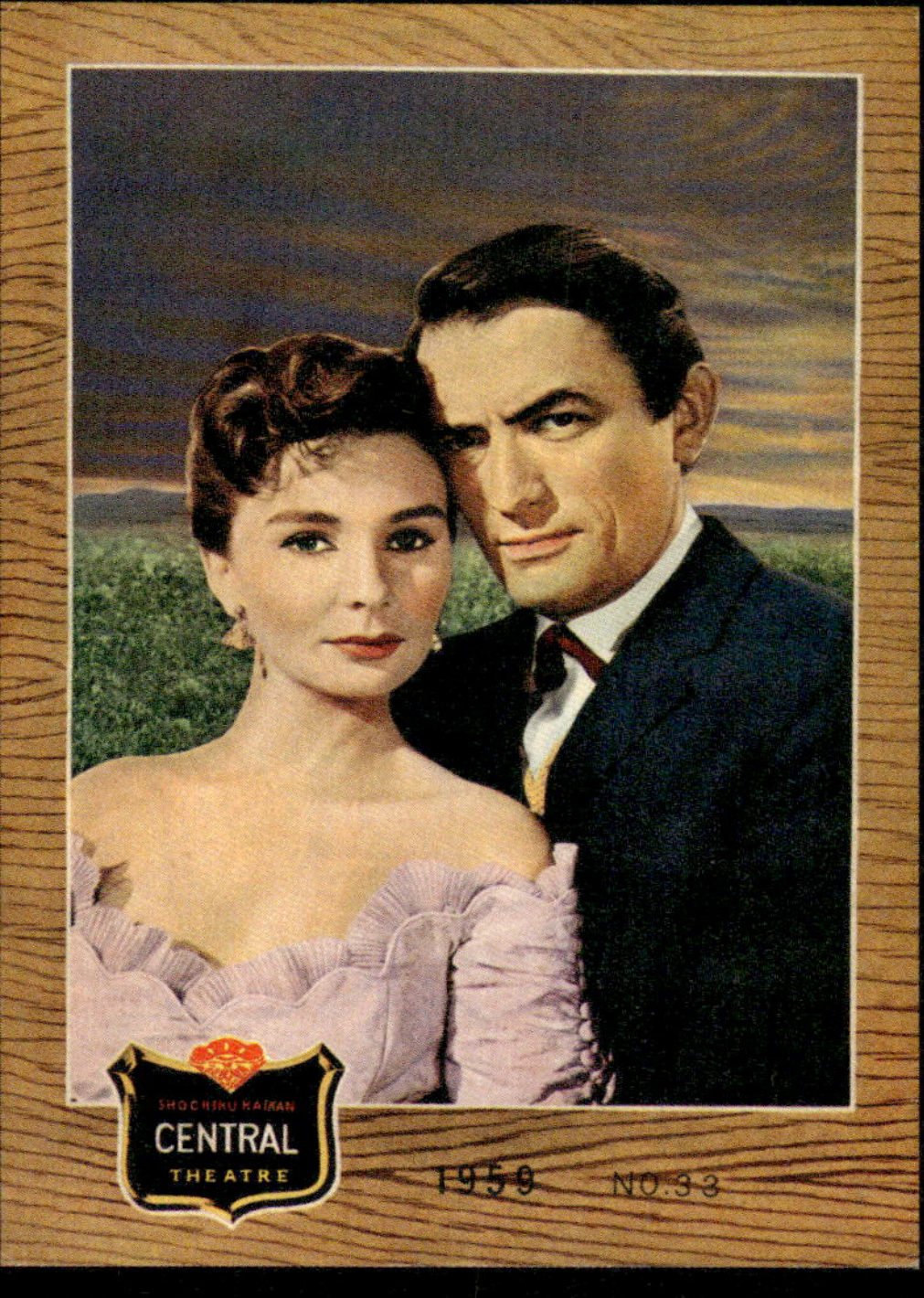

劇場発行のロードショー版パンフレット。
『駅馬車』(1962年、日比谷映画劇場発行)
『大いなる西部』(1959年、松竹セントラル発行)

小道具やミニチュアがいっぱいある。個人では稀なコレクションで、もちろん古いポスターも多い。紙の映画を抱え込んだ、一つの宇宙空間になっている。

岡田　紙の映画は、映画の発明とともに生まれたものですから、歴史も映画と同じだけ古い。映画の原初である「シネマトグラフ・リュミエール」の時代からポスターはあるわけですから。

小野里　当初のポスターはリトグラフだったんですよね。

小笠原　ポスターはフィルムと同時にスタートしたわけですから、歴史があります。宣伝機能という性格はあるけれども、本質的には視覚伝達、コミュニケーションとしてのビジュアルです。映画の要素は常にそこにあるといってもいい。物語がつくられるのと同時に紙の映画としての世界が立ち上がるんです。

岡田　そこでしょうね、コレクションのモチベーションは。

小野里　雑誌やパンフではなく、ポスターやスチル、ロビーカードなどはあくまでも興行側のもの、一般人の手に渡らないものという性格がありますから、そういうレアなもののほうがはるかに魅力的ですね。

小笠原　駅にポスターが貼ってあって、そこに「何日まで掲載」というスタンプが押してある。最終日に行って「これもう終わりだからくれませんか？」とおねだりしてもらったりする。コレクションの方法も時代によって違うので、そこにも歴史があります。

世界中の紙の映画を紹介していきたい

小笠原　紙の映画に限定すると、岡田さんはこれからの仕事としてどのように展開していきたいですか？

岡田　映画ポスターの歴史は、私もネット時代の今だからこそ勉強できていると思います。本物のポスターについては、コレクターの方やデザイナーの方などにお会いして学ぶ

ロビーカード。左から『ゴッドファーザー PARTII』(74)、『獅子丸一平』(55)

しかありません。その過程で、これまでソビエト、日本、フランス、チェコ、キューバ、東西ドイツと、国別の映画ポスター展をいくつか企画してきました。それでもまだまだ知らねばならない部分はいくらでもあります。アジアの映画ポスターも各国ごとに関心はあるのですがなかなか難しくて……。たとえばタイの映画ポスターは絶対面白いはずなんです。そのあたりの魅力も世の中にアピールできればと思います。

小野里 タイやトルコの映画ポスターは、それこそ80年代くらいまでの日本のポスターにあった雑多な雰囲気を、ちょっと毒々しいタッチの絵で表現するんですよ。コラージュではなくて。

岡田 タイのポスターには、ほかの国にはない色使いがありますよね。黄色と紫を合わせてくるとか。ポスター以外でも、「紙の映画」には世界のそれぞれの国の特徴があります。世界各地のローカルな映画資料をテーマにしたシンポジウムをやってみたいですね。フランスには「シネロマン」、イタリア語だと「チネロマンツォ」と言いますが、本屋で売られる写真付きのストーリーブックがありました。ああいうものの歴史もすごく知りたいし、イタリアの「ロカンディナ」という種類のポスターなど、変に縦長なんです。そういう宣伝文化のローカリティにも興味があります。

小野里 イタリアは「フォトバスタ」と呼ばれる大きなロビーカードがあったり、70年代までは人着を多用したりと、ポスターも独特の魅力がありますね。

岡田 「所変われば品変わる」で、すごく面白い。そういうことをみんなで楽しむイベントができたらいいですね。

小笠原 世界の国々の映画ポスターを年代や作家の表現で分けて見せていく。

岡田 今度「旅する黒澤明」という企画で、世界30か国の黒澤映画のポスターを展示します。槇田寿文さんという個人のコレクションです。各国がたとえば『七人の侍』をどうポスターにしたかわかるんですが、それを比べてみるのも面白いです。

小笠原 そういう企画はいいですね。

岡田　黒澤映画は独特で、これほど海外の人たちに見られてきた日本の映画はないわけです。黒澤明作品と、『ゴジラ』シリーズをはじめとする怪獣映画、この2ジャンルだけは国際的地位がはっきりある日本映画ですから、こういう企画が成立するんです。

小笠原　それぞれの映画作家の作品をそのような視点で紹介できたら、紙の映画の世界の奥深さもより理解してもらえるし、もう一つの映画の愉しみがさらに膨らんでいくと思います。

（2018年2月20日　銀座マイスペースにて）

ノンフィルムの活動 2017

馬場祐輔
鎌倉市川喜多映画記念館

この春から近代美術館フィルムセンターが、新たに6番目の国立美術館、［国立映画アーカイブ］として映画のために誕生しました。収集、復元、保存、上映など映画アーカイブの仕事と共に、ノンフィルムの活動も全国の機関の集結と連帯によって、充実した映画資料の保存と公開がますます期待されます。

2017年8月に開催された「第12回映画の復元と保存に関するワークショップ」内で、8月26日（土）に「映画資料カンファレンスin東京」をおこないました。関東で、映画資料をめぐってこのような集いを開催するのは初めての試みでした。開催の機運が高まったのは、2016年秋に『映画という《物体X》フィルム・アーカイブの眼で見た映画』（岡田秀則　立東舎）が刊行されたこと、また同年12月に神戸映画資料館で「ノンフィルム資料の保存と活用」という催しが開かれたことも一つの契機となりました。

また東京国立近代美術館フィルムセンターが調査し、各施設の映画関連資料の種類や数などをとりまとめた「全国映画資料館録」という冊子があります。2010年に全国の資料館にアンケートを実施し、最初にデータをとりまとめた段階で掲載された機関の数は32館でしたが、2015年におこなったアンケートでは、50館まで増加していました。映画の生誕から120年が経ち、フィルムだけでなくポスターなどの関連資料（＝ノンフィルム）もしっかり保存し、次の100年へと継承していこう

第12回 映画の復元と保存に関するワークショップ

2017年8月25日（金）／26日（土）／27日（日）

第1回　映画資料カンファレンス
［日時］8月26日（土）15:15–18:45
［会場］電気通信大学　約400席

タイムテーブル（敬称略）

15:15–15:35　講演「映画資料の収集・保存・公開～その現在地」
　岡田秀則（東京国立近代美術館フィルムセンター）
15:35–16:35　関東地方各機関の活動と所蔵資料の紹介
　岡田秀則（東京国立近代美術館フィルムセンター）
　馬場祐輔（鎌倉市川喜多映画記念館）
　井川繭子（松竹大谷図書館）
　庭山貴裕（世田谷文学館）
　吉江夏子（調布市立図書館）
16:45–17:15　講演「映画資料へのアクセシビリティ」
　中村秀之（立教大学現代心理学部教授）
17:20–17:50　専門資料館の事業紹介
　富居隆之（市川市文学ミュージアム / 水木洋子資料）
　松村浩士（江東区古石場文化センター / 小津安二郎資料）
　市川建美（市川崑記念室 / 市川崑資料）
17:55–18:45　トークセッションと質疑応答
　「紙の映画という荒野～ワイルド・サイドを歩け～」

第1回 映画資料カンファレンス会場風景。

とする活動がようやく少しずつ全国各地で展開され始めたことを示しています。

そのような状況の中、まずは映画資料の収集・保存・公開における現在地を確認し、各館が資料整理をおこなう上で工夫していることや対処に困る事例など様々な現場の声に耳を傾け、情報共有することから始めました。「映画資料カンファレンスin東京」では、東京国立近代美術館フィルムセンター（現・国立映画アーカイブ）、川喜多記念映画文化財団／鎌倉市川喜多映画記念館、松竹大谷図書館、世田谷文学館、調布市立図書館、市川市文学ミュージアム、江東区古石場文化センター、市川崑記念室の担当者に登壇していただき、各機関の所蔵資料や活動紹介をおこないました。

市川崑記念室からは市川崑監督のご長男で崑プロ代表取締役の市川建美さんにお越しいただき、記念室開設にいたった経緯や資料の現状、映画界の未来に向けた想いを語っていただきました。また松竹大谷図書館司書の井川さんには、所蔵資料の保存箱を作る資金や雑誌のデジタル化資金をクラウドファンディングで募集している運営支援プロジェクトを紹介していただき、その具体的成果や支援者に定期的にどのような活動報告をおこなうことで継続的な繋がりを形成しているのかを教えていただきました。そのほか個別の講演発表として、立教大学現代心理学部の中村秀之教授には、海外で映画研究に取り組まれた際の映画資料をめぐる実情やアクセシビリティについて、海外の映画資料の写真などを交えて語っていただきました。

「ノンフィルム」とは、世界各国のフィルム・アーカイブ機関に「フィルム」を取り扱う部門が存在することに対して、「フィルム以外の映画関連資料全部」を担う部門として名付けられた名称です。その種類はスチル写真やポスター、映画雑誌、台本、映写機やカメラ、リワインダーなどの機材、映画館の看板や座席表、衣裳、記念品の手ぬぐいや湯のみ茶碗……などなど多岐にわたり、製作から公開に至るまでの過程で作られたあらゆるものを含んでいます。各資料館や個人でノンフィルムを保存・管理していく中で、どのような方法論が確立できるのか、分量や各館ごとの重要性に応じてそれぞれに調査し、判断していくことがどこまで可能なのか、最後はディスカッションをおこないました。今後のノンフィルムの活動に向け、この催しがひとつの足がかりとなれば幸いです。

『ノスフェラトゥ』(78)、ヴェルナー・ヘルツォーク監督

映画界のパイオニア 1

中野理恵

パンドラ代表

「配給の仕事は観客を育てることです」

中野理恵インタビュー

聞き手＝小笠原正勝

取材・文＝沼田梓　撮影＝野村志保

中野理恵さんが80年代に立ち上げた映画配給会社「パンドラ」は、今年、31年を迎えた。今でこそ珍しくないが、当時は限られていた映画の配給会社の、しかも女性の起業としては稀な存在だった。当初は書籍を出版したいという思いからスタートしたパンドラだが、もともとあった映画への興味や、柴田駿さんのフランス映画社で培ったものが糧となり、多くの優れた、意義ある傑作を提供し続けている。ベースは映画配給だが、多岐にわたってさまざまな活動をしている中野さんの、一貫して変わらない独自の思考と思いをうかがった。

映画が生活の中にあった子供のころ

小笠原　中野さんとは、フランス映画社がバウ・シリーズを始めた1976年ごろにお会いしたんですね。中野さんは30年にわたってパンドラを率いて、堅実な評価をされていることは周知のとおりなんですが、今回は中野さんの、映画だけではない様々な活動から見える一人の女性としての生きざまに注目していきたいんです。まずは、子供のころから、どのように育っていったのか、映画にはいつごろ出会ったのか、そのあたりから話をきかせてください。中野さんは出身が静岡ですよね。

中野　生まれは静岡県の伊豆半島の韮山《にらやま》です。韮山というところは世界遺産になった韮山反射炉があるところです。育ったのは伊豆長岡で、実家は日蓮宗のお寺です。父は住職をしていました。母方の祖父が伊豆長岡のお寺の住職をしていて、その後任に父が就いたので伊豆長岡に移ったんです。父は「お寺の財産は檀家のものであり僧侶の私有財産ではない」という考えだったので、世襲はしてないんです。両親はもう亡くなっているんですけど、退職金代わりのようなものでしょうか、家を檀家さんがくださったので、それが伊豆長岡に残っているんですよ。だからその管理をしなきゃならなくて時々帰っています。

小笠原　そういう環境にあると映画との出会いは、やはり学校に行くようになって、友だちとの付き合いの中から発生していくんですよね。映画と出会ったのはどのあたりから？

中野　子供のころから映画はすごく身近にあったんですよ。うちの裏手は全部お寺の山だったし、うち以外に家がない所でした。家もロケに使われていた。テレビ番組の『隠密剣士』などがロケに来ていました。祖父が戦前からお寺の中で保育園をやっていたんですが、その保育園庭に古川緑波(喜劇俳優)が座っていたことは覚えています。祖父は五所平之助(監督)や武者小路実篤(作家)とも交流があったようです。他には大映の永田雅一社長。あの方は日蓮宗の熱心な信者で、『釈迦』という映画をうちでやったようなぼんやりとした記憶があります。あと昔は映画館がないから夏祭りの時、神社でチャンバラ映画をやるのでそれを見たり。両親とも映画が大好きで子供のころに連れられて、『十戒』や『ベン・ハー』『風と共に去りぬ』などは中学2年までに2回見ています。そういう風に自然に映画が生活の中にあったんです。親が連れて行ってくれました。

就職、退職、そしてフランス映画社との出会い

小笠原 じつは奇遇なのですが、僕の家系の菩提寺も韮山の日蓮宗本立寺なんです。江戸末期から江川邸に関わっていて父親が韮山で生まれている。僕は東京生まれだけれど、今も墓参は韮山です。そういえば大河ドラマの『篤姫』が江川邸で撮影していました。ところで中野さんは早稲田ですよね。これも偶然で、父親も早稲田の文学部。中野さんは映研には所属していたんですか?

中野 い～え全然(笑)。体育会の剣道部。だけど映画館へはよく行っていました。高田馬場にパール座というのがあって、全共闘時代だったから授業がないでしょ。学校に行ってパール座で映画を観て帰ってくる。二本立てでものすごく混んでいた。文芸坐も行ったけど一番行ったのはパール座でした。それと渋谷の全線座、西口パレス。よく覚えているのは、新宿昭和館。ヤクザ映画の世界を一回観ようと思って行ったわけ。そうしたら学生が一緒になって歌を歌うの。驚きましたね。

小笠原 それで、映画を観ながら大学へ行って、フランス映画社に入られたのは大学を出てすぐですか?

中野 違うんです。大学を出た時には新聞記者になりたかった。でも新聞社が、どこも女の人を採用しなかったのね。当時は、女性は短大卒までは採用試験を受けられましたが、大卒女性には試験の門戸は開かれていませんでした。就職課で求人票を見て竹中工務店に受かったので入社したけど、女性差別がすごくて。女の人の定年が36歳。とにかく男性社員の助手をやらされる。頭に来たのね。同じ早稲田からの同期の人が一人いて、彼女と一緒に人事部長に抗議をしたの。「仕事やらせろ」と。そうしたら二人ともすぐに配置転換になり、私は役員ばかりのところにまわされて、「もう勝手はさせない」と言われました。しばらくあとに、ストレスで病院に行ったら内臓が病気だって言われた。いろいろ治療したけれど治らない。それで会社を辞めたんです。辞めた日からピンピンしていた。

小笠原 中野さんの気質や体質に合うところではなかったのですね。

中野 それで、今度は映画の仕事をどうしてもやりたいと思ったわけ。今村プロをはじめ電話をかけたのですが、採用がなくて相手にもしてくれない。キネマ旬報だけ、白井佳夫さんが相手してくれた。「履歴書と書いたものを送ってくれ」と言われて履歴書だけ送ったの。そうしたらフランス映画社の柴田駿さんと白井さんと会ったときに白井さんが「こういう人が来ている」と言ってくれて、柴田さんは、「この人がいい」と言って履歴書を持って帰ってから私に電話をかけてきたんです。白井さんは、「配給は面白い仕事ですよ」と言ってくれた。フランス映画社は、当時は大島渚さんの映画の輸出をやっていたから、あそこは新しいことをやっている、配給というのはこういう仕事だと教えてくれたん

です。それまで映画配給なんて知らなかったから。そのころは大島さんの作品が好きで、大島さんの本を読んでいて、大島さんの作品に関われるのならぜひ、と思って、フランス映画社で働き始めました。

小笠原 バウ・シリーズはまだスタートしていなかったですね。そのころのフランス映画社は、六本木の俳優座の裏手のところにあった。「ハロー！ キートン」の特集上映や「ゴダール・マニフェスト」など柴田さんのお好みの映画の上映をやっていた。

中野 私の入社は74年でした。柴田さんは、履歴書を見て「経理をやってほしい」と言う。経理なんてやったことないから、どうしようかと考えたけれど、映画に関われるのならいいと思い経理をやることにしたんです。そうしたらその前から半年間くらい経理がいなかったのね（笑）。簿記実務やタイプライターを習いに学校に行ったり、図書館で本を借りて勉強しました。その年の夏に東京商工会議所の試験を受けて3級とったんですよ。どれも柴田さんに話していませんけど。

小笠原 で、柴田さんはどうでした？

中野 それまで勉強してきた哲学や宗教学などは結論がでないでしょ。ところが経理って必ず答えが出る。柴田さんに、「経理の仕事は結果は出るからいい」と言った。そうしたら柴田さん「この本を読んでください」と言って大学の商法の入門書をよこしたの。でもそれはすごくよかった。資本主義とは何かから始まるんです。

ウーマン・リブの運動

小笠原 ところでそれと前後して、田中美津さんとかジェンダーの周辺の動きに参加したり活動されたりしている。それまでのキャリアから得たことや体験から必然的に向かっていったんですか？

中野 ウーマン・リブね。その時期にも少し活動をしていましたけど、いろいろ行動するのはもっとあとですね。きっかけが思い出せないんだけど。新宿の模索舎にはよく本を買いに行っていて、そこで田中美津さんの『いのちの女たちへ とり乱しウーマン・リブ論』を買って。面白そうだったので読んだところ〈目からウロコ〉でした。職場の竹中工務店ではすごい女性差別に遭っていたしね。女性差別もだけどもっと驚いたことは、そこに入ってくる女の人が、みんないい男と出会うために来るわけ（笑）。ビックリした。男の人はその女の人たちは自分たちを狙って来ているのを知っているのね。自意識過剰でね。それがとてもいやだった。女の人は結婚が女のゴール点だと思っているわけです。私はそういうふうに育っていないからそぐわなかった。仕事をするつもりだったから。その年30人くらいいた大卒女性が集められて、「何のためにここに入るんですか」って会社の人事担当者が訊いたわけ。私ひとり「メシを食うため」って言ったの。ほかは誰もいなかった。

小笠原 そういう体験や生活の中から、中野さん自身の考えのベースになっている女性の存在とあり方がいろいろ反映していった。バックボーンになったんでしょうね。

中野 それよりも、家庭環境があると思う。祖父母がね、明治生まれですけど、性別に関係なく子供たちを伊豆の田舎から東京の大学まで卒業させている。それが当たり前の環境に育っているから。その影響が強いと思うんです。女の人も男の人も同じというふうに育っているから、社会の現実にビックリしたんですね。

小笠原 映画もかなりの数作っていますよね。

中野　教育用の短編ビデオですが、90年前後に女性の教育映画を50本以上作りましたね。女性の仕事に関するビデオですね。87年に横浜市女性協会というのができて、女性の仕事に関するビデオ作りを頼まれました。最初は配給だから製作とはノウハウが異なるからダメと断ったのですが……。結局、女性のための就職・再就職・転職の3つのテーマで作りました。ほかにはドキュメンタリーを自主制作で3本作っています。

フランス映画社と柴田駿さん

小笠原　フランス映画社には結局、経理として何年間勤めたんですか？　その間、職務柄、柴田さんとはずっと顔をあわせていくことになりますね。

中野　13年間ですね。「どぶさらい」ってどこかにも書いたけれど、要は、担当者のいない仕事は全部やりました。フランス映画社は請負の会社じゃないでしょ。なんでもやらなきゃいけなかったんです。宣伝以外のあらゆる業務をやりました。前売り券を売ったり、海外とのやりとり、お金のこと、従業員を叱り飛ばすのもやりました。柴田さんは契約交渉から始まって宣伝コピーを考えるまで全部やるでしょ。私はそれをずっとそばで見ていた。すごく役に立ちましたね。それと、夜になるとずっと一人で仕事をしていて、そういう仕事に対する姿勢は勉強になりました。

小笠原　パンドラを始めるまでに培ったものはたくさんありますね。

中野　会社経営という点では総務的なことはほとんど経験したと思います。柴田さんは何も言わない人だから、私が勝手に資金繰り表を作ったときには、「中野さん、これはね、すごく便利なんだ」と喜んでくれたのは嬉しかった。

小笠原　中野さんにとって柴田さんはどんな人でしたか？

中野　大恩人。柴田さんはやっぱり天才肌ですね。

小笠原　そうやって会社の中で一つの支えになり続けていくと、今度はどこかそこから離れて何かやってみたいと思うこともあったりしたのではないですか？

中野　85年の夏に、友人を訪ねて初めてアメリカに行ったんです。その帰りの飛行機の中で、「ああ、自分にも別の人生があるかもしれないな」と思ったんです。それでそのまま柴田さんに「会社を辞めたい」と言ったところ、「ダメ」と言われた。ずいぶん、1年くらい話し合いましたね。あるとき柴田さんが「アメリカに行くならいい」と言ったんです。それからしばらくして「柴田さん、私はアメリカに行きます」と言ってそれで辞めたんです。柴田さんは自分が言ったことだからダメと言えなかった（笑）。

パンドラを始める

小笠原　アメリカ行きの目的は何だったんですか？

中野　何もなかったの（笑）。フランス映画社を辞めるために行ったんだから。毎日映画ばかり見ていた。そのときに見たのが『ハーヴェイ・ミルク』（1984）だったんです。プロデューサーとも知り合いになった。

小笠原　それがパンドラを始める契機になったわけ？

中野　それは全然違います。そのころにウーマン・リブの運動の中で、女性向けの手帳を作っていたのが結構売れて、会社に取材の電話が入ったり……柴田さんには悪かったと思います。あるときは朝日新聞に大きく記事が出たんですけど、その朝、柴田さんが会社に来てすぐ「中野さん、手帳、見せて。あ、これがそう」

と言っただけですぐ自分の机に行っちゃって、新聞を見たとか何も言わない。おかしいでしょ。そのときは女性に役立つ情報誌も作り始めていて、会社の近くに事務所も借りていたんです。お昼休みと夜はそこで仕事をして、スタッフも5〜6人いた。フランス映画社を辞めてアメリカから帰ってきてすぐに『東京女おたすけ本』『東京ママおたすけ本』という、働く子育て世代の女性の本を作りました。あとは女性に役立つ税金の本。東京23区26市を全部取材して。これが売れた。だからパンドラは、最初は出版社として始まったんです。

小笠原　その時点で、映画の世界に行こうということはなかったんですか？

中野　なかったです。自分のやりたいことばかり行き当たりばったりでした。まわりは迷惑よね。今日「これだ」と思えば、明日は「あれ」みたいに。当時はいろいろなことをやっていましたね。

小笠原　それで下着も作ったのですね？

中野　女性のパンティです。「パンティの本格派を目指して」というコピーで。今は女性用下着の立体裁断というのは当たり前ですけど、当時はそうじゃなかった。それで友人と立体裁断のパンティを作ろうと。これを『家庭画報』が取り上げてくれて売れました。あっという間に売れて、このままパンツ屋も良いかと思ったけど、従業員もいるし結局やめました（笑）。

小笠原　それでは配給業務より先にパンティのパイオニアにもなるわけだね（笑）。だからパンドラとしては、会社の定款にパンティも入っている？　パンドラといえば一般には映画配給会社として通っているけど、それは一部で他にも事業がいっぱいある。配給もその一つの仕事だということだね。

中野　会社の定款にはいっぱい入っているんです。下着、介護、出版……ちょっと思い出せないけど十いくつは定款に入れました。

1987年版の「月日ノート」は表紙を開くと左側に2年分のカレンダーと定規をレイアウト

左上の『東京ママおたすけ本　お母さんが元気に働く本』の表紙イラストは詩人の伊藤比呂美さん作

「パンツの本格派」を目指して作った

定款は何でも入れておかないとダメですからね。

映画の道へ

小笠原　自分の好きなものや、興味のある世界をどんどん拡げていくのは最高です。パンティはもう作ってないと思うけれど、いろいろなものが一つに繋がっていく可能性の期待がパンドラにある。映画の配給ではフランス映画社にいたことで学んだノウハウがあったんじゃないですか？

中野　もちろんです。『ハーヴェイ・ミルク』を配給したでしょう？　それから『100人の子供たちが列車を待っている』(88)をやって、結果的に、やはり自分のノウハウとして身についているものは映画の配給だからそれをメインにしていこうと思ったんです。ただ、頼まれると断れない性格だからビデオの制作などもやっていましたけど、5年でやめました。出版は自分で意図して2006年にやめましたが、実はそれ以前に、2000年ぐらいから映画の配給をメインにしようと思っていました。これから映画の配給は厳しくなるけれど、配給に専念するということを従業員に伝えたんです。だから今は映画の配給とクローズドDVD、学校用教材とか社会教育用のDVDの制作販売ですね。

小笠原　映画の配給という次元のパイオニアとしては、フランス映画社が最も充実していたと思う。

中野　80年代までは配給会社は、インディペンデントでは東宝東和、ヘラルド、フランス映画社、ニューセレクト。松竹富士、ほかはアメリカン・メジャーだけだったと思います。単館系の配給会社をつくったのが柴田さんですね。

『ハーヴェイ・ミルク』(84)

小笠原　だから配給専門で始めたフランス映画社を除くとパンドラが最初ですね。今では数えきれないほど個人規模でも映画配給が活発になっている。しかも、女性が始めたという意味では画期的だと思う。

中野　私はドキュメンタリーを劇場で公開したかったんです。ニューヨークに行ったときに劇場でドキュメンタリーが上映されていて「わあ、いいな」と思って。ニューヨークには「フィルム・フォーラム」という、ノンプロフィット、非営利の映画館があったんです。その当時は日本では考えられないでしょ、劇場でドキュメンタリーを上映するなんて。それで劇場でドキュメンタリーを上映したいと思って、『ハーヴェイ・ミルク』を劇場に売り込んだんだけど、ダメだったですね。

小笠原　柴田さんのところは、ある程度は東和映画や川喜多財団の流れが背景にあるけれども、個人では中野さんが初めてですよ。そういう意味で大きいね。「自分でも映画を配給できるんじゃないか」と思う人たちの、一つのきっかけになったのではないかと思うんです。

中野　たしかに私が始めた87年当時では、小さいところではフランス映画社くらいだった。

小笠原　そのときにはまだバウ・シリーズもやっていたけれど、柴田さんとは何か話したりしました？

中野　あまりなかったですね。ジェーン・カンピオンの初期の短編を配給したときに、ちょうど柴田さんのところが『エンジェル・

アット・マイ・テーブル』(90) をやっていて、柴田さんがいろいろ教えてくれました。フランス映画社の試写のときにうちのをやってもらったり。そのときはよく面倒見てもらいました。夜になると電話がかかってきてね。

小笠原 中野さんにとって、やはり柴田さんの存在は大きかったですか?

中野 大きいですね。それと〈柴田語の通訳〉でしょうか。私がアメリカから帰ってきたあとに誰かに言われたんです。「通訳が辞めたから、柴田語の理解が大変だった」って(笑)。小笠原さんも柴田語わかるでしょ。

小笠原 柴田語ね。それはキャリアがいりますね。僕も30年近くの付き合いで柴田語が理解できるけれど、理解できて慣れてしまうと、今度は他の仕事のときにその反動が生じて困ることもある。

中野 柴田さんは「こうしろ」とか「ああしろ」とか、決定を出さないんですよね。だから困るわけよ。どうしたらいいかわからないから。それで他の人は私に聞いてくる。最後は私も勝手に判断しちゃっていましたけど。

小笠原 勝手に判断して、認めてくれるときはいいけれど、「何だ、全然わかってないじゃないか」、という時もあって、そうするとまた困るんだよね。

中野 それで、柴田さんは怒らないどころか何も言わないのよね。私と反対。

小笠原 パートナーで副社長の川喜多和子さんも苦労していたからね。いろいろな交友関係の中で、柴田さんほど特異な才能と、不思議な個性の人も珍しい。

中野 あんなに能力があっても自慢しないですしね。愚痴もこぼさない。苦労して公開した作品が世間ですごく話題になっても「自分がやった」と言わない。「僕はこういうときはじっと嵐が過ぎるのを待っているんだ」と言っている。偉いなと思った。その言葉を聴いてからはずっと尊敬していますね。

パンドラのこれから

小笠原 パンドラを始められて31年。あっという間のように思えたり、その間、様々なことがあったと思いますが、パンドラのこれからについて、どんなことを考えていますか?

中野 これからはね、やはり若い観客を育てることに力を入れたいですね。私が始めたころから考えると、映画の観客は3分の1に減ったし、高齢化もしている。

小笠原 育てるということが大事、まさにその通りですね。

中野 今は学校での映画上映をしなくなったでしょ。文部科学省がやめてしまったんです。昔は、体育館でみんなで揃って大きなスクリーンで見たりしていた。あれは非常に重要なことだったと思うんです。文科省に「学校上映を復活させてほしい」と言ったけれど、「それは映画業界がやるべきだ」と言われた。でも今は業界のトップはお金を儲けることばかりしか考えていないから残念ですね。

小笠原 配給上映だけではなく、映画界で環境全体を考えてやっていかないといけない問題です。この雑誌も少しは参加できることを願っているんですが。

中野 テレビの小さい画面ではなく、大きなスクリーンで映画を見るのは全然違う。一人で見るのではなくて、大勢で観るのがいいんです。みんなで一緒に大きなスクリーンで映画を観る。いつも意地悪ばかりするいじめっ子が、隣でビービー泣いていてびっくりしたりするんですね。「そうか、こういうものに感動する子もいるのか」って。そういう共有体験がすごく重要ですよね。映画というのは、子供の情操教育には必要だと思います。会話のない家族が、ペットを飼うと会話が生まれるというのがあるでしょ。映画もそうです。映画には閉じられた人間関係を開く効果もあると思う。だからせめて学校の映画上映を復活させたいですね。観客を育てるという意味でも。一学期に一回でも、一年に一回でもいいから、実施するべきだと思います。

小笠原　それはぜひ実現させたいことです。それからまた別の問題だけれど、今、映画の本数がずっと増え続けているから、それを配給の立場としてどう扱っていくかということもあります。

中野　大きなお金があって、大宣伝ができるという映画があって、一方では、個人で配給をするような規模の小さい映画が対極としてあるわけですよね。私が仕事をする上で、いつも頭にあるのが、柴田さんが言った「配給の仕事は観客を育てることです」という言葉。配給として何を観客に伝えるかということなんですね。ただ映画を横流しにするのではなくて。どういう映画があって、どういう楽しみ方ができるのか、きちんと配給会社が伝える義務があると思います。

（２０１８年１月28日　パンドラにて）

中野理恵

なかの・りえ

パンドラ代表

1950年静岡県出身。株式会社パンドラ代表取締役。1987年に㈱パンドラを設立し、映画・映像の製作・配給、映画とジェンダー関連の出版を業務として現在に至る。早くから視覚障碍者が映画を見る機会をつくることに力を注ぎ、2002年には、日本初の商業劇場での副音声付上映を実現させた。『アイ・コンタクト もう1つのなでしこジャパン ろう者女子サッカー』(10　中村和彦監督)で文部科学省特選。訳書に『ディア・アメリカ—戦場からの手紙』『アダルト・チルドレンからの出発—アルコール依存症の家族と生きて』など。

パンドラ　活動の軌跡　1987—2018

主な配給作品

１９８８年９月『ハーヴェイ・ミルク』studio200／アカデミー賞最優秀長編記録映画賞他多数受賞

１９９０年６月『１００人の子供たちが列車を待っている』ユーロスペース

１９９５年７月『レニ』ＢＯＸ東中野／国際エミー賞他多数受賞

１９９６年４月『ナヌムの家』ＢＯＸ東中野／山形国際ドキュメンタリー映画祭小川紳介賞受賞

１９９８年２月『ナヌムの家Ⅱ』ＢＯＸ東中野

１９９８年５月『ビヨンド・サイレンス』銀座テアトル西友／東京国際映画祭グランプリ・米国アカデ

ミー賞外国語映画賞候補
1999年6月 『八月のクリスマス』シネマスクエアとうきゅう
1999年7月 『ラン・ローラ・ラン』シネマライズ／コムストックと共同配給
2000年4月 『息づかい』BOX東中野
2000年6月 『フルスタリョフ、車を！』ユーロスペース／ニカ賞（ロシア・アカデミー賞）最優秀作品賞 監督賞 撮影賞 美術賞 衣装賞 音楽賞他多数
2001年7月 『不思議惑星キン・ザ・ザ』ユーロスペース
2003年2月 『エルミタージュ幻想』ユーロスペース・新宿武蔵野館拡大公開
2003年12月 『美しい夏キリシマ』岩波ホール／03年度キネマ旬報ベストテン日本映画第一位
2006年10月 『旅の贈りもの』銀座テアトルシネマ
2007年7月 『プライドinブルー』（共同製作・配給）テアトル新宿
2007年9月 『ミリキタニの猫』ユーロスペース／06年トライベッカ映画祭観客賞他多数受賞
2008年12月 『チェチェンへ アレクサンドラの旅』ユーロスペース／アメリカ映画協会 peace for award最優秀ヨーロッパ作品賞最優秀ヨーロッパ女優賞他多数受賞
2009年10月 『ボヴァリー夫人』シアター・イメージフォーラム／モントリオール世界映画祭グランプリ受賞他
2009年11月 『ピリペンコさんの手づくり潜水艦』シアター・イメージフォーラム／山形国際ドキュメンタリー映画祭観客賞受賞
2010年9月 『アイ・コンタクト～もう1つのなでしこジャパン・ろう者女子サッカー』（共同製作・配給）ポレポレ東中野
2011年6月 〈ヘルツォーク特集〉シアター・イメージフォーラム他／ヴェルナー・ヘルツォーク監督10作品特集上映
2012年1月 『イエロー・ケーキ クリーンなエネルギーという嘘』渋谷アップリンク／大西洋自然と環境フェスティバル最優秀記録映画賞他
2012年8月 特集上映〈タルコフスキー生誕80周年記念映画祭〉ユーロスペース他全国にて
2013年1月 『ザ・フューチャー』シアター・イメージフォーラム
2013年6月 イタリア映画傑作選〈Viva! イタリア〉ヒューマントラストシネマ有楽町
2013年11月 『おじいちゃんの里帰り』ヒューマントラストシネマ有楽町／シカゴ国際映画祭観客賞／ドイツアカデミー賞銀賞・脚本賞他
2014年6月 〈パラジャーノフ生誕90周年記念映画祭〉ユーロスペース
2014年8月 『ジプシー・フラメンコ』ユーロスペース／ピカフィルムと共同配給
2014年8月 『365日のシンプルライフ』オーディトリウム渋谷／Kinologueと共同配給
2015年5月 『ゆずり葉の頃』岩波ホール
2015年8月 『ソ満国境 15歳の夏』K's cinema
2016年5月 『ファブリックの女王』ヒューマントラストシネマ有楽町＋渋谷／Kinologueと共同配給
2016年7月 『シアター・プノンペン』岩波ホール／東京国際映画祭国際交流基金アジアセンター賞
2016年8月 『不思議惑星キン・ザ・ザ』新宿シネマカリテ／キングレコードと共同配給
2017年2月 『百日告別』ユーロスペース／金馬奨最優秀主演女優賞他
2017年3月 『娘よ』岩波ホール／クリテイユ国際女性映画祭観客賞他
2017年6月 『Viva! 公務員』ヒューマントラストシネマ有楽町
2017年9月 「笑う故郷」岩波ホール
2018年2月 『花咲くころ』岩波ホール
2018年6月 『結婚演出家』ヒューマントラストシネマ有楽町
2018年7月 『陸軍前橋飛行場』シネマテークたかさきなど
2018年9月 『いのちの深呼吸』ポレポレ東中野
2018年11月 『アンナ・カレーニナ ヴロンスキーの物語』ヒューマントラストシネマ有楽町

映画・映像制作事業

1987年～1991年 （財）横浜市女性協会の運営する横浜女性フォーラムのためのVTR『自己開発プログラム〈しごと〉』（計52本）
1989年 （財）全国漁業共済組合連合会のPRビデオ『明日の漁業にとりくむ漁協 ジャンプ・アップぎょさい』
1989年 オリジナルドキュメンタリー『男たちの証言』（16ミリフィルム）
1996年 長編ドキュメンタリー映画『精神（こころ）の声』ロシアと共同製作（A・N・ソクーロフ監督・ロカルノ映画祭ソニー賞受賞）
2001年 長編ドキュメンタリー映画『Devotion 小川紳介と生きた人々』アメリカと共同製作（バーバラ・ハマー監督・山形国際ドキュメンタリー映画祭2001特別招待作品）
2007年 長編ドキュメンタリー映画『プライドinブルー』バイオタイドと共同製作（中村和彦監督・07年文化庁映画賞優秀賞受賞）

2009年『湯の里ひじおり 学校のある最後の1年』(アムールと共同制作)
2010年『アイ・コンタクト もう1つのなでしこジャパン ろう者女子サッカー』(文部科学省特選)
2010年 中学校理科映像教材
2011年 小学校理科・生活科映像教材
2012年 決定版! 高校入試面接攻略法映像教材/中学校保健体育映像教材/中学校理科映像教 材/劇場用長編ドキュメンタリー映画『プッチーニに挑む〜岡村喬生のオペラ人生』
2013年3月 中学校『技術・家庭 技術分野』/高校『社会と情報』映像教材
2015年3月 小学校理科/生活科/体育映像教材
2016年3月 高校「保健体育」教材
2017年 高校保健体育「ダンス」映像教材

副音声事業

2001年1月 ブータン映画「ザ・カップ 夢のアンテナ」の一般試写会で実施
2002年12月 韓国映画「ラスト・プレゼント」で日本初の劇場(シャンテシネ)にて実施
2006年〜2008年 〈トーキョーシネマショー〉(主催=外国映画輸入配給協会)にて実施

映画宣伝事業

2001年9月『イルマーレ』(松竹配給)
2001年10月『純愛譜』(松竹配給)
2004年5月『花嫁はギャングスター』(松竹配給)
2004年7月『友引忌』(松竹配給)
2005年〜2007年 ドイツ映画祭(朝日新聞社/東京ドイツ文化センター/ドイツ映画輸出協会共催)
2008年9月『フランス映画の秘宝』(朝日新聞社/シネマテーク・フランセーズ共催)
2009年5月 EUフィルムデーズ2009(主催=駐日欧州連合代表部/在日EU加盟国文化機関/東京国立近代美術館フィルムセンター)
2010年2月 Femmes@Tokyo国際女性の日イニシアティブ(主催=フランス大使館/日本経済新聞社)
2010年5月 EUフィルムデーズ2010(主催=駐日欧州連合代表部/在日EU加盟国文化機関/東京国立近代美術館フィルムセンター)
2011年5月 EUフィルムデーズ2011(主催=駐日欧州連合代表部/在日EU加盟国文化機関/東京国立近代美術館フィルムセンター)
2012年5月 EUフィルムデーズ2012(主催=駐日欧州連合代表部/EU加盟国大使館・文化機関/東京国立近代美術館フィルムセンター)
2013年5月 EUフィルムデーズ2013年5月〜6月(主催:駐日欧州連合代表部/EU加盟国大使館・文化機関)
2014年5月 EUフィルムデーズ2014(主催=駐日欧州連合代表部/EU加盟国大使館・文化機関/東京国立近代美術館フィルムセンター)
2015年5月 EUフィルムデーズ2015(主催=駐日欧州連合代表部/EU加盟国大使館・文化機関/東京国立近代美術館フィルムセンター)

出版事業

1987年〜1999年 オリジナル健康手帳『月日ノォト』発行

【主な発行書籍】
『ピンク・トラインアングルの男たち』著者=H・ヘーガー 訳・伊藤明子
『白石かずこの映画手帖』著者=白石かずこ
『コリン・マッケンジー物語』著者=Derek A Smithee 訳=柳下毅一郎
『三分間の詐欺師 予告篇人生』著者=佐々木徹雄
『映画の天使 対談 淀川長治VS宮川一夫』著者=宮川一夫+淀川長治
『いのちの女たちへ—とり乱しウーマン・リブ論—』(新装版)著者=田中美津
『美の魔力 レーニ・リーフェンシュタールの真実』著者=瀬川裕司 著者の瀬川裕司氏、本書により芸術選奨新人賞(評論部門)を授与される
『日本映画検閲史』著者=牧野守
『韓国映画躍進の秘策 韓日文化交流の新時代』著者=金鍾文(前韓国大使館韓国文化院長)
『満映 国策映画の諸相』著者=胡昶+古泉
『映像を彫る 撮影監督宮川一夫の世界』著者=渡辺浩
『私は銀幕のアリス 映画草創期女性監督アリス・ギイの自伝』編=ニコル=リーズ・ベルンハイム
『虹の彼方に レズビアン・ゲイ・クイア映画を読む』責任編集=出雲まろう

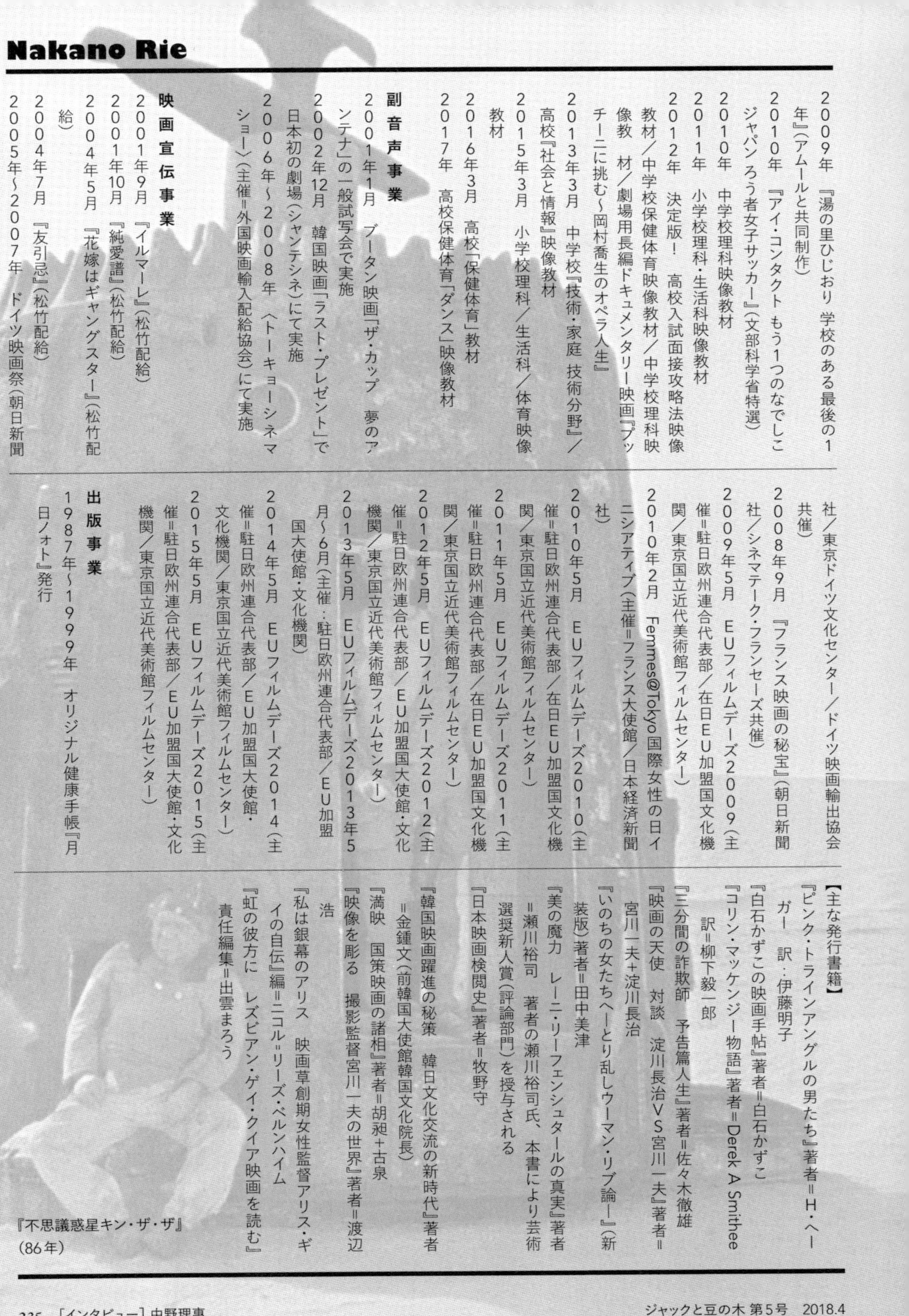

『不思議惑星キン・ザ・ザ』(86年)

『小人の饗宴』(70年)

スチールに見るパンドラの軌跡

ヴェルナー・ヘルツォーク監督作品の数々

『アギーレ』(72年)

『コブラ・ヴェルデ』(88年)

『問いかける焦土』(92年)

『フィッツカラルド』(82年)

『ざくろの色』(68年)

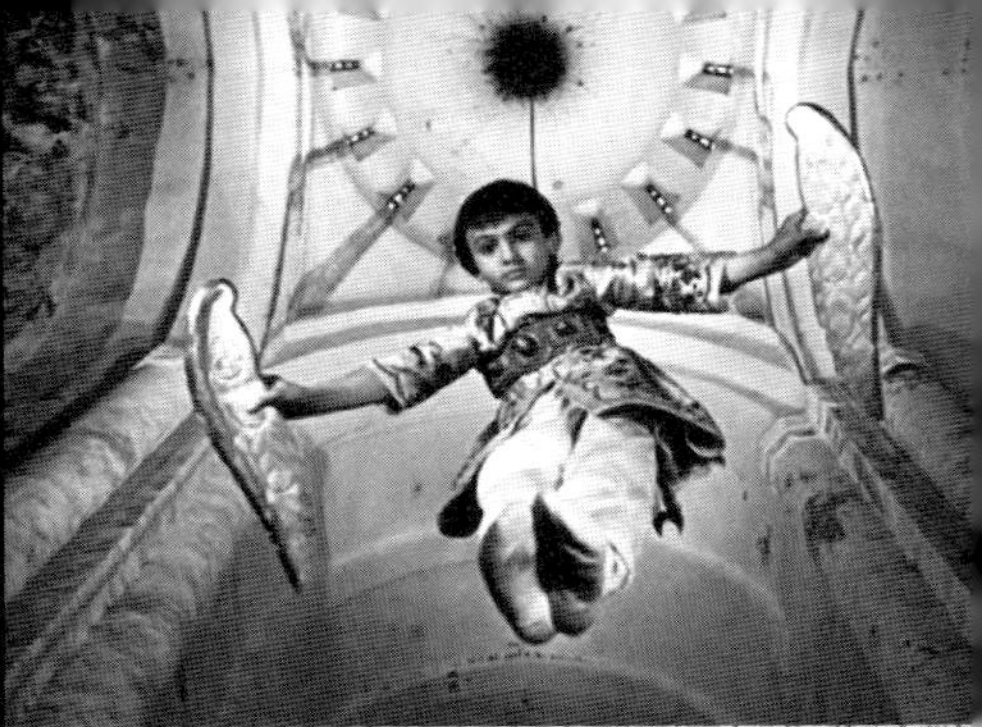

『アシク・ケリブ』(88年)

『シアター・プノンペン』(2014年)

『おじいちゃんの里帰り』(2011年)

『花咲くころ』(2013年)

スチールに見るパンドラの軌跡
女性、子ども、老人へのまなざし

『チェチェンへ　アレクサンドラの旅』(2007年)

シネマ・ジャック&ベティと
横浜の映画人 3

武田梨奈

たけだ・りな

女優

1991年6月15日生まれ。神奈川県出身。10歳から空手をはじめ、琉球少林流空手道月心会黒帯。09年『ハイキックガール』で初主演。13年『祖谷《いや》物語 おくのひと』で第26回東京国際映画祭「アジアの風」部門スペシャル・メンションを受賞。同じく『デッド寿司』でアメリカ合衆国最大規模のジャンル別映画祭ファンタスティック・フェストのコメディ女優賞を受賞。14年には頭突きで瓦割りを披露したテレビCMが話題となり、15年のドラマ「ワカコ酒」のシリーズ化(Season1–3)、17年「ゆうばり国際映画祭」コンペティション部門の審査員に歴代史上最年少で抜擢されるなど、さまざまな活動をしている。18年は新CM「SABRINA」、映画は『世界で一番長い写真』『ボクはボク、クジラは、クジラで、泳いでいる。』など。また『Yangon Runway』(ミャンマー合作映画)、『Shambhala —シャンバラ—』(日米印合作映画)など、活躍の舞台を海外に広げている。

聞き手＝小笠原正勝
文＝髙関進　撮影＝助川祐樹

私にとって横浜の映画館は「夢の国」なんです

──武田さんは横浜生まれの横浜育ちだそうですね。

武田　はい、もちろんジャック&ベティも存じています。小さなころから父に連れられて映画館に行っていたので、もともと映画を観ることが好きなんです。高校生のころには新橋にある二本立ての映画館みたいな、シネコンではない映画館に行くのにハマっていました。売店で買ったものを食べながら観る、昔ながらの「映画館」という雰囲気が好きなんです。

──子供のころから映画館に親しんでいたんですね。

武田　高校のころから映画館に1人で行くことが多かったんですが、高校生はお金をあんまり持っていないじゃないですか。その限られたお金で映画館に行くっていうのが、自分にとって特別なことだったんです。映画館は、「役者になりたい」という夢をさらに強めてくれる場所でした。若い方たちが、ディズニーランドに行く＝夢の国に行く、というのと同じように、私にとって映画館は夢の国なんです。いまだに、いやなこととか落ち込むことがあると、1日じゅう映画館ですごしたりします。

──横浜を離れるのはお仕事のときくらいですか。

武田　仕事をしやすい環境というのであれば東京で暮らしたほうがいいのかもしれませんが、横浜大好きなので。祖母が緑区で居酒屋をやっていて、今はもうないんですが、小さいときによく遊びに行っていました。そのせいでもないでしょうが、映画を観終わったあとなど、横浜の居酒屋さんに行くことが多いんです。「ワカコ酒」のワカコではありませんが、私も赤ちょうちん系が好きなので、行きつけのお店はいくつ

『三十路女はロマンチックな夢を見るか?』より

かあります。

——武田さんのプロフィールを見ると空手から始まるユニークなものですが、もともとの夢は役者だったんですね。

武田　空手は父の影響で始めましたが、夢はずっと女優でした。でも、今でも自分が出ている映画が公開されるっていうのが信じられなくて、初号のときなんか、自分が出ている映像を見ているより、エンドロールで自分の名前が出たときにいつも涙が出てしまいます。

週4、5回のオーディションから主演女優までの道のり

——映画の世界に入るとき、親御さんはどんな反応をされたんでしょう？

武田　高校のころは、週に4、5回はオーディションを受けていました。学校が終わってオーディション行って——というのを繰り返していました。ですからようやく映画のお仕事ができるようになったという感じです。この世界に入るときは、父がすごく賛成してくれました。私が映画を好きになったきっかけが父だったんです。毎週土曜日の空手の稽古が終わると、道場から歩いて5分くらいのところにあった映画館に連れて行ってもらって。夜ふかしができる金曜と土曜は映画を観させてくれました。私が「芝居をやりたい」と言ったときも、「中途半端になるのならやめなさい。ちゃんと続けるのならいい」と背中を押してくれました。

——これまでの作品で特に印象深い作品はなんでしょう？

武田　やっぱり『ハイキックガール』(09)ですね。それまではフリーで映画のオーディションなどを受けていたんですが、あの映画がきっかけで「こういう女優がいるんだ」ということを皆さんに知っていただけたんじゃないかなと思います。それから『祖谷物語　おくのひと』(14年公開。第26回東京国際映画祭「アジアの風」部門スペシャル・メンション、ノルウェーのトロムソ国際映画祭オーロラ賞、イギリスのパンアジア映画祭審査員特別賞、第38回香港国際映画祭最優秀作品賞、第6回TAMA映画賞特別賞などを受賞）です。もともと自主製作で、公開されるかどうかもわからない状態で1年間撮影した作品ですが、海外の映画祭にたくさん呼んでいただいて、いい経験になりました。

——ゆうばり国際映画祭のコンペティション部門では、審査員をなさっています。審査するということは映画を客観的に観るということですから、出演するときとは映画を観る目が違ってきますね。

武田　私は映画にめちゃくちゃ詳しいわけでもないですし、「普通に好きで観に行っているだけなのに審査員なんて怖い！」って思っていましたが、「普通の一般のお客さんと同じ感覚でやってもらいたい」「武田さんは海外の映画祭によく行っているので、そういう目線でお願いします」など、映画が好きな一人として、また、これまでの映画祭に出席した経験を評価してくださいました。大役を務めさせていただきましたが、やってよかったと思っています。

三十路からは世界を舞台に活躍の場を広げたい

――今年公開の『三十路女はロマンチックな夢を見るか？』では、実際より少し上の年齢を演じられていますね。

武田　はい、撮影時は25歳だったので、仕草や雰囲気など、どうやったら大人の女性っぽく演じられるか考えました。衣装合わせのときにも、髪型やメイクなどを含め、山岸監督やメイクさんと相談しながら作り込んでいきました。

――撮影時には、そういった年齢による感覚を大事にされたんですね。

武田　今回の主人公の女性・那奈には、すごく共感できる部分とまったく共感できない部分が極端にあったんです。ですから、共感できるからこそ演じられるというわけでもないんだな、ということに気づくことができました。山岸監督は相談しやすい方で、現場でワンシーンごとに「これってこうですかね？」って相談しながら一緒に作ってくださいました。実はオープニングのナレーションのシーンは、1年前に撮っていたんですが、1年後にクランクアップして初号で観たとき、すごく違和感を抱いたんですね。それで監督に相談したら、監督も同じような感じだったそうで、またスタッフさんに集まってもらって撮り直しをさせてもらったんです。映画は完成しているのでまた撮り直す、なんて本当ならありえないんですが、監督も私もそれくらい思いをもって作品を作っていたのでとても感謝しています。

――これから数年経つと、まさに三十路ですが、どんな夢がありますか。

武田　デビューがアクション映画でしたが、ここ数年はアクションものをいっさいやっていません。ですから30歳までに本格的なアクション映画を撮って世界じゅうの方に観ていただきたいという野望があります。タイのアクションチームは世界的にも有名で、プライベートでタイに行くときも一緒に練習させてもらっています。そういうこともやっているので、映画を通じて海外でもやっていきたいなと思っています。

――18年は『三十路～』以外にも出演作が何本か公開されますね。

武田　『Yangon Runway』（ミャンマー合作映画）、『シャンバラ』（日米印合作映画）など5、6本が公開予定です。これからもいろいろな役に挑戦していきたいので、空手で鍛えた心身で臨んでいきたいと思います。

（2017年2月8日　渋谷クロスタワーにて）

山岸謙太郎

やまぎし・けんたろう
映画監督
自主映画チーム「Project Yamaken」の代表兼監督。2007年公開『キヲクドロボウ』で上海国際映画祭パノラマ部門入賞。12年の短編映画『東京無国籍少女』がアクションムービーコンペティション2012で審査委員特別賞受賞、のちに押井守監督にリメイクされ話題に。13年には『サムライゾンビフラジャイル』が日本芸術センター第5回映像グランプリを受賞。18年に『三十路女はロマンチックな夢を見るか?』で商業長編映画デビュー。

聞き手＝小笠原正勝
文＝髙関進　撮影＝助川祐樹

自主製作の若い映画監督を支えてくれた横浜の人たち

――山岸監督は、お生まれは長野ですね。

山岸　長野県の須坂市です。近所に、美空ひばりさんがリサイタルを開くような劇場兼映画館の須坂映劇があって、そこに実家（家具屋）の店名が書いてある幕があったんです。たぶん祖父が寄贈したと思うんですが、そこから毎月2枚、無料券が送られてきたので、よく映画を観に行っていました。エアコンが効いていたので、映画に興味がなくても行っていました（笑）。横浜に住み始めたのは高校を卒業してからです。

――専門学校進学がきっかけで横浜にということですが、東京ではなかった理由はあるんでしょうか?

山岸　そうですね、学校自体は八王子にあったんですけど（笑）。専門学校卒業後はたまたま近くのパソコン教室で先生をしていました。そのころ、趣味で自主製作映画づくりを始めたんです。そのとき、僕を助けてくれる人たちが、横浜を中心にすごく増えていって。横浜で映画を撮るとき、近所の人に「ここで撮らせていただけませんか」とお願いするなどしているうちに顔を覚えてくれて、撮影の機材車をタダで駐車させてくれるお店の方とか、「家賃安くしてあげるよ」という感じでまわりの人が支援してくださいました。それで居心地がよくなりすぎて、東京に出る気にならなくなったんです。今住んでいるところはジャック&ベティから近いので、自転車に乗って舞台挨拶でもチラシ配りでもやりに行きますよ（笑）。あの辺りは、ほかの街ではなかなか撮れない風景があるので、気に入っているんです。

山岸謙太郎監督

――ご自身の作品には、けっこう横浜が登場するんですね?

山岸　『イヤータグ』（11）という作品の舞台は、一応横浜という設定です。横浜のダークな部分の雰囲気をノアールチックな映像で撮影する、ということにチャレンジした映画です。横浜だと、この場面にはポイント、このシーンはこのポイントと自分でもロケーションがわかっているのでイメージしやすいんです。最近取り壊されてしまいましたが、日ノ出町駅と伊勢佐木長者町駅のあいだにあった複合ビル「長者町八丁目ビル」は、一番利用していた場所で、すべての部屋の間取りも覚えています。ミナトミライとかきれいなほうはあまり行かないんです。画としては、街に歴史とディテールがある下町が気に入っています。

――たしかに山岸監督の作品にはノアール的

な雰囲気が漂いますよね。

山岸　ありがとうございます。ノアール、大好きなんです！

商業長編映画としての第1作目、『三十路女はロマンチックな夢を見るか？』

『三十路女はロマンチックな夢を見るか?』より

――『三十路女はロマンチックな夢を見るか？』を監督された経緯を教えてください。

山岸　まず、「30歳になる前の女の子が自分の夢について考える」という企画のプロットができないかというお話を、プロデューサーからいただきました。正直、「その年代の夢見る女性が主役の映画なんかいっぱいあるよ……」と思ったんです。そんな反発心と、たまたま暇な時期だったこともあり、プロットを5本書いたんです。そのうちの2本が面白いのでこれを組み合わせてほしいということで、プロットを練っていきました。登場人物の那奈を誰にキャスティングしようかということで、何人か候補をあげたんです。僕が前々から気になっていた武田梨奈さんがいいという話をしたら、プロデューサーがめちゃくちゃ押してきて（笑）。「それじゃあ、お願いしようよ」ということになりました。

――武田さんは主演デビュー作が『ハイキックガール』でしたから、アクションができる女優さんというイメージが強いですが。

山岸　僕もインディーズでずっとアクション映画を撮ってきましたから、武田さんに注目していたのも当然アクションありきという部分はあったんです。でも、彼女の名前があがったときに出演作をもう一度見直したら、特にここ最近はお芝居に力を入れられていますし、アクション女優という接し方は失礼だっていうくらいなので、今回はアクションはいっさいなし。アクションは1回置いといて、武田さんのちゃんとしたお芝居で勝負する作品になってもらえたらいいなっていう思いがあって、ぜひ出演していただきたいという話になりました。

――「三十路」ですから、武田さんの実年齢のほうが若干、若いですね。

山岸　主演候補のほとんどの方が29歳でしたが、武田さんは撮影当時25歳で。29歳の女優さんって、ノッている方が多いんですが、この作品は三十路になる女性をどう見るかという話なので、本当の年齢ではない人のほうが考えられるんじゃないかなと思ったんです。自分がこれから三十路になる、どんな30代になるんだろうということを考える、まだ滑走路があります。30真っ只中の人は、意外と客観的に見られないので、役として演じるのが逆に難しいのかな、と。たとえば黒澤明監督の、「夏のシーンを冬に撮るのは、夏だと暑いのが当たり前だから誰も暑い芝居をしないけど、冬に撮ると暑い芝居を一生懸命するからだ」みたいな。武田さんが「どうやったら29歳に見えるんだろう」と一生懸命考えてくれることが、結果的に29歳の女性を映画的に見せてくれるのかなと思って、プロデューサーとも「若いほうがいいですよね」と話をしていたんです。

――監督ご自身は三十路のとき、どんな夢をご覧になっていましたか？

山岸　僕はまさに三十路のとき、夢を1つかなえられました。『キヲクドロボウ』(07)という自主製作映画は、「映画を仕事にしてみようかな」と調子に乗った作品で(笑)、29から30歳にかけて撮ったSFアクションです。それで上海国際映画祭のホームページから英語がよくわからないまま申し込んだらノミネートされて、日本のインディーズ映画としては初めて入賞したんです。それがまさに30のときでした。映画をやろうと本格的に決めた転換の歳が三十路でした。

――この映画を観る方にメッセージをお願いします。

山岸　テーマやモチーフはもちろんあるんですが、それはとりあえず置いておいて、普通に楽しんでいただける作品だと思います。主人公はこの先どうなっていくんだろう、何が待っているんだろうと期待してご覧いただけますし、最後はきっとさわやかな気持ちになっていただけると思います。

（2018年2月8日　渋谷クロスタワーにて）

横浜で撮影に励む山岸監督。『サムライゾンビフラジャイル』(14)では、大勢のゾンビたち(?)が街をねり歩き、宣伝に勤しんだ。

高橋長英

たかはし・ちょうえい
俳優

1942年11月29日生まれ。神奈川県出身。上智大学を中退し、俳優座養成所に入所。養成所卒業後はフリーの俳優として活動。養成所所属中に撮影したテレビドラマ『みつめいたり』でデビューするも、お蔵入りに（後に深夜枠で放送）。68年『二人の恋人』に映画初出演。その後は映画、舞台、テレビドラマからナレーションまで幅広いジャンルで活躍し、悲劇的な善役から狂気的な悪役までこなす演技力で人々を魅了している。近年の出演映画に『友だちと歩こう』（14）、『舞妓はレディ』（14）など。今後は映画『審判』（18年6月公開予定）、『カスリコ』（18年夏以降公開予定）、『兄、消える（仮）』（18年10月公開予定）を控えるほか、舞台『消えていくなら朝』（18年7月公演予定、新国立劇場）にも出演予定。

大人たちの足の間からスクリーンをのぞくようにして映画を観ました

聞き手＝小笠原正勝、小林幸江
文＝小林幸江　撮影＝野村志保

高橋　今日は取材場所がシネマ・ジャック&ベティなので、取材前に映画を2本観てきました。『ビジランテ』と『ウイスキーと2人の花嫁』。『ウイスキーと〜』を観たら飲みたくなってしまって……一緒にいかがですか？（ジャックダニエルを取り出す）

――ありがとうございます（笑）。普段から映画はよく観るのですか？

高橋　観ますよ。今日はたまたま劇映画でしたけれど、いつも観るのは8割がたドキュメンタリー映画です。ジャック&ベティは自宅から歩いて来られる距離ですからよく来ます。横浜シネマリンや横浜ニューテアトルにも時々行きますね。

――高橋さんは生まれも育ちも横浜で、現在も横浜に住んでいらっしゃるのですよね。

高橋　生まれたのは南区宿町。空襲で焼け出されて東京や三浦三崎に住んだ時期もありますが、小学3年の時に横浜市南区に戻ってきてからは同じところに住み続けています。

――子どもの頃から映画はお好きだったのですか？

高橋　ええ、僕が子どもの頃は娯楽がありませんでしたから、映画は特別でした。この界隈（ジャック&ベティ周辺）には映画館がたくさんありましたよ。日劇があって、千代田劇場、大勝館、それから東映名画座がいちばんここに近かったような……。

――東映名画座が建て替わって、ジャック&ベティになりました。

高橋　やっぱりそうでしたか。ほかにもありましたよ。極端な話、普通の八百屋さんや金物屋さんが、ある時、突然映画館になっちゃうんですよ。だから本当に狭いスペースで座席がないんです。ぼろっちいカーテンを開けて中に入り、立って観る。それでもお客さんが入っていたんですよ。ブームが去るとすぐつぶれましたけれど、このあたりだけでも10軒以上はあったんじゃないでしょうか。ジグザグに道を歩けば、ハシゴ酒ならぬハシゴ映画ができたくらい。僕にとって特別だったのは伊勢佐木町の、今の日活会館あたりにあった日活シネマです。料金が安くて50円玉一つで観られたんだけど、高級感があってなんだか豪華な映画館でした。

――子どもの頃、映画館には誰と一緒に？

高橋　学校の授業で観に行ったり、田舎に遊びに行くといとこやおばあちゃんが連れて行ってくれたりね。自分で映画を観に行く時は、うちはお小遣いを持たせてくれない家だったので、お年玉を少しごまかして隠し持っておいて、そのお金で観に行きました。野毛の光音座は、昔は東宝の封切館で、冬でも館内は人ごみで暑くて、タバコの煙がモクモクと充満していました。僕はまだ小さい子どもでしたから、大人たちの足の間からスクリーンをのぞくようにして観ました。『路傍の石』『真実一路』『雪国』など、よく観ましたよ。子どもに作品の意味を理解できたかどうかわかりませんが、とにかく画面に何か映っていれば満足でした。

お蔵入りしたデビュー作 テレビドラマ『みつめいたり』

――高橋さんは俳優座養成所のご出身ですね。俳優座と言えば演劇ですが、俳優の道に進んだことに映画の影響もあったのでしょうか？

高橋　ありますよ。僕の仲間はだいたい映画世代なんです。地井武男くんは赤木圭一郎に、小野武彦くんは石原裕次郎に憧れていた。夏八木勲くんは三船敏郎「命」でした（地井、夏八木両名は亡くなってしまいましたけど）。みんなそれぞれ劇団に属していたけれど、それを足がかりにして映画に進みたいという人が多かったんじゃないでしょうか。

――高橋さんは誰に憧れて？

高橋　僕はジェームス・ディーン。中学2年か3年の時、『エデンの東』を観て衝撃を受けました。俳優ではなく映画として衝撃を受けたのは『ピクニック』という作品。

――ウィリアム・ホールデン出演の？

高橋　そうです！　『ピクニック』を観たあと、10日間くらいは夢遊病者のようでした。ウィリアム・ホールデンのようにたくましい体になろうと家で一生懸命に腕立て伏せしてね。観たのは中学1、2年の頃かなあ。ストーリーは難しくもなんともありません。田舎町で、年に一回、老若男女みんなが集まってピクニックをする。そこで恋愛もあれば家族の話もあるという映画です。

――映画デビューは養成所卒業後の1968年『二人の恋人』ですね。

高橋　本当のデビュー作は、映画ではないけれど、養成所にいる頃に撮影した『みつめいたり』というテレビドラマです。当時はテレビ会社が俳優学校に見学に来て役者を抜擢することがよくありました。例えば加藤剛さんがドラマ『人間の條件』に。そういう流れで、僕が養成所2年生の頃に撮ったのがフジテレビの『みつめいたり』です。「純粋なまなざしでじっと見つめる」という意味のタイトルで、陸軍中尉の娘と馬丁の息子の身分違いの淡い恋の話でした。僕が馬丁の息子を、陸軍中尉の娘を栗原小巻さんが演じて、撮影のために養成所を2、3学期休んだのですが、すごく社会性の強い作品だったからか、お蔵入りになってしまったんです。ちょうど安保闘争が始まって、今の世の中のように表現の自由がだんだん抑圧されつつある時代でしたから、権力に対して思想性が強い作品だということでね。

――その後、放映されたのですか？

高橋　ええ、4年ほど経った頃に。僕もポツポツと仕事をしていたし、栗原さんも大河ドラマに出て顔が売れたので「じゃあ深夜に流そう」ということになりました。深夜といっても昔なので23時くらい。当時は

シネマ・ジャック&ベティ入り口にて

ドラマが視聴率15%以上を取るのはふつうで、10%以下だと打ち切りになるような時代です。そんな時代に『みつめいたり』の視聴率は2%か3%でした。地味と言えば地味な作品なんですよ。

——横浜で撮った映画はありますか。

高橋 『初めての旅』という、貧しい少年と金持ちの息子がスポーツカーを盗んで旅をする映画を撮りました。今から50年近く前、僕が20代の頃です。旅をすると言ってもルート66で大陸を横断するわけじゃない、湘南の海岸を走って、牧場をやっているおじさんを訪ねていくという話。これは東宝のお正月映画でしたね。確か別の企画があったんだけど潰れてしまって、急遽ピンチヒッターのような形で、1か月もかけずに撮った記憶があります。岡田裕介くんが金持ちの息子で、僕は貧乏人の子。神宮前通りにスポーツカーが停まっていて、それを二人で盗んで走らせるのですが、横浜駅に車を停めて、僕がアンパンか何かを売店で買うシーンがありました。そこにレンガ造りの昔の横浜駅が映っていますよ。まだ市電が走っていた時代です。

——映画に舞台にと精力的に活動されていらっしゃいますが、今後の出演予定があれば教えてください。

高橋 今年の夏は新国立劇場で蓬莱竜太さん作の舞台『消えていくなら朝』に出ます。映画では、去年の12月に『カスリコ』という白黒映画を撮りました（今夏公開予定）。それから『兄、消える（仮）』という映画がこれからクランクインです。これは兄弟の話で、僕は弟役なんだけど、兄役は誰だと思います？　柳澤愼一さんです。ちょっと驚くでしょう（笑）。僕が75歳で、柳澤さんが85歳。完成したら横浜の映画館でも公開されると思うので、ぜひたくさんの人に観てほしいです。

（2018年3月6日　シネマ・ジャック&ベティにて）

大九明子

おおく・あきこ

映画監督

1968年神奈川県出身。プロダクション人力舎スクールJCA第1期生となり、数々のバラエティやライヴに出演したのち、制作サイドに転身。97年、映画美学校の第1期生となり、『意外と死なない』(99)で監督デビューを果たす。その後、『恋するマドリ』(07)、『東京無印物語』(12)、『ただいま、ジャクリーン』(13)、『モンスター』(13)、『放課後ロスト／倍音』(14)、『でーれーガールズ』(15)、『渚の恋人たち』(15)、『勝手にふるえてろ』(18)、と作品を発表し続けている。

聞き手＝梶原俊幸　撮影＝山岸丈二
文＝編集部

10年間の恨み節！『勝手にふるえてろ』横浜と映画館と男性像

——大九監督は横浜出身ですね。生まれてからずっと横浜ですか？

大九　はい横浜市旭区です。ズーラシアのすぐ近くですね。両親とも横浜の人間なので、引っ越しとかはしていますけど横浜にずっと住んでいます。相鉄線の鶴ヶ峰か中山です。

——ということは生活圏としてはわりと横浜の上のほうではあるんですね。

大九　生活圏というか、ちょっと買い物に行くのは横浜で、子供のころに映画を観るのは必ず伊勢佐木町でしたね。オデオンでしたっけ？　ピカデリーかな。今、『探偵はバーにいる』を上映している映画館。あれが元の位置のような気がするんですけど。

——ニューテアトルですか？

大九　私の子供のころの印象だと、あそこに東映だか東宝だかが伊勢佐木町にまずあって、もう一軒はピカデリーだかオデオンだかどっちかの名前であって、ピカデリーのほうが洋画、日本語の名前の映画館が日本の映画みたいな感じの棲み分けだったような気がします。

大九明子監督

——オデオンは今ドン・キホーテになっています。あの場所にそのままですね。

大九　そうか、じゃあそれとはまた別だ。日活もあったし、日活はどこに行っちゃったのと思って。日活ロマンポルノがあったビルはマクドナルドの位置が変わっていないなら隣の……？

——ゲーセンが1階に入っていて、まだ日活会館という名前は残っているんですけど、そこの4階と6階にあったんです。

大九　そうそう。なんか伊勢佐木町、奥へ奥へ行くとどんどん大人の映画になっていくみたいな感じだったんです。えっと、ピカデリーは？

——ピカデリーは今パチンコ屋になっていて。たとえば関内駅からこっちに来るじゃないですか。日ノ出町の駅に向かう交差点がありますよね。左側のビルにオデオンがあって、オデオンのさらに左に横浜ピカデリーがありました。それで伊勢佐木町に向かうところの右側に松竹セントラル、横浜松竹。ニューテアトルは、あのときはまだ横浜テアトル。改装してニューテアトルになった。

大九　昔、横浜市民て、洋画はオデオン、邦画は何とかみたいに二大振り分けされていませんでした？

——オデオンは明治時代から洋画封切りの場所でした。横浜松竹が邦画ですね。

大九　角川映画をやっていたのは松竹系だったと思いますが。二本立てでやっていましたよね

——最後に残ったのは伊勢佐木町東映でしたね。

大九　みんな子供のころは、映画を観るのは伊勢佐木町で、相鉄ムービルがあとからできた記憶があります。相鉄ムービルで映画を観た記憶があんまりないんですよ。両親が二人とも横浜なので、子供を映画に連れて行くときって当たり前のように伊勢佐木町でした。新しい映画館ができようが、ベースが伊勢佐木町だったということだと思うんですけど。

——駅に近いほうは伝統的なお店もありますけどチェーン店が増えて、我々ももう10年になりますけど、やはり変わってい

ますね。大九監督は子供のころから伊勢佐木町で映画をご覧になられていたということなんですね。

大九　映画に行くときはよく、父と兄と3人で行くことがありましたね。『スーパーマン』（78）を観に行ったんですけど、スーパーマンは長く私の男性像に影を落とし続けたというか、何か理想の男だなと思って。かなり興奮しましたね。

好みの映画館、好きな映画

――お好みの映画館などはあるんですか？いつもどんな映画を観ているんでしょうか？

大九　都内に引っ越してから一番通っているのはキネカ大森という所ですね。ちょっと都心から外れているのと、あとこちらもそうだと思うんですけど座席指定がまだない。その自由さが好きでキネカ大森が一番行っています。映画は、何だろう？　常にいろいろ変動はしていますが、ずっと好きというか、映画に監督という人がいるんだなと初めて学ばせていただいたのは相米慎二監督です。伊勢佐木町で二本立てで『セーラー服と機関銃』（81）を観たんです。単純に今、松岡茉優ちゃんのファンだから来ている女の子たちがいっぱいいますけど、私も薬師丸ひろ子ちゃんが見たくて観に行った普通の中学生の女の子だったんですが衝撃を受けました。「なんじゃこりゃ」と思い、何を観させられたんだろうという圧倒的な何かを与えられた気持ちになった。パンフレットも買って「なるほど、映画って監督という人がいるんだ」と思った。だからといってそこで別に監督を目指そうとかいうことではなかったんですけど、「映画ってすごい深遠なるもの、面白い！」ってそのときに思ったんですね。

――『セーラー服と機関銃』がいろんなことを目覚めさえてくれたということですね。

大九　つくることを意識してからは、どうやってこれを撮っているんだろうと思わされる監督にまず惹かれるという意味で、キアロスタミがすごく大好きでした。光栄なことに、キアロスタミ監督がご存命の20年前、映画美学校に来られて、生徒の作品を何本か見た中で、映画美学校時代に私が撮った『意外と死なない』という作品を、「これ面白いね」と言ってくれたという話がありまして、大変嬉しかったんです。キアロスタミ監督ってどうやって演出しているんだろう？って思ったらやっぱりちょっと子供をだましながら演出したりとか、一般の人に対して、こういう画が欲しい、怒られて考え込んでいる顔が欲しいときに実際に怒るとかじゃなく暗算をさせていたとか、そういうやり方を聞いて「演出ってそういうことなんだなぁ」と思ってすごく感銘を受けました。

――映画として観ていて、ほかにも関心を持つ監督はいるんですか？

大九　カウリスマキかな。カウリスマキ監督は絶対裏切らないというか。毎回、私が欲しいものをいただける。イルディコー・エニェディ監督『心と体と』（2017）という作品がもうすぐ公開になりますが、そのプロデューサーとアテネ・フランセの事務局長の松本正道さん、そのお二人が同時に『心と体と』を見たときに私を思い出したということで、こんな若輩者なのに、エニェディ監督と映画美学校マスタークラスで、二人でトークショーをやらせていただいたんです。私は不勉強で今までエニェディ監督の作品を観ていなかったんですけど、カウリスマキの世界観にも似ていると思いました。ちょっとファニーだったりとか、描いてる中身に関しては私と共通のものを感じたんです。カメラワークは真逆でフィックスをガッチリ決めて撮っていかれるというところがカウリスマキっぽいなんて思いながら観て、まだまだ世界には偉大な大先輩がいて嬉しいと思いました。そんな感じだから好きな映画って日々変わっていきます。

横浜と映画の狭間

――横浜という都市と映画を結びつけて考えるということはありますか？

大九　今のところ考えたことはないですね。自分が撮影する対象として、時折使わせてもらっていますけど、がっぷり横浜を舞台にした映画というのはトライしたことはまだないです。ただモヤっとするんですね。横浜を舞台にした映画が出てくると。自分が地方を舞台にした映画をお預かりするときに、観た人がモヤっとする気持ちはすごくわかるというか（笑）。観た人とかその地方出身の監督が観たらモヤっとするだろうな（笑）。横浜を舞台にやりたいなとは思います。やりたいなという熱があるからこそ、横浜はいつも、それこそ視野の端で捉えながら、ロケーションが許せば一か所くらい横浜を入れたりすることはあります。

――どの辺で撮りたいというところはありますか？

大九　あんまりキラキラしていないほうがよいかなと思います。今日久々に伊勢佐木町に来て、伊勢佐木町もだいぶ落ち着いたから撮り時かなと思います。「濱マイク」ブームのときも本当に視野見で、ちゃんと見ないようにしていた（笑）。そういう意味では。今はチャンスという気はしています。山手のほうとか、まさに私が子供のころから知っているザ・横浜みたいなところ。重厚な面であるとか、鉄筋コンクリートだったり石造りだったりみたいな印象の横浜ですね。山手の上のほうとか港の見える丘公園辺りとかも。あの辺は最近行ってないですけど、まさかタワーマンションとか建ってないですよね？

映画美学校というキャリア

――映画の仕事に関わるようになったのはどういう経緯からでしょう？　いろいろな経歴がおありのようですが、官庁の外郭の秘書としてお勤めだったとか。

大九　そうなんです（笑）。先輩たちが「官庁の外郭系は残業もなくてわりと緩いよ」という、まだ売り手市場のバブル直後くらいでポンと一発で入っちゃったんです。入ってみたらいきなり理事長とかの秘書兼総務部付きとかいって、やたら忙しいところに付きまして4か月で挫折しました（笑）。その後に人力舎がスクールJCAというのを募集し始めて、一期生でそこに入って、ピンでネタをやるということがまずありまして。やっぱり始めてみるとがむしゃらにやっていたので、何本かはまぐれで面白いものがつくれたり、賞をもらったりしたことがあるんですけれど、一人だとどうしても続けきれなかった。私なんかより面白い人たくさんいますし、コテンパンに挫折して俳優の事務所に拾われたりしていたんです。

――映画美学校へ行かれるのはそれからなんですね。

大九　何か違うなと思っている27歳のときに、映画館で映画美学校のチラシを見たんです。やりたいことは俳優ではなくて、ピン芸人をやっていたときも自分でネタを書いて演出していることが楽しかったんだなということにだんだん気づいていきて。小学生のころ、映画を観て帰ってくるとクラスで配役を決めて私、演出をしていたんですよ。面白かったシーンを再現したりするんです。演出って子供のころからしていたんだ、と気がついて始めたのが映画の道に入ったきっかけですね。

——映画美学校に一期生で入られているんですね。映画美学校のころに撮られた作品でデビューされているということですか？

大九　はい。高等科のときに修了コンペで選んでもらったのが『意外と死なない』という作品です。

——パンフレットを拝見すると今回の『勝手にふるえてろ』につながるところがあるようですね。

大九　そうですね。まずタイトルを受け取ったときから、自分の頭の中で一文が出来上がっちゃって。「若い女というのは、大変だ大変だと言いながら意外と死なない生き物だから、勝手にふるえてろ」、という一文になったんです。もう、読む前から若い女に向けた強めのエールみたいな映画をつくれたらいいと思った。自分に向けたエールでもあるんですけど。そういう映画にしようという思いがあったので、スタッフたちに恥ずかしいんですけど20年前の映画を観てもらって、部屋のシーンのジャンプ・カットとかはまったく20年前にやっていたことと同じことをやっています。

——『勝手にふるえてろ』は女性だけじゃなく男性も含めて人気で。そしてその後、『恋するマドリ』（２００７）や、我々が引き継いだ直後のタイミングで案内をいただいた『ただいま、ジャクリーン』⒀がありますよね。またどこかのタイミングで旧作も上映したいと思います。

大九　ありがとうございます。ぜひ。

恨み節『勝手にふるえてろ』

——『勝手にふるえてろ』はどういった経緯で撮られることになったんですか？

大九　『でーれーガールズ』（２０１５）を企画・プロデュースした白石裕菜さんというプロデューサーがいまして、その方が原作を持ってきてくれてこのような形になったんです。『でーれーガールズ』は彼女の企画・プロデュース作品として一本目で、当時彼女はまだ24歳だったんですね。大変野心的な若い女性プロデューサーで、『恋するマドリ』を観ていただいて私に興味を持ってくれてたらしいんです。一本目でやり残した思いがすごくあったみたいで、『でーれーガールズ』が終わったときから「またやりましょう」っておっしゃってくれていて、その2年後にあの原作『勝手にふるえてろ』を持って現れた。見た途端さっき言ったように私の中でストンときて、これはやりたいと思った。

——この原作でやりたいと思われたというのは先ほどの、女の子なんて、という一文が浮かんで。

大九　とにかくタイトル。綿矢さんの作品はもちろん拝読しているんですけど、やっぱりタイトルがいつも素晴らしいし、そこに惹かれたっていうのがまずあります。そのタイトルからしてある種の切れ味の良い言葉、読んでみるとやっぱり切れ味の良い言葉がたくさん出てきて「これは面白い」と。ただ、このモノローグをどうやって映像にしようかという悩みはありつつも、とにかくこれを映画にしたいという思いはすごくありました。

——そして大ヒット中ですね。秘訣はどのようにお考えになりますか？

大九　まったくわからないです。今回は特にすごく狭いところに向けてつくったつもりなんです。いろんなことを忖度せず、人の意見もあまり聞かず、とにかく好き放題につくったのです。主人公の性格に近いような若い女性に向けてつくったつもりだったので意外や意外、いろんな人たちが、特におじさまがすごく、「もう十何回観ています」とか。「ヨシカと似たようなコートを探して買っちゃいました」とか（笑）。

——すごいファンですね。ＳＮＳで「ヨシカ

は俺だ！」みたいな。

大九　そうなんですよ。『月刊シナリオ』に、インする前に全スタッフと俳優に配った私の指針書みたいなのが載っているんですけど、そこに「この主人公は私だと思ってもらえる女の子たちと笑ったり泣いたりということをしてみたいんです」みたいなことを私が書いたんですが、それを見た人がSNSで「監督、僕は男ですけどヨシカと名乗っていいですか」と熱いメッセージをくれたので「いいね！」ってしておきましたけど（笑）。なんかそういうふうに思ってくださる男性がいるのは不思議ですね。商業映画を撮るようになって10年ですけど私はヒットも賞もなく、でもなんとなく白石プロデューサーのように突然声を掛けてくれるような人が現れて生き延びてきた感じだったんですけど「なんで映画やれてるんだろう？　もしかしてもう終わっているのかな？」ということを日々逡巡しながらの10年間なんです。今回はそういう恨み節みたいなことをぶち込んだんですよ（笑）。

——恨み節ですか（笑）

大九　途中の歌なんてもう完全なる恨み節で撮っても撮っても誰にも見えていないみたい、って。たまに熱狂的に支持してくださる方がいたり、誰かに深く刺さっているという、ちいさな自信だけはあって、そのおかげがあるから続けてこられたんですけどね。ピッケル持っているわけじゃないけれど、たまたまそこに刺さったから何となくぶら下がっている。これがなくなったら終わるんだなというような、ヒリヒリする10年間だった。不思議ですね。だからヒットの秘訣なんてないです。ヤケクソになってみたという感じですね。自分ではわからないです。

ジャック&ベティの印象とイメージ

——最後に、ジャック&ベティの印象、イメージをおうかがいしつつ、何かアドバイスがあれば聞かせてください。

大九　こういう劇場のファンがいる映画館だなと。五大路子さんの息子さんの大和田健介くん、彼が「ジャック&ベティでやりましょうよ！」とおっしゃってくださって。

——五大さんというか、大和田一家には本当に支えてもらっています。

大九　それから『お盆の弟』(15)の大崎章監督は横浜と何の関係もないはずですけど「俺、舞台挨拶やってやるよ」と言われた（笑）。大崎監督も面白いんですよね。私は普通に『お盆の弟』を劇場で観ていたらふらっと現れて、大崎さんの映画が大好きだったから話したいなと思ってとりあえずパンフレットを買って「素晴らしい映画でした」って言って「大変シビれる内容だと思います」と話して以来、舞台を観に行くと会ったり。衣装の宮本茉莉さんが、フリマみたいなのをやるからというので行ったら奥でカレー食べてたり。そこにいるんですよ。なんでまた大崎さんがいるのみたいな不思議なご縁なんですけれども。ジャッ

シネマ・ジャック&ベティ入り口にて

ク&ベティへのアドバイスですか？　そんな偉そうなことできませんけど、せっかくツイッターをやっているなら毎日「これぐらい」みたいな具体的な人数の入り情報を言うと、SNSで調べる世代は「だったら満席じゃないから行っても大丈夫かなぁ」なんて言って来てくださるのかもしれないですね。シネマカリテさんは上手だなと思います。すごい煽る。「あと何席です！」とか。「劇場でも売りますが、どうしても観たい人はネット予約をお勧めします！」とか。30分に1回くらい1作品についてのことをマメに呟いていらっしゃって、あれはけっこう煽られますね。

――ネットで売る分と劇場で売る分を分けて。ネットだとあと何枚しかないです！とか。

大九　1時間に1回とか作品によるのかもしれないけど、我々の『勝手にふるえてろ』はわりとマメに具体的な数字。残り何枚という感じで数字を知らせてくださってます。

――イベントがある回のチケットに関してはそれを出すといいかもしれませんね。

大九　そうかもしれないですね。アドバイスなんて偉そうにできないけど「カリテすごいな」と今回あらためて思いましたね。

――伊勢佐木町は今、ニューテアトルさんあとシネマリンさんが最近リニューアルされてやられているんですけど、映画館が3つになったので、連携して盛り上げていきたいですね。

大九　なんかぜひ、長くお付き合いできればなぁと思います。どうにか、どうすればいいんだろう。

――新しい作品や近況をお聞かせください。

大九　実は新しい作品がもう2月19日にクランクインなのですが、女性が主人公の物語です。男性、おじさんの物語もそろそろやりたいなと思っています。10年かかって、女の人はけっこう好き放題いじった感覚はあるので。

（2018年2月3日
横浜シネマ・ジャック&ベティにて）

韓国映像資料院の入口

韓国映像資料院
前の広場

オ・ソンチさんと

映画館探訪

韓国映像資料院／ソウルアートシネマ

オ・ソンチさん（学芸員）

取材・文＝**柳下美恵**（サイレント映画ピアニスト）

２０１８年１月に韓国のソウルを訪れました。今回はフィルムアーカイブ、アートシアターをご紹介します。まず訪れたのは、韓国映像資料院（ＫＯＦＡ）。ソウルの西、麻浦区のワールドカップ競技場近くのハイテク複合再開発地区にあります。お話をうかがったのは映画博物館担当のオ・ソンチさんです。

韓国映像資料院

１９７４年に非営利団体として設立され、85年にＦＩＡＦ（国際フィルムアーカイブ連盟）に正式加盟、３つのシネマテーク（３２８席、１５０席、50席）、博物館、図書館、フィルム保管庫などを持つ韓国唯一のフィルムアーカイブです。

オ・ソンチさんのご活躍はＮＰＯ法人映画保存協会のホームページにあります、韓国映像資料院のフィルムアーキビストによる『フィルムストーリー叢書08　フィルムアーカイブ物語』（２００９年11月）に掲載されておりますので、ご参照ください※。

博物館は常設展示に加えて企画展が開催されています。今回は『下女』（60）でも有名なキム・ギヨン監督特集。直筆のシナリオや絵コンテ、『虫女』（72）、『肉体の約束』（75）などのダイジェスト版の上映、『下女』のセットを再現した部屋など中身の濃い展示でした。

常設展は映画誕生、韓国初の映画上映から現在までを時系列に展示、２０１３年に行った映画史研究家、批評家、映画人による韓国映画１００選、１００選の中から選ばれた１４２人の映画人に関する展示など、韓国映画の全貌が見られます。

特に１９６０年代にソウルにあった

キム・ギドク展

ソウルアートシネマとインディーズスペースのチケットブース

韓国映画博物館

映画館を地図で示し、各映画館で上映していた作品の一部を映像で見られるのも興味をそそられました。残念なのは当時12館あった映画館が現在は4館に……どこの国も同じ運命かと少し感傷的に。

特徴的な展示は観客参加型です。韓国映画の主題歌をポスターと連動させたり、博物館内にある小劇場で常設や企画展示に関わる映像が見れたりと、何時間でもいられる展示は映画博物館ならではです。

オ・ソンチさんは以前、シネマテークの番組担当者でしたので、そのころのお話もうかがいました。韓国をはじめ世界の旧作をいろいろな角度から上映しています。評判のよかった前年の韓国映画をまとめて上映する企画もあるようで、毎回たくさんのお客様が訪れるそうです。日本映画特集も行われていて、若尾文子さんが来韓したときはすごい人気だったと話してくれました。

私も2011年、翌年と二度訪問、清水宏監督の『港の日本娘』(33)ジャック・フェデ監督の『女郎蜘蛛』(21)、D・W・グリフィス監督の『嵐の孤児』(21)など5作品を弾きました。

韓国には13館のアートシアターがあるそうです。KOFAからバスで行ける劇場があるとうかがい、ソウルアートシネマに向かいました。

ソウルアートシネマ

ソウルの中心街、骨董品街、仁寺洞(インサドン)にほど近い8階建てのビル。なんと映画館10館+劇場があるビル、ソウル劇場と呼ばれるシネマコンプレックスの4階にあります。同じ階にはインディースペースと呼ばれるミニシアターが。ソウル劇場は1907年、日本の保護区で芝居小屋壽座(ことぶきざ)として開館、16年に京城(けいじょう)劇場に改称、29年に火災で焼失するも翌年再建。40年に映画館になり大映の直営館に。戦後、ソウル劇場と改称、58年に世紀劇場と改称、77年に鉄筋コンクリートの4階建てのビルに改築してふたたびソウル劇場と改称、97年にシネマコンプレックスに改築、今に至るようです。

ソウルアートシネマ(205席)は2002年に非営利団体として開館し、世界映画史の巨匠の特集、各国の映画祭や映画と歴史・社会・政治などに関連する特別展などを定期的に開催しています。

若者向けに監督や評論家と討論する「映画館の中の小さな学校」、日本映画の傑作などを監督、テーマ、時代別に選定して、無料で観賞できる「日本映画定期

鎌倉市川喜多映画記念館の外観。

無料上映会」、韓国新作、独立短編映画などを月一回上映する「金曜短編劇場」などさまざまな切り口で上映されています。

私が行ったときはちょうど小津安二郎監督特集、評論家の解説付きの上映日だったようで、劇場は熱気あふれる若者でいっぱいでした。日本映画を無料で見られるのは、日本映画が長い間、上映が禁止されてきたからなのでしょうか？

韓国映像資料院は博物館、シネマテークともに無料、博物館は日本語のハンドブックも常備してあります。国をあげて映画を盛り上げている様子はうらやましい限り。日本も新年度から、東京国立近代美術館フィルムセンターが国立映画アーカイブ（国立美術館の映画専門機関）としてスタートします。シネマテークが盛り上がれば映画界の裾野も広がるはず。楽しみにしています。

※ http://filmpres.org/preservation/translation02/

韓国映像資料院
住所　ソウル特別市麻浦区上岩洞1602
アクセス　地下鉄6号線ワールドカップ競技場（World Cup Stadium）駅1番出口よりバス5分「DMC広報館」下車徒歩7分
地下鉄6号線デジタルメディアシティ（Digital Media City）駅2番出口よりバス5分「DMC広報館」下車徒歩7分
電話番号　+82-2-3153-2001
シネマテーク、映画博物館、図書館ともに開館日時が異なりますのでお問い合わせください。

ソウルアートシネマ
住所　ソウル特別市鍾路区楽園洞284-6楽園商街4階
アクセス　地下鉄1、3、5号線「鍾路3街駅」5番出口から徒歩5分
地下鉄1号線「鍾閣駅」11番出口から徒歩5分
地下鉄3号線「安国駅」4番出口から徒歩5分
電話番号　+82-2-741-9782
休館日　月曜日

鎌倉市川喜多映画記念館

増谷文良さん（総括責任者）

取材＝**柳下美恵、沼田梓**

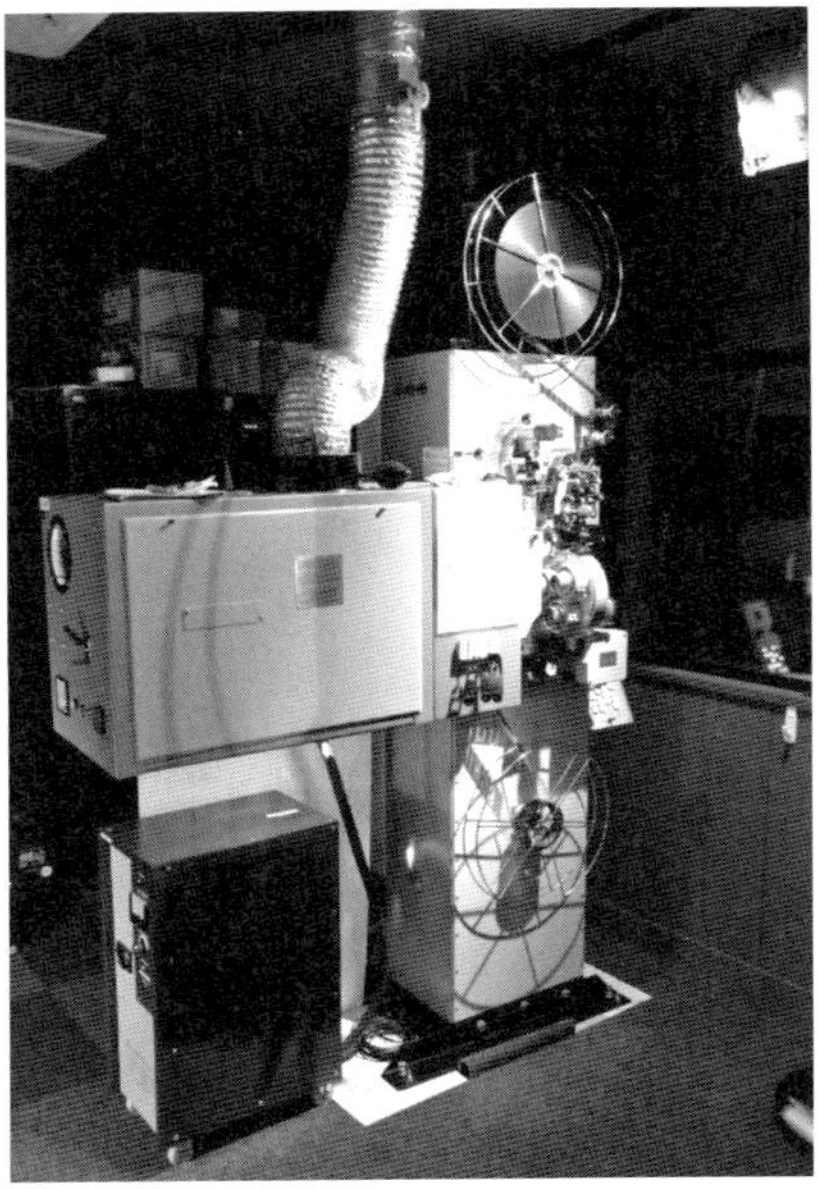
キノトン社製35ミリ・16ミリ兼用映写機

映像資料室

鎌倉から北鎌倉方面に歩いて10分ほどのところ、落ち着いた住宅街の一角に、鎌倉市川喜多映画記念館はある。映画を通して海外と日本の橋渡しをした川喜多長政・かしこ夫妻の自宅を建て替えて記念館はつくられた。長政氏はよく裏山に登って鎌倉を見渡していたという。本館は建て直されたが、当時の照明、天井板などを使い、邸はほぼそのままの形を残している。

川喜田夫妻の自宅が映画記念館に

柳下　記念館ができた経緯を教えていただけますか？

増谷　元は東和商事（現在の東宝東和）を設立し映画の輸入・配給に尽力した、川喜多長政・かしこ夫妻の自宅でした。川喜多夫妻は、外国映画を日本に紹介するだけでなく日本映画を海外に紹介して映画を通して文化交流、国際理解を深めて人と人との輪をつなげたいという思いで活動していました。夫妻の亡きあと、1994年に鎌倉市に土地と建物が寄贈され、映画文化の発展のために2010年4月に鎌倉市川喜多映画記念館として開館しました。

柳下　施設の概要と活動の内容を教えてください。

増谷　展示室と展示に関連した映画の上映ホール（映像資料室）と、資料を検索したり書籍を読んだりできる情報資料室の3つがあります。ホールは定員が51席で、試写室くらいの大きさです。

柳下　それにしてはスクリーンが大きい（笑）。

増谷　ホールは広くゆったりとしたスペースで、映写室にキノトン社製の35ミリと16ミリの兼用映写機があります。年4回の企画展示では日本映画、外国映画を交互に開催しています。資料のリサーチや展示の構成、上映作品の選定などを3人の学芸員で行い、ゲストをお招きしてお話をいただく機会も設けています。企画展に関連した作品の映画上映を隔週ごとに行っているほか、テーマごとに特集を組むシネマセレクションや、新進気鋭の映画作家の作品を紹介する「日本映画の新しいカタチ」という企画なども実施しています。春休みや夏休みにワークショップも開催しています。小学生を対象に講師の指導のもと、シナリオを書いて撮影をして最終的には上映会を行うまでを経験する「こどもシナリオ・映画教室」、図書館所蔵の16ミリフィルムの上映を、絵本の朗読や絵を描くワークショップと組み合わせる「こども映画

展示室・常設コーナー

館」、映画のしくみを学びつつ、映像玩具を使って自分の絵をアニメーションにする「ぐるぐるアニメワークショップ」など、最近ではだいぶ定着して多くのお申し込みをいただいています。また、年に2回、別邸の一般公開を行っています。哲学者の和辻哲郎さんが住まわれていた江戸時代の部材を使った建物を移築して、川喜多夫妻は海外の映画人をお迎えしていました。フランソワ・トリュフォー監督やヴィム・ヴェンダース監督もいらっしゃったことがあり、ヴェンダース監督は小津安二郎監督へオマージュを捧げた『東京画』（85）で笠智衆さんを縁側で撮影しています。

柳下　鎌倉は小津安二郎監督もお住まいで、原節子さんもいらっしゃいましたね。

増谷　原節子さんが亡くなられたあと、「映画女優・原節子」という追悼企画を2016年に行い、多くのお客様にお越しいただきました。

柳下　アーカイブとしての機能もあるのでしょうか？

増谷　当館が建つ場所は、鎌倉市の中でも歴史的にも貴重な保存区域、正確に言いますと第二種風致地区というものにあたり、宅地造成の工事規制がある区域ですので、母屋と同じ面積分しか建てられないという制限がありました。収蔵機能も検討されていたのですが、建築面積が限られていたため、上映ホール、情報資料室の3つの機能に特化しており、博物館や美術館のような収蔵スペースはありません。主に運営を任されている川喜多記念映画文化財団から企画展ごとに展示しています。

柳下　ジャック・フェデー監督の『ミモザ館』（35）を観に来たときに、増谷さんが本当に貴重なフィルムとおっしゃっていました。

増谷　戦前の1936年に日本で公開された映画で、東和商事が輸入した作品です。財団所蔵のプリントを、権利を取って上映しました。東和商事で上映した作品は字幕に独特の表現があります。たとえば、翻訳家で小説家の秘田余四郎（ひめだよしろう）さんが手掛けた『天井桟敷の人々』（45）の字幕は当時の雰囲気を感じることができて、川喜多夫妻ゆかりの映画という楽しみ方ができる作品です。

柳下　どのようなお客様がいらっしゃいますか？

増谷　大多数は鎌倉市民と観光客の方です。鎌倉には6館ほど映画館があったのですが、今はありません。地元で映画が観られる場所、ということで来てくださ

展示室。

る方が多いです。近隣の藤沢、逗子、横浜や東京からは名画を観たい方、また鎌倉の散策と合わせて、ご年配の女性の方がよく来てくださいますね。海外からの観光客もいますので、英語字幕付き上映も開催しています。近年では黒澤明監督の『酔いどれ天使』(48)、『どん底』(57)、溝口健二監督の『西鶴一代女』(52)を英語字幕で上映しました。川喜多かしこ夫人は日本映画を海外に貸し出すために、英語字幕付き35ミリフィルムを積極的につくっていました。

鎌倉と映画文化

増谷　36年に松竹の撮影所が蒲田から大船に移り、多くの映画人がこの一帯に住むことになりました。明治時代から横須賀線が開通して別荘地や保養地としても栄えていましたので、鎌倉文士と言われる作家の方がたくさん住んでいました。戦前から文学作品の映画化によって文学界とのつながりが大変深かったものですから、撮影所ができてから映画人と鎌倉文士との交流も深まりました。鎌倉にかつてあった市民座（現在は若宮大路のスルガ銀行）でも映画の試写会が開催されました。東京で封切る前に鎌倉文士、たとえば里見弴さん、大佛次郎さん、久米正雄さん、そういった方々を招待して新聞にエッセイを書いてもらいました。戦前のドイツのサイレント映画『アスファルト』(29)というヒット作品は、川端康成さんが当時、都新聞（現在の東京新聞）に「アマン讃」というタイトルで文章を寄せられています。

柳下　文人と縁が深かったんですね。

増谷　鎌倉カーニバルが毎年開催されており、これは戦前に久米正雄さんと大佛次郎さんが中心となってできた夏の風物詩でした。戦中に一度中断されるんですけども戦後にまた復活し、映画会社の宣伝合戦というような形で各社が新作の宣伝用の車を出したりしながらパレードをして、鎌倉文士の皆さんが審査員になって一番を決めたりとか、ミスカーニバルコンテストもありました。鎌倉は多くの映画人が居を構えており、たとえば鎌倉山にお住まいだった田中絹代さんは、現在も円覚寺塔頭松嶺院にお墓があります。松竹大船撮影所には、鎌倉文士とのつながりで育まれた映画文化がありました。かしこ夫人が愛した、鎌倉時代から続く伝統的な日本文化もあります。鎌倉には世界に発信できる、そういった素地があったことは非常に大きいことだと思います。

柳下　鎌倉のロケ地を歩くツアーがある

1948年、復活第2回鎌倉カーニバルビッグパレード。江ノ電線路上を練り歩くCMPEの大風船
協力：鎌倉市中央図書館近代資料室

とうかがいましたが。

増谷　昨年、「鎌倉映画地図」という鎌倉のロケ地の冊子を作りました。本にも出てくる『天国と地獄』(63) のロケ地散策ツアーや、『ツィゴイネルワイゼン』(80) の妙本寺、『晩春』(49) の鶴岡八幡宮をまわるというイベントを開催しました。映画を通して皆さんに記念館を楽しんでいただきたい、その中で鎌倉の文化にも触れていただきたいという思いもありますので、ロケ地をまわって映画に親しんでいただきながら、鎌倉の歴史的な背景なども一緒に話しています。46年に鎌倉アカデミアという、材木座の光明寺に開校した学校がありました。文学科と産業科と演劇科があって、2年後に現在の横浜市栄区にできた大船校舎に移って映画科ができました。鈴木清順監督は、鎌倉アカデミアの映画科に入学され、それがきっかけで松竹大船撮影所の助監督試験を受けて入社されるという、映画と繋がりが深い学校でした。わずか4年半で廃校になりましたが。

柳下　残念ですね。でもそういう話が遺産になって映画を伝えていくことになると思うのです。鎌倉には貴重なエピソードがいっぱい残っているようですが、アーカイブされているのでしょうか。

増谷　映画にまつわる貴重な話を、どういった形で残して伝えていくかも大きな課題になっています。川喜多夫妻のエピソードも、ご存命の方に聞き取りをしながら多角的に紹介していきたいですね。

広く開かれた映画館として

柳下　これから先、目指しているものはありますか？

増谷　鎌倉は古きものを新しくしていく文化とエネルギーがありますので、サイレント映画の上映も若い世代と繋げていける機会だと思っています。若い世代に日本の大切な文化遺産としての映画を観ていただきたいので、一緒に映画の企画を立てていく、そういった機会を積極的につくっていきたいですね。あと、映画談話室という、映画の上映を観終わったあとにその映画について話してみましょう、という機会もつくっています。映画を観て終わりではなくて、その映画を通してそれぞれが感じたことや時代背景などを皆さんと話したり、関連するゲストの方にお話いただいたり、そういった機会も増やしていきたいと思っています。

また、バリアフリー上映にも力を入れていきたいですね。最近、映画館でも自分のスマートフォンを使ってUD Cast のアプリをダウンロードすると音声や解説が聞けるというシステムが一般化してきていますので、視覚障害の方にはそのような形で、聴覚障害の方には要約筆記という形で、しゃべっている言葉をスクリーンに投影することもしていきたいと思っています。往年の映画ファンからお子さん、若い世代、障がい者まで広く開かれた映画の記念館として活動をしていきたいですね。

鎌倉市川喜多映画記念館
〒248-0005　神奈川県鎌倉市雪ノ下2丁目2番地12号
TEL―0467-23-2500
FAX―0467-23-2503
WEB―http://www.kamakura-kawakita.org/
JR鎌倉駅・江ノ電鎌倉駅　東口下車、小町通りを八幡宮に向かい　徒歩8分

鎌倉カーニバル

1955年、復活第9回鎌倉カーニバルビッグパレード
市民座の前には審査員席があり、小島政二郎、里見弴、永井龍男といった
鎌倉文士の姿が見える。
撮影：竹腰眞一氏
協力：竹腰吉晃氏

ガラス張りの入り口に面した、書籍棚が並ぶウインドライブラリー

新潟・市民映画館シネ・ウインド

井上経久さん（支配人）

取材＝沼田梓

新潟市中央区にあるシネ・ウインドは、全国でも珍しい市民運営の映画館。かつての繁華街であった古町地区と信濃川を挟んだ向かい側、新都心として開発された万代地区の駐車場ビルの1階である場所を利用して作られた。２０１７年９月下旬、新潟と縁の深いドキュメンタリー作家、佐藤真監督の生誕60年・没後10年の特集「佐藤真が遺したもの」を上映中だった。支配人・井上経久さんにお話をうかがった。

市民映画館、誕生

沼田　劇場の名前が「風」にちなんでいますね。

井上　このあたりは冬に強い風が吹くんです。海風ですね。新潟県は雪国として有名ですが、新潟市はあまり雪が降らない地域なんです。風が強い時は吹雪になって吹きつける。この風を新潟市民は大事にしています。もう一つ、新潟生まれの作家、坂口安吾の代表作『風と光と二十の私と』にもちなんでいます。さらに、劇場の入り口がガラス張りで大きな窓のようでもあるので、ウインドウとも絡めていますね。

沼田　なるほど。シネ・ウインドは市民映画館ということですが、どんな映画館なのでしょうか？

井上　１９８５年の３月に、新潟市内の古町にあった名画座「ライフ」が閉館しました。名画を中心に上映する、市民に本当に愛された映画館でした。当時、ＴＢＳ系列の「月曜ロードショー」で解説をされ、『新潟日報』で映画評を書いていらっしゃった映画評論家の故・荻昌弘さんは、『新潟日報』紙上で、こんなコメントをされました。

「『映画の醍醐味』だけを贈る、これだけシッカリした方針の映画館を失うとは、直接の損害だけではない。新潟の精神的威信にかかわる出来事であった。県都にこれだけの映画館を維持しないで、文化など口にできるのか」

　これを読んで、当時サラリーマンだった現代表の齋藤正行が発奮しまして。勤めていた会社に辞表を出し、会社を辞

受付と鳥の風かざり。佐藤真監督のポートレイトに彼岸花が添えられていた

めて映画館を作る運動をはじめたんです。齋藤の「市民の運営する映画館を作ろう」という呼びかけに、映画ファンを中心とした市民の方々が集まり、映画館を作る準備として上映会活動がまず始まりました。小栗康平監督の『伽倻子のために』(84)や、チャップリン、阪妻の無声映画の上映をしながら、「自分たちの手で新潟に市民の映画館を」という活動趣旨を説明して募金を募り、一口1万円で広く呼びかけまして、市民約2000人から集まった資金を元手として、1985年12月、「新潟・市民映画館シネ・ウインド」が誕生しました。

会員特典は、映画館を運営する権利

沼田　市民運動を通して映画館が作られたということは非常に興味深いことですが、運営はどのように行っているのですか？

井上　映画館の場所を借りるために法人化した「有限会社新潟市民映画館」がビルの管理を、運営は非営利の市民団体「新潟・市民映画館鑑賞会」が行っています。「シネ・ウインド」は、その二つの組織の総称であり、劇場名です。名前を聞いて市の施設と間違われることもありますが、市から支援があるのではなく、市民出資の民間の映画館です。一般の映画館と違う点は、私たちの映画館は、会員になって会費を払うとボランティアスタッフとして運営に参加できることですね。

沼田　それは新潟市民限定ですか？

井上　新潟でなくても、全国の市民の方どなたでも会員になっていただけますし、運営に参加していただけます。

沼田　どんなことができるのですか？

井上　映画館の業務全般です。もともと市民の手で作ろうと始まった映画館ですから、会員の方々は我々にとっては映画を観に来てくださるお客様であり、映画館を一緒に作っていく仲間でもあります。具体的に言うと、現在の会員数は約2000人で、その中で運営にも関わりたいという方々が50〜100人くらいでしょうか。だいたいが「会員になったけれど何かできますか？」という形で来館されます。たとえば、花好きな主婦会員の方が集まって、入口の植物の世話など園芸部のような活動をしたり、折り込みチラシや配布物担当のスタッフが来て作業をしたり。幕間や上映後の清掃、受付に至るまで、ボランティアスタッフが手が空いた時間に自分のできることをして関わっていくという形です。

井上経久支配人

多岐にわたるスタッフがいますので、普段は部ごとに集まって月に一回の代表者会議を行い、情報を共有して各支部で作業をしています。ときには試写をして上映作品や上映企画の発案・宣伝をしたり、毎月一回発行する会報誌『月刊ウインド』の編集や原稿の執筆などに関わる方もいます。ライブラリーや書籍の管理も会員の方の有志参加ですね。逆に言うと、私は支配人ですが年会費を払っている会員でもあります。有限会社所属の社員で事務職としての立場も持ちながら、会員の一つの権利として番組を決めています。

沼田　会員の方は県外にも多くいらっしゃるのですか？

井上　やはり新潟市民が一番多いですが、近隣の市町村の方もいらっしゃいますし、県外では福島や山形の方が多いですね。熊本や北海道の会員の方もいらっしゃいます。特に遠方会員の方は、立ち上げの当初から市民が作る映画館という趣旨に賛同し応援していただいていて、進学やご結婚で新潟を離れられたあとも毎年会費を更新してくださっている方が多いです。

沼田　遠方の方とお会いする機会というのはありますか？

井上　直接お顔を拝見する機会はなかなかありませんが、シネ・ウインドでは開館準備のときから30数年間、会報誌である『月刊ウインド』を毎月発行していますので、それが会員の方々への活動報告、交流の場となっていますね。

ウィンドライブラリー

沼田　先ほどからうしろで鳥の鳴き声がするのですが、気のせいでしょうか。

井上　ローレンスという名前のカナリアを飼っています（笑）。『アラビアのロレンス』（62）が最初の公開作品だったので。今のカナリアで三代目なんです。鳥の世話もボランティアの方がしています。

沼田　カナリアが鳴く映画館なんて素敵ですね。鳥かごのほかに、壁一面にたくさんの書棚が並んでいますね。

井上　ウィンドライブラリーです。雑誌と映画関連の本、新潟を題材とした本、安吾をはじめとする新潟出身の作家の本が多いです。

沼田　自慢のコレクションはありますか？

井上　『月刊ウインド』のバックナンバーを置いています。『キネマ旬報』も昭和30年代からありますね。書籍は皆さんの持ち寄りが多いです。ご高齢の方

ボランティアスタッフの書籍管理部が整理する
パンフレット、チラシコーナー

シネ・ウインドのマスコット、カナリアのローレンス。三代目。
オレンジ色

になると、家に取って置けない、と言って持ってきてくださるんですよ。本当にさまざまなものが持ち込まれますね。ライブラリーの目録リストは、ボランティアスタッフが手書きで作ってくれています。映画パンフレット、プレスシートもあります。資料整理が好きなスタッフが管理しています。ポップを作るのが好きなスタッフは書棚をわかりやすく分類してくれました。

沼田　資料を借りることはできますか？

井上　会員の方には貸し出しています。会員でなくてもライブラリー内では自由に読めます。本がいっぱいある映画館は珍しいようで、県外からのお客様はよく驚かれていますね。

人生を変えた映画、人との出会い

沼田　井上さんがシネ・ウインドで働かれるようになったきっかけは？

井上　私の出身は東京の八王子で、就職で新潟に来たんです。学生時代に剣道をしていて、剣道部のある企業リストを見てあるメーカーに就職したら工場勤務となり、そこが新潟県安田町で現在の阿賀野市でした。

沼田　就職は映画と関係のないお仕事だったのですね。

井上　新潟に来たのが92年。当時の僕は、安田町に誰も知り合いがいなかったんです。同期もいない。暇で暇で毎晩スナックに行っていました。その次の春に、地元を舞台にしたある映画の上映会に関わったんです。ある日、スナックで飲み仲間になった人から「そんなにヒマだったら今度、俺たちの仲間がしている上映会があるから手伝ってよ」と声をかけられたんです。

沼田　その映画というのが……？

井上　佐藤真監督の『阿賀に生きる』（92）だったんです。安田町の上映会は大盛況でした。地元の映画ということもあって大ウケで。それで映画の上映って楽しいなぁと思ってそれが映画の世界に足を踏み入れるきっかけでしたね。

沼田　それまでは映画は観られていたんですか？

井上　普通に好きではありましたけれども、大学を卒業する間際に山本政志監督の『てなもんやコネクション』（90）という映画を観て本当にびっくりしました。映画ってすごいポテンシャルがある媒体なんだと。それで卒業間際から色々な映画を観始めました。そのあとに新潟に来ると、東京より全然上映本数が少ないの

劇場内。スクリーン前の舞台では芝居も上演される

で、だったら全部観られるかなと思って映画をよく観るようにはなっていたんですね。そのとき『阿賀に生きる』に関わり、当然、シネ・ウインドも『阿賀に生きる』製作委員会に関係しているので、流れでシネ・ウインドの会員になって、仕事が休みのときに手伝いに行くようになったんです。

沼田　そこからシネ・ウインドで働くことになったんですね。

井上　いえ。ずっとボランティアスタッフで、会社勤めを続けていました。その後1997年にエミール・クストリッツァ監督の『アンダーグラウンド』(95)を観てまたものすごく衝撃を受けたんです。『てなもんやコネクション』『阿賀に生きる』『アンダーグラウンド』、この三つの映画に二十代で出会ったというのが、僕の人生に影響を与えています。『アンダーグラウンド』のラストシーンで、「昔あるところに国があった」「この物語に終わりはない」という台詞と一緒に島が流れていくシーンがありますよね。あの場所は映画の撮られる10年前はサラエボオリンピックがあったところ。こんな台詞があるんだ、すごい世界がこの世にはあるんだと思いましたね。国が、たとえば日本がなくなるというようなことは当時は想定もしていなかったですから。もしかしたら今だったらセルビアのベオグラードの町を歩いて行けるかもしれないなと思ったんです。それで98年の秋に会社を辞めて、退職金と貯金を集めて一人でリュックを背負ってユーラシア横断旅行をしました。旅をして、いろいろな国でさまざまな人に出会いました。カメラマンだとか絵描きだとか、歌手とかライター志望とか。皆さん才能溢れる方々なんだけれども、そういったものを世に出そうという意欲を僕はあんまり感じなかったので、もし日本に帰ることがあったらそういったものを世に伝えるような仕事をしたいなと思ったんです。2000年の11月に帰国したのですが、シネ・ウインドは毎年11月23日に開館記念パーティがあるんです。そこへリュックを背負ったまま顔を出したんですね。「帰ってきました」と。そうしたらその翌日、代表の齋藤さんに会って「君、これからどうするんだ?」と言われた。「いやぁ、こういう人に会ってきたからこういう仕事をしたいと思っています」と答えたら「じゃあウチで働くんだね」という話になって。「はあ……」みたいな感じで社員になったんです。

沼田　井上さんもすごいですが、齋藤さんもまたすごい方ですね。

井上　シネ・ウインドを立ち上げた齋藤正行代表は、文学青年で坂口安吾が好きで、安吾の文学を新潟でやりたいといって映画館を作ったんです。斎藤が映画ファンじゃなかったというのは大きかったと思います。要は普段から映画を観るシネフィルじゃなかったということですね。新潟の作家である坂口安吾のファンの人が心意気で、ある精神性を持って映画館を作ったということ。詩が好きな人や文学が好きな人、美術や芝居に関わる方々が集まって作った映画館で、そこに映画ファンもいたということが、いまのシネ・ウインドのあり方になったのかも知れませんね。映画だけでなく、ギャラリーとして展示会や芝居の上演もシネ・ウインドではたくさんしています。映画館というより、一つの文化施設を市民が集まって作ったという感じなのです。

ここだからできることを、これからも

沼田　2013年には、フィルムからデジタルへ上映環境が切り替わっていく将来を見据えて、再び市民からデジタル設備導入の募金を募り、デジタルシネマ化を達成されました。シネ・ウインドにとって映画とは、市民の方々のひとつの文化運動としてあるように感じます。井上さんは今後、シネ・ウインドをどういう映画館にしていきたいと思われていますか？

井上　どうでしょう……。まぁ、みんなが幸せになれればいいんですよ。そのくらいですね（笑）。そのために映画館が一つのサポートになればいいのではないかと。1年間に360本も映画を観ている人ばかりじゃない。でも本当に必要な人に届けばいいなと思うんですよね。映画を観る習慣があったほうが楽しいだろうし、でもなかなか気づかされるものでもないので、そこに何かのきっかけで「映画を観るっていいもんだな」と思う人が増えてくれればいいなと思います。それでその人が幸せになってくれればいいじゃないですか。そのために映画館は我々だけじゃなくて、シネコンにもお客さんが入ってくれないと困りますよね。生まれて初めて観る映画が『阿賀に生きる』という人はあまりいないと思うんですよ。クレヨンしんちゃんだったりアンパンマンから入っていって、あとになったらこういう映画館に来るのが流れだと思うので、そういうことで言えば、たとえば自分のお小遣いをある程度管理できるようになったロー・ティーン、中学生や高校生がそういった映画を選んでこられる場所としてあればうれしいですね。

（2017年9月24日　シネ・ウインドにて）

新潟・市民映画館 シネ・ウインド
1985年12月7日開館／1スクリーン／94席
〒950-0909 新潟市中央区八千代2-1-1 万代シテイ第2駐車場ビル1F
TEL｜025-243-5530
Web｜https://www.cinewind.com/
新潟駅より徒歩15分

スタッフ・執筆者プロフィール

◉五十音順

植草信和（うえくさ・のぶかず）
1949年、千葉県生まれ。1970年、キネマ旬報社編集部に入社。1991年、本誌編集長に、1996年、取締役編集主幹に就任。キネマ旬報本誌600冊、「スタジオジブリ」「中華電影データブック」「フィルムメーカーズ」「ぼくの採点表」などのムック、書籍50点を編集。2001年、キネマ旬報社退社。2004年、角川文化振興財団アジア映画資料準備室室長に就任。2006年、映画製作・配給会社「太秦株式会社」設立、専務取締役に就任。『台湾人生』『鬼に訊け・宮大工西岡常一の遺言』などのプロデューサーを務める。2014年、「太秦株式会社」非常勤顧問。2014年、広島市映像文化ライブラリー評議員に就任。

梶原俊幸（かじわら・としゆき）
1977年神奈川県横浜市生まれ、東京都育ち。シネマ・ジャック&ベティ支配人。慶応義塾大学卒業後、ライブハウスに勤務。その後、学習塾やIT企業勤務を経て、黄金町エリアの町おこし活動に参加したきっかけから、2007年3月からシネマ・ジャック&ベティの運営を引き継ぐこととなり、株式会社エデュイットジャパンを設立。

川平いつ子（かびら・いつこ）
沖縄県（石垣島）出身。出版社勤務（28年間）時代、主に書籍編集を手がけ、文学・歴史・美術・実用・スポーツなど、約400冊を担当。2003年よりフリーとなり、書籍編集・校正に携わる。

小林幸江（こばやし・さちえ）
1980年、長野県生まれ。フリーライター。大学卒業後、印刷会社に営業として勤務。その後、編集プロダクションにてインテリア誌の編集、広告制作会社にて不動産広告のディレクションやフリーペーパーの編集を経てフリーランスに。2児の母。

佐々木淳（ささき・あつし）
編集者兼ライター、国立映画アーカイブ客員研究員。主に映画館パンフレットを編集。2018年に編集したパンフレットには『さよなら日劇ラストショウ』『空海　美しき王妃の謎』『トゥームレイダー ファースト・ミッション』『ホース・ソルジャー』『友罪』（5月25日公開）がある。

桜井雄一郎（さくらい・ゆういちろう）
本のデザイナー。映画雑誌『南海』編集人。

鈴木大喜（すずき・だいき）
1988年埼玉生まれ。大学卒業後バンタンデザイン研究所にて写真を学ぶ。出版社マガジンハウスのスタジオ勤務後、渡米。2016年スペイン巡礼の道であるCamino de Santiagoを約900㎞完歩する。2016年帰国後フリーカメラマンとなり、ポートレートやスポーツなど幅広いジャンルの撮影を行なっている。2017年6月写真集「Camino de Santiago」をLibro Arteから刊行。

助川祐樹（すけがわ・ゆうき）
1980年、茨城県生まれ。写真家。

髙関進（たかせき・すすむ）
1966年東京生まれ。フリーとして主に単行本のライティングおよび編集を生業とする。

中野健彦（なかの・たけひこ）
1961年群馬県生まれ。ブックリンケージ代表、出版プロデューサー。出版社勤務の後印刷会社で営業、DTP、Web制作に携わる。編集グループを経て2017年に独立。現在は書籍の企画・編集から印刷・製本まで一気通貫で商業出版をサポート中。

沼田梓（ぬまた・あずさ）
1985年神奈川生まれ。映画美学校映像翻訳講座2015年度演習科修了。横浜市内のミニシアター勤務を経て、2017年より一般社団法人コミュニティシネマセンター勤務。『ジャックと豆の木』編集部アシスタント。

野村志保（のむら・しほ）
1978年、埼玉県生まれ。1998年の小笠原正勝ポスター展をきっかけに「映画演劇デザイン塾」に参加。デザインとイラストレーションを学ぶ。2000年、映画『私の骨』の盛岡ロケのスタッフとして撮影に同行。以降、工芸、企画など様々な仕事を体験する。現在、映画のこと、本のこと、カフェと集いの“場”を計画中。

山岸丈二（やまぎし・じょうじ）
1970年、東京都生まれ。写真家・横浜映画研究家。普段は会社員。2007年シネマ・ジャック&ベティの再建にボランティアとして参加。同館の横浜映画特集などの作品選定にも協力し、横浜みなと映画祭の実行委員を務める。横浜の街を歩き、失われる街角を写真に収め、裏町を探訪し歴史を掘り起こし、横浜で撮影された映画のロケ地探訪をライフワークとしている。2017年、初の個展である写真展「横濱　無くなった街角」を開催予定。また、映画チラシのコレクターとしての一面も持つ。趣味は三線。

李潤希（り・ゆに）
1988年、東京都生まれ。明治学院大学芸術学科映像専攻卒。在学中よりフリーランスでグラフィックデザイナー、イラストレーター、映像作家。鎌倉市川喜多映画記念館の展示宣伝美術を手がける縁で本誌に抜擢。

バックナンバー紙面より

第4号

第3号

第2号

創刊号

創刊号

バックナンバー紹介

〈第4号〉2018年秋号

⊙"祭りと芸術" 映画祭を考える!
李鳳宇+杉野希妃+堀越謙三+石飛徳樹
華麗なる祝祭空間の光と影
大林宣彦+安藤紘平　新作『花筐』と映画祭を語る。
⊙燃えたぎる文化の座席・岩波ホールの50年、エキプ・ド・シネマの43年
佐藤忠男+香川京子+川本三郎　耕し続ける文化の風土
岩波律子　高野悦子と私と岩波ホールの50年
⊙映画文化の豊かな未来とは
松本正道+岩崎ゆう子+土田環　コミュニティシネマと映画環境のヴィジョン

〈第3号〉2017年夏号

⊙池澤夏樹+野上照代　日本映画のスゴイ財産［BOW］とは何だ!
佐藤信+渡辺梓　演技する空間、劇場という"場"を求めて
西岡德馬　演劇と映画の狭間で〜自然体の役者人生〜
⊙土肥悦子　子どもが映画と出会うとき
⊙もっと映画を観たい!　名画座は映画の学校

〈第2号〉2017年春号

⊙杉野希妃　迸る映画への情熱［なぜ映画をつくるのか］
⊙篠田正浩+佐藤忠男　君はATG映画を知っているか?
⊙佐藤聡明　音楽と映画、いま芸術はどこにあるか?
⊙石子順　漫画と映画の親密な関係
⊙ドキュメンタリー映画を考える

〈創刊号〉2016年冬号

⊙東陽一+常盤貴子　映画『誰かの木琴』から見えるもの
⊙一青窈　観たい映画を子供連れで観たい!
⊙李鳳宇　映画の全ての仕事をしてきた希有の映画人
⊙ミニシアター華麗なる映画の仲間たち
何が変わって、何は変わらないか!　映画上映の光と影

編集後記

映画は劇場のスクリーンに映し出されて初めて映画として成立する。映画を劇場で観ることを前提に、見せる側、観る側、映画を創る側の三者が紙面上でクロスしながら、有機的に一体化できるような〈場〉をつくること。「劇場＋映画＋観客」の本を目標に『ジャックと豆の木』はスタートした。

情報誌でもなく、カタログでもなく、研究書でもない独自のエンタテインメントな映画の本であることを目指している。

季刊誌として創刊から4号まで、いま「何が変わって、何は変わらないか」を根底に、映画の周辺のさまざまな事柄や問題をとりあげ考察してきた。1年の四季を通過したところでいちど立ち止まり、衣装ならぬ意匠の衣替えをしてもう一度、ものごとの本質を探る旅に出ることにした。第5号もテイストは変わらないが体裁を変えた。新たな主題に「何かいってくれ！　いま探す！」という混沌の時代のスローガンを再び甦らせてみるのもよいと思う。

オールタイムベストテンはいっとき時間を止めて、時代の流れの前後を見つめるには絶好の舞台だったといえる。

＊

四方田犬彦さんと山根貞男さんには、本誌への登場を示唆にとんだ言葉とともに、ごていねいなおことわりをいただいた。ベストテンの企画であるがゆえだったが、むしろベストテンがどのようなものであるかがより明確になった。

そしてさらに大林宣彦さんから、湧き水のようにほとばしる映画のマコトの言葉で綴られたお手紙をいただいた。エンデの『はてしない物語』の底なし沼のようなベストテンの世界に、大林さんの味わいのある文章で料理された映画のフィロソフィーが灯りをともしてくれた。ありきたりのベストテンでなり立つのか。あるいはそこから映画の亡霊が立ち現れてくるのか。それぞれの人生と測り合える、それぞれの劇世界が映画の原風景を醸し出している。

多忙のなかオールタイムベストテンを創っていただいたみなさんに、誌上を借りて、心よりお礼申し上げます。（小笠原）

次号予告

第6号　2018年秋 刊行予定

【特集1】想像から創造へ！
～映画教育の成果と活動～
クリエイターの育成に向かって

【特集2】映画雑誌50年の考察
「近代映画」「ロードショー」から
「映画評論」「映画芸術」「キネマ旬報」まで

【特集3】またまた……映画環境を考える
配給上映の流れと現状

シリーズ　映画界のパイオニア
シネマ・ジャック ＆ ベティと横浜の映画人たち
映画館探訪

ジャックと豆の木 no. 5

2018年5月1日　第1刷 発行

発行人……梶原俊幸
出版プロデュース……中野健彦
企画編集……小笠原正勝
編集……高関進　佐々木淳　沼田梓
編集アドバイザー……植草信和
校正……川平いつ子

デザイン……桜井雄一郎
表紙イラストレーション……李潤希
撮影……助川祐樹　鈴木大喜　山岸丈二　野村志保
協力……有限会社 ユーロスペース
アンスティチュ・フランセ東京
株式会社 パンドラ　北條誠人　坂本安美
中野理恵　小林幸江

発行……シネマ・ジャック＆ベティ
神奈川県横浜市中区若葉町3-51
Tel 045-241-5460（代表）Fax 045-252-0827
印刷・製本……プリ・テック株式会社
東京都文京区湯島2-7-16
Tel 03-5800-8961（代表）Fax 03-5800-4430

禁無断転載

［資料提供］公益財団法人川喜多記念映画文化財団　工藤雅子　中野理恵
株式会社 パンドラ　株式会社 キグー　山岸謙太郎　小野里徹